はしがき

●直前対策も1冊で

2009年の刊行以来、ネコのゴエモンでおなじみの「スッキリわかるシリーズ」は、多くの受験生の方に選んでいただき、簿記検定対策書籍の中で一番受験生に愛されるシリーズに成長することができました。それとともに聞こえてきたのが、直前対策に関する悩みでした。ただでさえ時間の限られている本試験前にそれほど多くの問題を解くことができないというものです。

そこで、スッキリシリーズでは、直前期に必要とされる過去問対策と予想問対策を1冊で終わらせることができる本書を刊行しました。収載回数も、直前期に最低限必要な過去問6回と予想問3回に限定しているため、本試験まで時間のない受験生も、必要な本試験演習を行っていただけます。

●新出題区分対策＆新傾向対策問題もしっかりと

日商簿記2級では、2016年度から3年にわたり出題区分の変更が実施され、連結会計や税効果会計などの新論点が出題範囲に加わっています。

既出論点につきましては、過去問題・予想問題とも収載済みですが、未出題論点に関しても、日本商工会議所発表の新論点サンプル問題にもとづき、新傾向対策問題として類題を収載し、さらに、これらの論点もきっちり入れこんで予想問題を作成しておりますので、本書の予想問題を解いておけば、出題可能性の高い新論点については、さらにしっかりと学習できます。

また、近年、ボリュームの多い問題や難易度の高い問題が出題されておりますが、こういった傾向にも対応できるよう問題を作成しております。

本書を活用し、簿記検定に合格され、みなさんがビジネスにおいて活躍されることを心よりお祈りいたします。

TAC出版開発グループ

本書の効果的な利用方法

1 過去問題を解く

本書は過去問題＋予想問題＋新傾向対策問題の三部構成になっています
が、まず6回分の過去問題を解きましょう。本書には、答案用紙ダウン
ロードサービスがありますので、ここで「目標点」がとれるようになるま
で、繰り返し演習しましょう。

2 新傾向対策問題を解く

過去問題を解き終わったら、新傾向対策問題を解きましょう。これは、日
本商工会議所が発表している新論点サンプル問題のうち、出題の可能性が
高い論点・形式の類題を収載していますので、必ず解いておきましょう。

3 予想問題を解く

続いて、予想問題3回分を解きましょう。これは、過去問題ではカバーし
きれなかった問題を予想問題として3回分にまとめたものです。新論点に
も対応していますので、こちらも「目標点」がとれるようになるまで、答
案用紙ダウンロードサービスを利用しながら、繰り返し演習しましょう。

4 間違えたところがあれば、テキストで復習する

かんたんな知識であれば、本書の中でもLECTUREとしてまとめています
が、根本的な知識の抜けがある場合などは、そのつど、お手もとのテキス
トに戻って知識の確認をするようにしましょう。問題だけ解けるように
なっても、きちんと理解していることにはなりません。手間をおしまず、
基礎的なインプットを完全にするよう、心がけましょう。

日商簿記2級の出題傾向

1. 配点

日商簿記2級は、第1問から第3問までが商業簿記、第4問と第5問が工業簿記で、通常、次のような配点で出題されます。

第1問	第2問	第3問	第4問	第5問	合 計
20点	20点	20点	20点	20点	100点

商業簿記60点　　　　工業簿記40点

なお、合格基準は100点満点中70点以上、試験時間は2時間です。

2. 出題傾向

2級の出題傾向は次のとおりです。

第1問　仕訳問題が5題出題（1題4点）されます。

第2問　個別論点に関する問題や勘定記入の問題、連結会計の小問、伝票から仕訳日計表を作成する問題などが出題されます。

第3問　決算関係（精算表や財務諸表の作成など）、本支店会計が出題されています。また、連結会計、製造業会計も出題範囲となっています。

第4問　主に費目別計算や本社工場会計の仕訳問題、個別原価計算の勘定記入、部門別個別原価計算、製造原価報告書の作成などが出題されます。

第5問　主に総合原価計算、標準原価計算、直接原価計算から出題されます。

CONTENTS

過去問題	問　題	解答・解説	答案用紙
第149回	P2	P2	P2
第150回	P8	P28	P8
第151回	P14	P50	P14
第152回	P20	P76	P20
第153回	P26	P102	P26
第154回	P32	P134	P32

予想問題	問　題	解答・解説	答案用紙
第1回	P38	P2	P36
第2回	P46	P24	P42
第3回	P52	P50	P46

新傾向 対策問題	問　題	解答・解説	答案用紙
	P60	P74	P52

日商簿記検定　Information

〈2020年試験日程〉

第155回　2020年6月14日（1級～3級）

第156回　2020年11月15日（1級～3級）

第157回　2021年2月28日（2級、3級）

●検定試験ホームページアドレス　https://www.kentei.ne.jp

●検定情報ダイヤル　03-5777-8600（年中無休　8：00～22：00）

解答解説

●過去問題

この解答例は、著者が作成したものです。

第149回 過去問題 解答・解説

解き方

第2問が難しいため、ざっと目を通して難易度の判別ができるならば、第2問以外の問題から解き始めましょう。通常どおりに第1問から解き始めて、資料のボリュームが多い第2問は飛ばし、第3問→第4問→第5問の順で解くとよいでしょう。
第2問は、最後に解き8点から10点程度得点できれば十分です。

第1問のポイント　難易度 A　配点 20点　目標点 16点

仕訳問題です。一見、難しそうですが、問題文を区切って、ひとつひとつを順序よく解ければ完答できます。ひとつの問題に時間をかけすぎず、わからない問題があったら次に進みましょう。

解答

仕訳一組につき4点

	仕		訳	
	借方科目	金額	貸方科目	金額
1	当 座 預 金 電子記録債権売却損	297,200 2,800	電 子 記 録 債 権	300,000
2	満期保有目的債券 有 価 証 券 利 息	988,000 800	当 座 預 金	988,800
3	建　　　　　物 修 繕 引 当 金 修 　繕 　費	180,000 600,000 120,000	当 座 預 金	900,000
4	株 式 申 込 証 拠 金 当 座 預 金	22,400,000 22,400,000	資 本 金 資 本 準 備 金 別 段 預 金	11,200,000 11,200,000 22,400,000
✓ 5	リ ー ス 資 産	260,000	リ ー ス 債 務	260,000

2

解　説

1．電子記録債権の売却（譲渡）

電子記録債権を売却（譲渡）したときは、**電子記録債権（資産）** の減少として処理します。なお、割引料については、**電子記録債権売却損（費用）** として処理します。

（当　座　預　金）	297,200	（電 子 記 録 債 権）	300,000
（電子記録債権売却損）	2,800		

POINT
●電子記録債権の譲渡の考え方は、手形の割引と同じです。ただし、電子記録債権の売却（譲渡）にともなう割引料は、手形売却損勘定ではなく、電子記録債権売却損勘定で処理する点に注意しましょう。

2．有価証券の購入（端数利息）

満期まで保有する目的で社債などの債券を購入した場合、取得原価を**満期保有目的債券（資産）** で処理します。また、売主に端数利息を支払っているため、前回の利払日の翌日から購入日までの利息を**有価証券利息（収益）** として借方に計上します。

（満期保有目的債券）	988,000 *1	（当　座　預　金）	988,800
（有 価 証 券 利 息）	800 *2		

＊1　$1,000,000円 \times \dfrac{@98.80円}{@100円} = 988,000円$

＊2　前回の利払日の翌日から購入日までの日数：$\underbrace{30日}_{4月} + \underbrace{31日}_{5月} + \underbrace{19日}_{6月} = 80日$

端数利息：$1,000,000円 \times 0.365\% \times \dfrac{80日}{365日} = 800円$

POINT
●有価証券利息は収益の勘定科目ですが、売主に端数利息を支払うときには、収益のマイナスとして借方に計上します。

3．建物を改良して修繕費を支払ったとき

(1) 建物の改良（資本的支出）

建物の改良は、固定資産の価値を高めるための支出（資本的支出）に該当するため、対象となる資産の金額を増加させます。したがって、**建物（資産）** として処理します。

(2) 建物の修繕（収益的支出）

定期的な修繕のための支出（収益的支出）に該当する場合で、修繕工事に備えて前期に引当金を設定しているときは、まず**修繕引当金（負債）**を取り崩し、修繕引当金を超える金額を**修繕費（費用）**で処理します。

（建　　　　　物）	180,000 *1	（当 座 預 金）	900,000
（修 繕 引 当 金）	600,000		
（修　繕　費）	120,000 *2		

* 1　資本的支出（改良）：900,000円×20％＝180,000円
* 2　収益的支出（修繕）：900,000円×80％＝720,000円
　　　修繕費：720,000円－600,000円＝120,000円
　　　　　　　収益的支出　修繕引当金

POINT
● 工事代金の20％は改良のための支出として資本的支出になります。残り80％は問題文に明記されていませんが、収益的支出として考えていきます。

4．株式の発行（増資をしたとき）

増資を行った場合、払込期日に**株式申込証拠金（純資産）**を**資本金（純資産）**に振り替えます。また、**別段預金（資産）**を**当座預金（資産）**に振り替えます。なお、問題文の指示により、会社法が規定する最低額を資本金とするため、払込金額の2分の1を**資本金**、残額は**資本準備金（純資産）**とします。

(1) 株式申込証拠金を受け取ったとき（増資を行う前に処理済み）

| （別 段 預 金） | 22,400,000 * | （株式申込証拠金） | 22,400,000 |

* ＠28,000円×800株＝22,400,000円

(2) 払込期日になったとき（本問）

（株式申込証拠金）	22,400,000	（資　本　金）	11,200,000 *1
		（資 本 準 備 金）	11,200,000 *2
（当 座 預 金）	22,400,000	（別 段 預 金）	22,400,000

* 1　$22,400,000円 \times \frac{1}{2} = 11,200,000円$
* 2　22,400,000円－11,200,000円＝11,200,000円

●資本金について「会社法の原則額を組み入れる」と指示されている場合（または、特に指示がない場合）には、全額を資本金とします。また、「会社法で認められる最低額とする」という指示がある場合には、払込金額の5割を資本金として、残りの5割を資本準備金とします。

5．ファイナンス・リース取引（利子抜き法）

ファイナンス・リース取引を開始したときは、**リース資産（資産）**を計上するとともに、同額の**リース債務（負債）**を計上します。なお、利子抜き法における計上金額は、見積現金購入価額となります。

●利子抜き法の場合は、リース料総額から利息相当額を控除した金額（見積現金購入価額）で計上します。

第2問のポイント

難易度 **C**　配点 **20点**　目標点 **10点**

商品売買、外貨建取引と有形固定資産の複合問題です。資料の読み取りが非常に難しいうえ難易度も高く、ボリュームも多いですが、問題文を確実かつ丁寧に読み進めていきましょう。難しい問題の中にも簡単に解答できる箇所はありますので、諦めずに部分点を取りましょう。

解答

●数字につき配点

(1)

総勘定元帳

買掛金

年	月	日	摘要	借方	年	月	日	摘要	貸方
×1	2	28	普通預金	3,150,000	×1	1	1	前期繰越	3,150,000
	7	31	普通預金	3,240,000		4	30	商品	3,240,000 ❷
	12	31	次期繰越	2,640,000		11	1	商品	2,508,000 ❷
						12	31	為替差損	132,000
				9,030,000					9,030,000

商品

年	月	日	摘要	借方	年	月	日	摘要	貸方
×1	1	1	前期繰越	2,000,000	×1	1	31	売上原価	1,000,000
	4	30	買掛金	3,240,000		5	15	売上原価	1,060,000 ❷
❷	11	1	買掛金	2,508,000		6	30	売上原価	1,060,000
						11	15	売上原価	1,735,500
						12	1	売上原価	1,735,500
						12	31	棚卸減耗損	57,850 ❷
						12	31	次期繰越	1,099,150 ❷
				7,748,000					7,748,000

機械装置

年	月	日	摘要	借方	年	月	日	摘要	貸方
❷ ×1	11	1	未払金	5,814,000	×1	12	31	減価償却費	96,900 ❷
						12	31	次期繰越	5,717,100
				5,814,000					5,814,000

(2) 損益の金額

① 当期の売上高　　¥　❷　**12,525,000**

② 当期の為替差損　¥　❷　　**708,000**

③ 当期の為替差益　¥　　　　　　**0**

解　説

1．取引の仕訳

一連の取引を仕訳すると以下のとおりです。

(1)　1月1日：前期繰越（開始記入）

買掛金勘定と商品勘定の前期繰越を記入します。

買掛金勘定（前期繰越）：3,150,000円

商品勘定（前期繰越）：@1,000円×2,000個＝2,000,000円
　　　　　　　　　　　　平均単価

(2)　1月31日：売上

　販売のつど売上原価に振り替える方法（以下、売上原価対立法とします）は、商品を売り上げたときには、売価で売上を計上するとともに、商品の原価を商品から売上原価に振り替えます。

| （売 掛 金 な ど） | 1,800,000 | （売　　　　　上） | 1,800,000 *1 |
| （売 上 原 価） | 1,000,000 *2 | （商　　　　　品） | 1,000,000 |

商品勘定・貸方へ記入

＊1　@1,800円×1,000個＝1,800,000円
　　　販売単価

＊2　@1,000円×1,000個＝1,000,000円
　　　平均単価

POINT

● 1月31日の取引後の商品の残高は以下のとおりです。

数量：2,000個〈前期繰越〉－1,000個〈1月31日販売分〉＝1,000個

単価：1,000円

金額：1,000,000円

解答解説　過去問　第149回　第150回　第151回　第152回　第153回　第154回　予想問　第1回　第2回　第3回　新傾向対策

(3) 2月28日：買掛金の決済

　買掛金を支払ったときには、その発生時の為替相場（105円）で換算した買掛金を減らします。また、普通預金については、決済時の為替相場（110円）で換算します。そして、買掛金の発生時と決済時の為替相場が異なるときに生じる差額は、為替差損益で処理します。

（買　　掛　　金）	3,150,000 *1	（普　通　預　金）	3,300,000 *2
買掛金勘定・借方へ記入			
（為　替　差　損　益）	150,000 *3		
為替差損			

＊1　前期繰越

＊2　110円/ドル×(3,150,000円÷105円/ドル)＝3,300,000円
　　　　　　　　　　　30,000ドル

＊3　貸借差額

(4) 4月30日：仕入

　売上原価対立法は、商品を仕入れたときには、商品の増加として原価で処理します。

（商　　　　品）	3,240,000	（買　　掛　　金）	3,240,000 *
商品勘定・借方へ記入		買掛金勘定・貸方へ記入	

＊　108円/ドル×30,000ドル＝3,240,000円
　　　　　　　　10ドル/個×3,000個

なお、商品を仕入れたため移動平均法で平均単価を計算します。

　4月30日時点の平均単価：(1,000,000円＋3,240,000円)÷(1,000個＋3,000個)
　　　　　　　　　　　　　　　取引前の残高　　　　　　　　取引前の残高

　　　　　　　　　　　　　＝@1,060円

(5) 5月15日：売上

（売　掛　金　な　ど）	2,000,000	（売　　　　　　上）	2,000,000 *1
（売　上　原　価）	1,060,000 *2	（商　　　　品）	1,060,000
		商品勘定・貸方へ記入	

＊1　@2,000円×1,000個＝2,000,000円
　　　販売単価

＊2　@1,060円×1,000個＝1,060,000円
　　　平均単価

- 5月15日の取引後の商品の残高は以下のとおりです。
  数量：4,000個〈取引前残高〉－1,000個〈5月15日販売分〉＝3,000個
  単価：1,060円
  金額：3,180,000円

(6) **6月30日：売上**

(売掛金など)	2,050,000	(売　　　　上)	2,050,000 *1
(売 上 原 価)	1,060,000 *2	(商　　　　品)	1,060,000

商品勘定・貸方へ記入

＊1　＠2,050円×1,000個＝2,050,000円
　　　販売単価

＊2　＠1,060円×1,000個＝1,060,000円
　　　平均単価

- 6月30日の取引後の商品の残高は以下のとおりです。
  数量：3,000個〈取引前残高〉－1,000個〈6月30日販売分〉＝2,000個
  単価：1,060円
  金額：2,120,000円

(7) **7月31日：買掛金の決済**

(買　掛　金)	3,240,000 *1	(普 通 預 金)	3,360,000 *2
買掛金勘定・借方へ記入			
(為 替 差 損 益)	120,000 *3		
為替差損			

＊1　4月30日分
＊2　112円/ドル×30,000ドル＝3,360,000円
＊3　貸借差額

- 買掛金を決済したときは発生時（4月30日）の為替相場（108円）で換算した買掛金を減らします。

(8) **11月1日：機械装置の輸入**

取引発生時の為替相場（114円）で換算します。商品の仕入れ以外から生じた、あとで支払う代金は未払金で処理します。

| （機 械 装 置） | 5,814,000 | （未　払　金） | 5,814,000 * |

＊　114円/ドル×51,000ドル＝5,814,000円

(9) **11月1日：仕入**

取引発生時の為替相場（114円）で換算します。商品の仕入れによって生じたあとで支払う代金は買掛金で処理します。

| （商　　　品） | 2,508,000 | （買　掛　金） | 2,508,000 * |
| 商品勘定・借方へ記入 | | 買掛金勘定・貸方へ記入 | |

＊　114円/ドル×22,000ドル＝2,508,000円
　　　　　　　　11ドル/個×2,000個

なお、商品を仕入れたため移動平均法で平均単価を計算します。

11月1日時点の平均単価：（2,120,000円＋2,508,000円）÷（2,000個＋2,000個）
　　　　　　　　　　　　　　取引前の残高　　　　　　　　　　取引前の残高

＝@1,157円

(10) **11月15日：売上**

（売 掛 金 な ど）	3,300,000	（売　　　　上）	3,300,000 *1
（売 上 原 価）	1,735,500 *2	（商　　　品）	1,735,500
		商品勘定・貸方へ記入	

＊1　@2,200円×1,500個＝3,300,000円
　　　販売単価

＊2　@1,157円×1,500個＝1,735,500円
　　　平均単価

POINT

●11月15日の取引後の商品の残高は以下のとおりです。
　数量：4,000個〈取引前残高〉－1,500個〈11月15日販売分〉＝2,500個
　単価：1,157円
　金額：2,892,500円

(11) 12月1日：売上

（売 掛 金 な ど）	3,375,000	（売 上）	3,375,000 *1
（売 上 原 価）	1,735,500 *2	（商 品）	1,735,500
		商品勘定・貸方へ記入	

* 1　@2,250円×1,500個＝3,375,000円
　　　　　販売単価

* 2　@1,157円×1,500個＝1,735,500円
　　　　　平均単価

> **POINT**
>
> ●12月1日の取引後の商品の残高は以下のとおりです。
> 　数量：2,500個〈取引前残高〉－1,500個〈12月1日販売分〉＝1,000個
> 　単価：1,157円
> 　金額：1,157,000円

(12) 12月31日：決算整理

① 買掛金の換算替え

買掛金は貨幣項目なので、決算時の為替相場（120円）による円換算額に換算替えします。そして、買掛金の発生時と決算時の為替相場が異なるときに生じる差額は、為替差損益で処理します。

（為 替 差 損 益）	132,000	（買 掛 金）	132,000 *
為替差損		買掛金勘定・貸方へ記入	

*　120円/ドル×22,000ドル－2,508,000円＝132,000円
　　　　　　　　　　　　　　　11月1日分　　買掛金増加額

② 未払金の換算替え

未払金は貨幣項目なので、決算時の為替相場（120円）による円換算額に換算替えします。そして、未払金の発生時と決算時の為替相場が異なるときに生じる差額は、為替差損益で処理します。

（為 替 差 損 益）	306,000	（未 払 金）	306,000 *
為替差損			

*　120円/ドル×51,000ドル－5,814,000円＝306,000円
　　　　　　　　　　　　　　　11月1日分　　未払金増加額

③ 期末商品の評価

売上原価対立法により処理している場合、期末時点の売上原価勘定の残高が当期の売上原価の金額を表しています。したがって、決算整理仕訳で売上原価の算定仕訳は行いません。ただし、棚卸減耗損や商品評価損の計算は行います。

(棚 卸 減 耗 損)	57,850 *	(商　　　　　　品)	57,850
		商品勘定・貸方へ記入	

* ＠1,157円×(1,000個－950個)＝57,850円
　平均単価

POINT
● 本問では、正味売却価額に関する資料がないため、商品評価損は計算せずに棚卸減耗損のみ計算します

④ 機械装置の減価償却

(減 価 償 却 費)	96,900	(機 械 装 置)	96,900 *

* $5,814,000円 ÷ 10年 × \dfrac{2か月}{12か月} = 96,900円$

2. 損益に関する勘定の金額

(1) 売上高

$\underline{1,800,000円}_{1月31日} + \underline{2,000,000円}_{5月15日} + \underline{2,050,000円}_{6月30日} + \underline{3,300,000円}_{11月15日} + \underline{3,375,000円}_{12月1日}$

＝**12,525,000円**…(2)①

(2) 当期の為替差損

$\underline{150,000円}_{2月28日} + \underline{120,000円}_{7月31日} + \underline{132,000円}_{12月31日} + \underline{306,000円}_{12月31日}$

＝**708,000円**…(2)②

(3) 当期の為替差益　**0円**…(2)③

LECTURE　売上原価対立法
● 売上原価対立法とは、商品を仕入れたときに商品の増加で処理（原価で記入）し、商品を売り上げたときに、売価で売上を計上するとともに、その商品の原価を商品から売上原価に振り替える方法です。

第3問のポイント　難易度 A　配点 20点　目標点 16点

本支店会計です。特に難しい論点は含まれていないため、未処理と決算整理、決算振替をミスなく解き、時間をかけすぎないように注意しながら、完答を目指しましょう。「本店の損益勘定」が解答要求事項なので、「支店」と「繰越利益剰余金」以外は本店に関する事項のみ解答すれば得点できることに気づくことができたかがポイントです。

解答

●数字につき配点

損　益

日	付	摘　要	金　額	日	付	摘　要	金　額
3	31	仕　　　　入	❷ 3,701,000	3	31	売　　　　上	7,700,000
3	31	棚 卸 減 耗 損	22,680	3	31	受 取 手 数 料	48,700
3	31	商 品 評 価 損	❷ 19,400	3	31	有 価 証 券 利 息	❷ 13,000
3	31	支 払 家 賃	❷ 720,000	3	31	有価証券売却益	10,000
3	31	給　　　　料	900,000	3	31	受 取 配 当 金	20,000
3	31	広 告 宣 伝 費	❷ 259,000	3	31	支　　　　店	❷ 240,050
3	31	減 価 償 却 費	❷ 160,000				
3	31	貸倒引当金繰入	80				
❷ 3	31	(の れ ん) 償 却	120,000				
3	31	租 税 公 課	❷ 519,000				
3	31	支 払 利 息	56,000				
❷ 3	31	(繰越利益剰余金)	1,554,590				
			8,031,750				8,031,750

解説

1．未処理事項等［資料（B）］

(1) 売掛金の回収

①本店　（現　金　預　金）　60,000　（売　掛　金）　60,000

(2) **車両の購入**
　　商品の仕入れ以外から生じた後で支払う代金は未払金で処理します。

②本店　（車　　　　両）2,000,000　（未　払　金）2,000,000

(3) **誤記帳**
　　正しい金額よりも多く計上していたため、正しい金額に訂正します。

③支店　（本　　　　店）9,000　（現 金 預 金）9,000 *

　　＊　76,000円－67,000円＝9,000円

(4) **未処理**

④本店　（支　　　　店）110,000　（仕　　　　入）110,000

⑤支店　（仕　　　　入）110,000　（本　　　　店）110,000

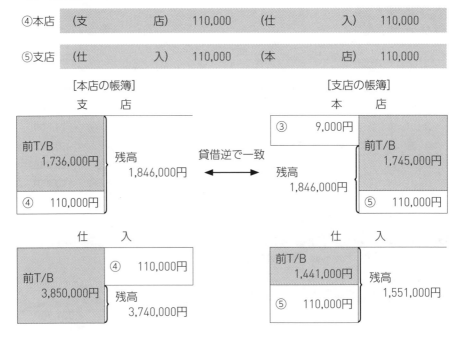

2．決算整理事項等［資料（C）］
(1) 売上原価の計算

本店　（仕　　　　入）717,000　（繰 越 商 品）717,000
　　　（繰 越 商 品）756,000 *1　（仕　　　　入）756,000
　　　（棚 卸 減 耗 損）22,680 *2　（繰 越 商 品）22,680
　　　（商 品 評 価 損）19,400 *3　（繰 越 商 品）19,400

```
                                              *1  期末商品帳簿棚卸高
                                                  @756円×1,000個＝756,000円
原価@756円

              *3  商品評価損
                  (@756円－@736円)×970個     *2  棚卸減耗損
                  ＝19,400円                     @756円×
正味売却価額                                      (1,000個－970個)
@736円                                          ＝22,680円
              B/S商品
              @736円×970個
              ＝713,920円

                                  実地970個           帳簿1,000個

支店   （仕        入）    483,000   （繰  越  商  品）   483,000
       （繰  越  商  品）   432,000 *¹（仕        入）   432,000
       （棚 卸 減 耗 損）     8,100 *²（繰  越  商  品）     8,100

                                              *1  期末商品帳簿棚卸高
                                                  @540円×800個＝432,000円
原価@540円
                                              *2  棚卸減耗損
              B/S商品                            @540円×
              @540円×785個                       (800個－785個)
              ＝423,900円                       ＝8,100円

                                  実地785個           帳簿800個
```

POINT
● 原価より正味売却価額が高いため、支店では商品評価損に関する処理は行いません。

(2) **貸倒引当金の設定**

本店 （貸倒引当金繰入）   80 * （貸 倒 引 当 金）   80

  * 貸倒引当金見積額：(1,098,000円－60,000円)×1％＝10,380円
                              未処理事項(1)
    貸倒引当金残高：   10,300円
    （差引）繰入額：   80円

支店	（貸倒引当金繰入）	2,450 *	（貸 倒 引 当 金）	2,450

*　貸倒引当金見積額：865,000円×１％＝8,650円
　　貸倒引当金残高：　　　　　　　6,200円
　　（差引）繰入額：　　　　　　　2,450円

⑶　減価償却費の計上

　定額法も生産高比例法も、問題文の指示どおり、「残存価額ゼロ」で減価償却費を計算します。

本店	（減 価 償 却 費）	160,000	（備品減価償却累計額）	120,000 *1
			（車両減価償却累計額）	40,000 *2

*１　備品：600,000円÷５年＝120,000円

*２　車両：$2,000,000円 \times \dfrac{3,000km}{150,000km} = 40,000円$

支店	（減 価 償 却 費）	70,000	（備品減価償却累計額）	70,000 *

*　備品：350,000円÷５年＝70,000円

POINT

●生産高比例法は、当期の固定資産の利用度合いに応じて減価償却費を計算するため、別途月割り計算をする必要はありません。

⑷　有価証券の評価

　①　満期保有目的債券

　満期保有目的債券は、決算時に時価評価はしません。ただし、額面金額と取得価額との差額が金利の調整と認められる場合は、償却原価法（定額法）により処理します。

本店	（満期保有目的債券）	1,000 *	（有 価 証 券 利 息）	1,000

*　（1,000,000円－990,000円）÷10年＝1,000円

　②　その他有価証券

　その他有価証券なので、決算時に時価評価をします。なお、その他有価証券の時価評価差額は、その他有価証券評価差額金として純資産に計上します。

本店	（その他有価証券）	59,000	（その他有価証券評価差額金）	59,000 *

*　784,000円－725,000円＝59,000円

(5) 費用の未払いと前払い

本店
| (給　　　料) | 70,000 | (未 払 給 料) | 70,000 |
| (前 払 家 賃) | 60,000 | (支 払 家 賃) | 60,000 |

支店
| (給　　　料) | 50,000 | (未 払 給 料) | 50,000 |
| (支 払 家 賃) | 50,000 | (未 払 家 賃) | 50,000 |

POINT
● 経過勘定の処理は、本店と支店のどちらの処理なのか間違えないようにしましょう。

(6) 消費税の精算（税込方式）

決算において、売上に含まれる仮受消費税と、仕入に含まれる仮払消費税を計算し、両者の差額から納付すべき消費税額を計算します。納付すべき消費税額は租税公課で処理するとともに、相手科目は未払消費税（負債）で処理します。

本店
| (租 税 公 課) | 519,000 | (未 払 消 費 税) | 519,000 * |

* 仮受消費税：$(\underbrace{7{,}700{,}000円}_{本店側の売上} + \underbrace{3{,}300{,}000円}_{支店側の売上}) \times \dfrac{10\%}{110\%} = 1{,}000{,}000円$

仮払消費税：$(\underbrace{3{,}850{,}000円 - 110{,}000円}_{本店側の仕入} + \underbrace{1{,}441{,}000円 + 110{,}000円}_{支店側の仕入})$

$\times \dfrac{10\%}{110\%} = 481{,}000円$

未払消費税：$\underbrace{1{,}000{,}000円}_{仮受消費税} - \underbrace{481{,}000円}_{仮払消費税} = 519{,}000円$

POINT
● 消費税率については、問題文の指示に従ってください。

(7) のれんの償却

のれんは無形固定資産なので、残存価額をゼロとした定額法により償却します。

本店
| (のれん償却) | 120,000 * | (の れ ん) | 120,000 |

* 840,000円÷(10年－3年)＝120,000円

POINT
● 本問はのれんが生じてから3年経過しているため、残存償却期間7年で償却します。

(8) 費用の振り替え

本店	(支　　　　　店)	60,000	(広 告 宣 伝 費)	60,000
支店	(広 告 宣 伝 費)	60,000	(本　　　　　店)	60,000

3．決算振替仕訳
(1) 収益の振り替え

本店	(売　　　　　上)	7,700,000	(損　　　　益)	7,791,700
	(受 取 手 数 料)	48,700		
	(有 価 証 券 利 息)	13,000 *		
	(有 価 証 券 売 却 益)	10,000		
	(受 取 配 当 金)	20,000		

＊　12,000円＋1,000円＝13,000円
　　前T/B　　上記2.(4)①

支店	(売　　　　　上)	3,300,000	(損　　　　益)	3,301,800
	(受 取 手 数 料)	1,800		

(2) 費用の振り替え

本店	(損　　　　益)	6,477,160	(仕　　　　　入)	3,701,000 *1
			(棚 卸 減 耗 損)	22,680
			(商 品 評 価 損)	19,400
			(支 払 家 賃)	720,000 *2
			(給　　　　　料)	900,000 *3
			(広 告 宣 伝 費)	259,000 *4
			(減 価 償 却 費)	160,000
			(貸倒引当金繰入)	80
			(の れ ん 償 却)	120,000
			(租 税 公 課)	519,000
			(支 払 利 息)	56,000

＊1　$\underset{\text{前T/B}}{3,850,000円}-\underset{\text{未処理事項(4)}}{110,000円}+\underset{\text{上記2.(1)}}{717,000円}-\underset{\text{上記2.(1)}}{756,000円}=3,701,000円$

＊2　$\underset{\text{前T/B}}{780,000円}-\underset{\text{上記2.(5)}}{60,000円}=720,000円$

＊3　$\underset{\text{前T/B}}{830,000円}+\underset{\text{上記2.(5)}}{70,000円}=900,000円$

＊4　$\underset{\text{前T/B}}{319,000円}-\underset{\text{上記2.(8)}}{60,000円}=259,000円$

支店	（損　　　　益）	3,061,750	（仕　　　　入）	1,602,000	＊1
			（棚卸減耗損）	8,100	
			（支払家賃）	600,000	＊2
			（給　料）	660,000	＊3
			（広告宣伝費）	119,200	＊4
			（減価償却費）	70,000	
			（貸倒引当金繰入）	2,450	

＊1　$\underset{\text{前T/B}}{1,441,000円}+\underset{\text{未処理事項(4)}}{110,000円}+\underset{\text{上記2.(1)}}{483,000円}-\underset{\text{上記2.(1)}}{432,000円}=1,602,000円$

＊2　$\underset{\text{前T/B}}{550,000円}+\underset{\text{上記2.(5)}}{50,000円}=600,000円$

＊3　$\underset{\text{前T/B}}{610,000円}+\underset{\text{上記2.(5)}}{50,000円}=660,000円$

＊4　$\underset{\text{前T/B}}{59,200円}+\underset{\text{上記2.(8)}}{60,000円}=119,200円$

⑶　支店純利益の振り替え

| 本店 | （支　　　店） | 240,050 | ＊ | （損　　　　益） | 240,050 |

＊　$\underset{\text{支店収益}}{3,301,800円}-\underset{\text{支店費用}}{3,061,750円}=240,050円$

| 支店 | （損　　　　益） | 240,050 | （本　　　店） | 240,050 |

⑷　会社全体の当期純利益の算定

| 本店 | （損　　　　益） | 1,554,590 | ＊ | （繰越利益剰余金） | 1,554,590 |

＊　本店の損益：$\underset{\text{本店収益}}{7,791,700円}-\underset{\text{本店費用}}{6,477,160円}=1,314,540円$

　　会社全体の当期純利益：$1,314,540円+\underset{\text{支店純利益}}{240,050円}=1,554,590円$

第4問のポイント

難易度 B　配点 20点　目標点 16点

直接原価計算による仕掛品勘定と損益計算書の作成問題です。与えられた資料から勘定連絡図を下書きしながら計算していきましょう。落ち着いてひとつずつ確実に集計していきましょう。

解答

●数字につき配点

仕　掛　品

期　首　有　高	585,000	当 期 完 成 高	(❷ 6,165,000)
直　接　材　料　費	(❷ 3,945,000)	期　末　有　高	(❷ 640,000)
直　接　労　務　費	(❷ 1,625,000)		
変動製造間接費	(❷ 650,000)		
	(6,805,000)		(6,805,000)

直接原価計算による損益計算書　　　　　　　　（単位：円）

Ⅰ　売　　上　　高			10,070,000
Ⅱ　変　動　売　上　原　価			
1　期首製品棚卸高	710,000		
2　当期製品変動製造原価	(6,165,000)		
合　　　計	(6,875,000)		
3　期末製品棚卸高	625,000		
差　　　引	(6,250,000)		
4　原　価　差　異	(40,000 ❷)	(6,290,000)	
変動製造マージン		(3,780,000)	
Ⅲ　変　動　販　売　費		(655,000)	
貢　献　利　益		(3,125,000 ❷)	
Ⅳ　固　　定　　費			
1　製　造　固　定　費	(1,374,000 ❷)		
2　固定販売費・一般管理費	(881,000 ❷)	(2,255,000)	
営　業　利　益		(870,000 ❷)	

解　説

1．仕掛品勘定の記入

(1) 変動費と固定費の区別

　直接原価計算を採用する場合、仕掛品勘定へ集計される製造原価は変動費のみです。そのため、まずは製造原価を変動費と固定費に区別します。

〈変動費〉
● 原料費
● 直接工賃金
● 間接工賃金
● 電力料

〈固定費〉
● 工場従業員給料
● 保険料
● 減価償却費
● その他

(2) 原料費（直接材料費）の算定

　[資料] 1、3より原料費の消費額（直接材料費）を算定し、仕掛品勘定の借方に記入します。

直接材料費：480,000円＋3,880,000円－415,000円＝3,945,000円
　　　　　　　期首有高　　　　当期仕入高　　　期末有高

原　　料	
期首有高 480,000円	当期消費高 3,945,000円
当期仕入高 3,880,000円	期末有高 415,000円

(3) 直接工賃金（直接労務費）の算定

　[資料] 2、4より、直接工賃金の消費額（直接労務費）を算定し、仕掛品勘定の借方に記入します。

直接労務費：1,640,000円＋205,000円－220,000円＝1,625,000円
　　　　　　　当期支払高　　期末未払高　　期首未払高

直接工賃金	
当期支払高 1,640,000円	期首未払高 220,000円
期末未払高 205,000円	直接労務費 1,625,000円

⑷ 変動製造間接費の算定

変動製造間接費は、予定配賦するとあるため、直接労務費を基準に予定配賦額を算定します。

製造間接費：1,625,000円×40％＝650,000円
　　　　　　　直接労務費

２．損益計算書の記入
⑴ 変動売上原価の算定

仕掛品勘定で算定した当期完成高に製品の期首有高と期末有高を加減して変動売上原価を求めます。また、予定変動製造間接費と実際変動製造間接費の差異を算定し、変動売上原価に賦課します。

変動売上原価（原価差異賦課前）：710,000円＋6,165,000円－625,000円
　　　　　　　　　　　　　　　　 期首有高　　当期完成高　　期末有高

＝6,250,000円

変動製造間接費実際発生額：48,000円＋510,000円－55,000円＋187,000円
　　　　　　　　　　　　　　　　　　　間接労務費　　　　　　　　電力料

＝690,000円

配賦差異：690,000円－650,000円＝40,000円（不利差異⇒売上原価に加算）
　　　　　　実際発生額　　予定配賦額

変動売上原価（原価差異賦課後）：6,250,000円＋40,000円＝6,290,000円

⑵ 変動販売費の算定

［資料］６より、変動販売費655,000円がわかります。

⑶ 製造固定費の算定
① 工場従業員給料

［資料］２、［資料］４より工場従業員給料の消費額を算定します。

工場従業員給料：80,000円＋720,000円－85,000円＝715,000円
　　　　　　　　　期末未払高　当期支払高　期首未払高

② 製造経費

$$\underset{\text{保険料}}{210,000円} + \underset{\text{減価償却費}}{264,000円} + \underset{\text{その他}}{185,000円} = 659,000円$$

③ 合計

①+②＝**1,374,000円**

(4) 固定販売費・一般管理費の算定

$$\underset{\text{固定販売費}}{406,000円} + \underset{\text{一般管理費}}{475,000円} = \textbf{881,000円}$$

損	益
変動売上原価 6,290,000円	
変動販売費 655,000円	売上高
固定 製造間接費 1,374,000円	10,070,000円
固定販管費 881,000円	
営業利益 **870,000円**	

LECTURE　直接原価計算

● 直接原価計算とは製造原価を変動費と固定費に分け、変動製造原価の
みを製品原価として集計し、固定製造原価は発生額を全額その期間の
費用として計算する方法です。

解答解説

過去問

第149回

第150回

第151回

第152回

第153回

第154回

予想問

第1回

第2回

第3回

新傾向対策

23

第5問のポイント

難易度 A　配点 20点　目標点 16点

工程別総合原価計算の問題です。工程によって原価の配分方法が異なる点と正常仕損費の計算がポイントです。基礎的な問題なので、完答を目指しましょう！

解答

●数字につき配点

第1工程月末仕掛品の原料費 =	❹ 138,000	円
第1工程月末仕掛品の加工費 =	❹ 135,000	円
第2工程月末仕掛品の前工程費 =	❹ 680,000	円
第2工程月末仕掛品の加工費 =	❹ 256,000	円
第2工程完成品総合原価 =	❹ 9,288,000	円

1. 第1工程の計算（両者負担・平均法）

月初仕掛品原価と当月製造費用を第1工程完成品原価と月末仕掛品原価に平均法により配分します。なお、正常仕損が工程の途中で発生した場合は、完成品と月末仕掛品の両者に負担させます。

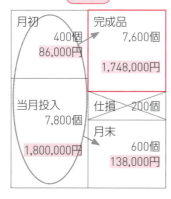

月末仕掛品原価：
$$\frac{86,000円 + 1,800,000円}{7,600個 + 600個} \times 600個 = 138,000円$$

月末仕掛品原価：
$$\frac{175,000円 + 3,380,000円}{7,600個 + 300個} \times 300個 = 135,000円$$

完成品原価：
86,000円 + 1,800,000円 − 138,000円
= 1,748,000円

完成品原価：
175,000円 + 3,380,000円 − 135,000円
= 3,420,000円

第1工程月末仕掛品原価：138,000円 + 135,000円 = 273,000円
第1工程完成品総合原価：1,748,000円 + 3,420,000円 = 5,168,000円

POINT
● 度外視法、両者負担の場合、正常仕損量を計算上無視する（当月投入量から正常仕損量を差し引いた数量とする）ことで、正常仕損費を自動的に完成品と月末仕掛品の両者に負担させることができます。

2．第2工程の計算（完成品のみ負担・先入先出法）

月初仕掛品原価と当月製造費用を第2工程完成品原価と月末仕掛品原価に先入先出法により配分します。なお、正常仕損が工程の終点で発生した場合は、正常仕損費を完成品のみに負担させます。この場合、正常仕損品の評価額は、完成品原価から控除します。

第2工程月末仕掛品原価：
$$\frac{5,168,000円}{7,200個+200個+1,000個-800個} \times 1,000個 = 680,000円$$

第2工程月末仕掛品原価：
$$\frac{4,608,000円}{7,200個+200個+400個-600個} \times 400個 = 256,000円$$

完成品原価：
416,400円＋5,168,000円－680,000円
＝4,904,400円

完成品原価：
241,600円＋4,608,000円－256,000円
＝4,593,600円

第2工程月末仕掛品原価：680,000円＋256,000円＝936,000円
第2工程完成品総合原価：4,904,400円＋4,593,600円－210,000円＝9,288,000円
　　　　　　　　　　　　　　　　　　　　　　　　　　正常仕損品評価額

LECTURE　仕損・減損の発生点と処理

仕損・減損はその発生点によって負担先が次のように異なります。

発生点	負担
仕損・減損の発生点＞月末仕掛品の加工進捗度	完成品のみ負担
仕損・減損の発生点≦月末仕掛品の加工進捗度	完成品と月末仕掛品の両者負担

MEMO

第150回 過去問題 解答・解説

解き方

第1問から解き始め、次に比較的簡単な第3問を解き、第4問、第5問の順で解くようにしましょう。第2問は総勘定元帳について部分点を獲得して10点程度得点できれば合格を狙えます。また、第2問で出題されている税効果会計や連結会計の問いは基礎に該当する問題です。今後出題された場合には正解しないといけない問題です。

第1問のポイント　難易度 A　配点 20点　目標点 16点

仕訳問題です。新論点からの出題が多かったのですが、問題文を丁寧に読みとることができれば正解を導けるでしょう。ただし、問4は、問題文の読み取りが難しく感じたかもしれません。4問以上の正解を目指しましょう。

解答

仕訳一組につき4点

	借方科目	金額	貸方科目	金額
1	売掛金 役務原価	300,000 220,000	役務収益 仕掛品 買掛金	300,000 150,000 70,000
2	機械装置 構築物 長期前払費用	2,000,000 400,000 240,000	営業外支払手形	2,640,000
3	商品 建物 備品 のれん	800,000 1,800,000 600,000 1,300,000	普通預金	4,500,000
4	現金 クレジット売掛金 支払手数料	55,000 210,000 10,000	売上 仮受消費税	250,000 25,000
5	資本準備金 利益準備金	3,000,000 2,500,000	その他資本剰余金 繰越利益剰余金	3,000,000 2,500,000

解 説

1．役務収益・役務原価の計上

(1) 役務収益の計上

顧客へのサービス提供が完了したため**役務収益**を計上します。また、支払いが翌月末とあるため、相手勘定は**売掛金**とします。

(売 掛 金)	300,000	(役 務 収 益)	300,000

(2) 役務原価の計上

顧客へのサービス提供が完了したため計上していた**仕掛品**を**役務原価**に振り替えます。また、追加で発生した外注費は支払いが翌月末とあるため、相手勘定は**買掛金**とします。

(役 務 原 価)	220,000 *3	(仕 掛 品)	150,000 *1
		(買 掛 金)	70,000 *2

* 1 仕掛品に計上されていた諸費用
* 2 追加で発生した外注費
* 3 150,000円＋70,000円＝220,000円

POINT

●役務原価の未払額は、実務では具体的な状況のもと個別に判断されます。
本問のように「未払金」と「買掛金」の両方が勘定科目として与えられている場合、現在の原価計算における外注費の一般的な取り扱いにしたがい、「未払金」よりも「買掛金」の方がベターであるという判断から「買掛金」を模範解答としています。

2．固定資産の割賦購入

固定資産を割賦で購入したときは、取得原価と支払総額との差額が利息相当額となり、本問では問題文の指示にしたがって**資産勘定**で処理します。また、指定勘定科目の中に前払費用がないことから、**長期前払費用**で処理します。また、商品以外の物品を購入するために振り出した手形は、**営業外支払手形（負債）**として処理します。

(機 械 装 置)	2,000,000	(営業外支払手形)	2,640,000 *1
(構 築 物)	400,000		
(長 期 前 払 費 用)	240,000 *2		

* 1 110,000円×24枚＝2,640,000円

* 2 2,640,000円－(2,000,000円＋400,000円)＝240,000円
　　営業外支払手形　　機械装置　　　構築物

29

POINT
● 固定資産を購入するために振り出した手形は営業外支払手形で処理します。商品売買に用いる支払手形と間違えないようにしましょう。

3．事業の譲り受け

　事業の一部を譲り受けた場合は、譲り受けた事業の資産と負債を時価（公正な評価額）で引き受けます。また、譲り受けた資産・負債の評価額よりも、支払った対価の金額が高い場合には、差額を**のれん（資産）**として処理します。

(商　　　　　品)	800,000	(普　通　預　金)	4,500,000
(建　　　　　物)	1,800,000		
(備　　　　　品)	600,000		
(の　れ　ん)	1,300,000 *		

＊　譲り受けた事業の評価額：800,000円＋1,800,000円＋600,000円
　　　　　　　　　　　　　＝3,200,000円
　支払った対価（普通預金）：4,500,000円
　のれん：4,500,000円－3,200,000円＝1,300,000円

4．クレジット売掛金と消費税

　クレジットによる商品売買と消費税の処理を分けて仕訳を考えます。

(1) 現金とクレジットによる販売

　商品を売り上げ、代金の支払いがクレジット・カードで行われ決済手数料（支払手数料）を計上する場合、商品代金から決済手数料を差し引いた金額を**クレジット売掛金（資産）**として処理します。

(現　　　　　金)	50,000 *1	(売　　　　　上)	250,000
(支　払　手　数　料)	10,000 *2		
(クレジット売掛金)	190,000 *3		

＊1　55,000円÷110％＝50,000円
　　　税込金額　　　　　税抜金額

＊2　(250,000円－50,000円)×5％＝10,000円
　　　　　クレジット販売代金

＊3　200,000円－10,000円＝190,000円

POINT
● いったん問題文に与えられている税込金額を税抜金額に修正し、クレジット取引に関する支払手数料を把握します。

(2) **仮受消費税の計上**

売上に係る消費税の額を算定し、**仮受消費税（負債）**として処理します。

（現　　　　金）	5,000 *2	（仮 受 消 費 税）	25,000 *1
（クレジット売掛金）	20,000 *3		

＊1　250,000円×10％＝25,000円

＊2　$\underset{\text{税込金額}}{55,000円}-\underset{\text{税抜金額}}{50,000円}=5,000円$

＊3　貸借差額

5．株主資本の計数変動

準備金を減らして剰余金を増やす仕訳を行います。なお、元手を源泉とする**資本準備金**を取り崩した場合には、**その他資本剰余金**へ振り替え、もうけを源泉とする**利益準備金**を取り崩した場合には、**繰越利益剰余金**へ振り替えます。

第2問のポイント

難易度 C | **配点 20点** | **目標点 10点**

固定資産取引に関する問題です。勘定記入と仕訳を答えさせる問題ですが、圧縮記帳、修繕引当金、リース取引、税効果会計、連結修正仕訳など多くの論点が問われています。落ち着いて、わかるところから解答するようにしましょう。

解答

●数字につき配点

問1

総勘定元帳
建物

年	月	日	摘要	借方	年	月	日	摘要	貸方
❷29	4	1	前期繰越	29,520,000	30	3	31	減価償却費	720,000 ❷
						3	31	次期繰越	28,800,000
				29,520,000					29,520,000

機械装置

年	月	日	摘要	借方	年	月	日	摘要	貸方
❷29	9	1	諸　口	6,000,000	29	9	2	固定資産圧縮損	3,000,000 ❷
					30	3	31	減価償却費	700,000
						3	31	次期繰越	2,300,000 ❷
				6,000,000					6,000,000

リース資産

年	月	日	摘要	借方	年	月	日	摘要	貸方
❷29	4	1	リース債務	2,400,000	30	3	31	減価償却費	480,000 ❷
						3	31	次期繰越	1,920,000
				2,400,000					2,400,000

32

問2

借　方　科　目	金　　額	貸　方　科　目	金　　額	
繰 延 税 金 資 産	78,750	法 人 税 等 調 整 額	78,750	❷

問3　(1)　未実現損益の消去

借　方　科　目	金　　額	貸　方　科　目	金　　額	
固 定 資 産 売 却 益	5,000,000	土　　　　　　　地	5,000,000	❷
非 支 配 株 主 持 分	1,250,000	非支配株主に帰属する当期純利益	1,250,000	

(2)　債権債務の相殺消去

借　方　科　目	金　　額	貸　方　科　目	金　　額	
未　　払　　金	7,000,000	未　収　入　金	7,000,000	❷

解　説

問1　勘定記入

(1)　4月1日（建物の前期繰越）

建物は取得日（平成20年4月1日）から前期末（平成29年3月31日）までに9年が経過しています。直接法によって記帳されているため、取得価額から前期末における減価償却累計額を控除して、建物勘定の前期繰越金額を算定します。

　　建物（期首減価償却累計額）：36,000,000円÷50年×9年＝6,480,000円
　　建物（前期繰越）：36,000,000円－6,480,000円＝29,520,000円

POINT

●本問では、建物の減価償却方法が明示されていませんが、税務上、建物は定額法で処理することおよび機械装置のように会計上と税務上の処理が異なる旨の記載もないことから定額法を採用するものとして解答します。

(2)　4月1日（リース取引開始）

ファイナンス・リース取引の利子込み法を適用することから、リース料総額をリース資産勘定として計上するとともに、相手勘定としてリース債務を計上します。

　（リ　ー　ス　資　産）　2,400,000 *　（リ　ー　ス　債　務）　2,400,000
　　リース資産勘定・借方へ記入

　*　480,000円×5年＝2,400,000円

(3) 6月7日(国庫補助金受入)

国庫補助金を受け取ったときは、**国庫補助金受贈益(収益)** で処理します。

| (普 通 預 金) | 3,000,000 | (国庫補助金受贈益) | 3,000,000 |

(4) 7月28日(建物の修繕)

修繕のための支出を行った際に、修繕工事に備えて前期に引当金を設定しているときは、まず**修繕引当金(負債)** を取り崩し、修繕引当金を超える金額を**修繕費(費用)** で処理します。

| (修 繕 引 当 金) | 420,000 | (当 座 預 金) | 700,000 |
| (修　繕　費) | 280,000 * | | |

* 700,000円 − 420,000円 = 280,000円

(5) 9月1日(機械装置の購入)

| (機 械 装 置)
機械装置勘定・借方へ記入 | 6,000,000 | (現　　　金) | 1,200,000 |
| | | (当 座 預 金) | 4,800,000 * |

* 6,000,000円 − 1,200,000円 = 4,800,000円

POINT
● 機械装置勘定に記入するさいは、相手勘定が複数あるため、諸口とすることに注意しましょう。

(6) 9月2日(機械装置の圧縮記帳)

直接控除方式により圧縮記帳を行うため、9月1日に購入した機械装置の取得原価から、6月7日に受け取った国庫補助金相当額を控除(機械装置の帳簿価額を減額)します。なお、相手勘定は**固定資産圧縮損(費用)** として処理します。

| (固定資産圧縮損) | 3,000,000 | (機 械 装 置)
機械装置勘定・貸方へ記入 | 3,000,000 |

(7) 12月1日(子会社からの土地購入)

| (土　　地) | 14,000,000 | (未　払　金) | 14,000,000 |

POINT
● 本取引は親子会社間の取引なので、連結財務諸表を作成するさいに、連結修正仕訳で修正する必要があります(問3で解説)。

⑻　**2月1日（子会社に対する土地代金の一部支払い）**

| （未　　払　　金） | 7,000,000 | （当　座　預　金） | 7,000,000 |

⑼　**3月31日（リース料支払い）**

利子込み法を採用しているため、支払ったリース料の金額だけ**リース債務**を減らします。

| （リ　ー　ス　債　務） | 480,000 | （普　通　預　金） | 480,000 |

⑽　**3月31日（決算整理手続）**

①　建物の減価償却

取得原価を耐用年数で割って当期の減価償却費を算定します。また、直接法による記帳を行っているため、相手勘定は**建物**となります。

| （減　価　償　却　費） | 720,000 * | （建　　　　　　　物） | 720,000 |

建物勘定・貸方へ記入

＊　36,000,000円÷50年＝720,000円

②　リース資産の減価償却

リース資産の取得原価をリース期間で割って当期の減価償却費を算定します。また、直接法による記帳を行っているため、相手勘定は**リース資産**となります。

| （減　価　償　却　費） | 480,000 * | （リ　ー　ス　資　産） | 480,000 |

リース資産勘定・貸方へ記入

＊　2,400,000円÷5年＝480,000円

③　機械装置の減価償却

機械装置は、圧縮記帳後の帳簿価額（取得原価－圧縮額）で減価償却費を算定します。また、直接法による記帳を行っているため、相手勘定は**機械装置**となります。

| （減　価　償　却　費） | 700,000 * | （機　械　装　置） | 700,000 |

機械装置勘定・貸方へ記入

＊　$(6,000,000円-3,000,000円) \times 0.400 \times \dfrac{7か月}{12か月} = 700,000円$

圧縮後の帳簿価額

35

問2　税効果会計

会計上の減価償却費と税務上の減価償却費を計算して、両者の差額から将来減算一時差異を求めます。そして、将来減算一時差異に実効税率を掛けて**繰延税金資産（資産）**を計算します。なお、繰延税金資産の相手勘定は**法人税等調整額**とします。

（繰延税金資産）	78,750 *	（法人税等調整額）	78,750

* 会計上の減価償却費：700,000円（問1⑽③より）
  税務上の減価償却費：$(6,000,000円 - 3,000,000円) \times 0.250 \times \dfrac{7か月}{12か月}$
  　　　　　　　　　＝437,500円
  繰延税金資産：(700,000円 − 437,500円) × 30% ＝ 78,750円
  　　　　　　　　　└─将来減算一時差異─┘

問3　連結修正仕訳

(1) 未実現損益の消去

親子会社間の内部取引によって生じた損益は連結修正仕訳によって消去します。また、本問における土地の取引は子会社から親会社へ売却したアップストリームであるため、消去した未実現利益のうち、非支配株主の持分に相当する部分を**非支配株主持分**に負担させます。

（固定資産売却益）	5,000,000 *1	（土　　　　　地）	5,000,000
（非支配株主持分）	1,250,000 *2	（非支配株主持分に帰属する当期純利益）	1,250,000

* 1　14,000,000円 − 9,000,000円 ＝ 5,000,000円（子会社の土地売却益）
* 2　5,000,000円 × (100% − 75%) ＝ 1,250,000円

●仮に、親会社から子会社へ売却するダウンストリームであった場合、上記仕訳のうち2行目の仕訳が不要となります。

(2) 債権債務の相殺消去

親子会社間の債権債務は連結修正仕訳によって相殺消去します。土地取引によって生じた**親会社の未払金**と**子会社の未収入金**の残額を相殺消去します。

（未　　払　　金）	7,000,000 *	（未　収　入　金）	7,000,000

* 14,000,000円 − 7,000,000円 ＝ 7,000,000円

POINT

●親子会社間の取引で生じた債権債務については、期末時点でまだ決済されていない金額を相殺消去します。

LECTURE 減価償却（直接法と間接法）

直接法：減価償却の記帳にあたって該当する固定資産の帳簿価額を減額する

間接法：減価償却の記帳にあたって減価償却累計額という資産のマイナス勘定を用いる

第3問のポイント

難易度 A **配点 20点** **目標点 16点**

貸借対照表の作成問題です。特に難しい論点は含まれていないため、ミスなく進めて高得点を目指しましょう。簡単な問題で、高得点を獲得することが合格へ直結します。

解答

●数字につき配点

貸 借 対 照 表
平成30年3月31日 （単位：円）

資 産 の 部				負 債 の 部		
I 流 動 資 産				I 流 動 負 債		
現　　　　　金			150,000	支 払 手 形		190,000
当 座 預 金		❷(	235,800)	買 掛 金		380,000
受 取 手 形 (	170,000)			(未　　払)費用	(	5,600)❷
貸倒引当金 (	3,400)	(	166,600)	(未払法人税等)	(	58,000)❷
売 掛 金 (	410,000)			II 固 定 負 債		
貸倒引当金 (	8,200)	(	401,800)	長 期 借 入 金		800,000
商　　　　　品		❷(	29,750)	退職給付引当金	(	352,500)❷
II 固 定 資 産				負 債 合 計	(	1,786,100)
建　　　　　物 (	4,800,000)			純 資 産 の 部		
減価償却累計額 (	905,000)❷	(	3,895,000)	資 本 金		3,800,000
備　　　　　品 (	600,000)			利 益 準 備 金		60,450
減価償却累計額 (	292,800)❷	(	307,200)	繰越利益剰余金	(	330,000)❷
満期保有目的債券		❷(	790,400)	純 資 産 合 計	(	4,190,450)
資 産 合 計		❷(	5,976,550)	負債・純資産合計	(	5,976,550)

38

解説

1. 未処理事項［資料Ⅱ］

(1) 貸倒処理していた債権の回収（未記帳）

前期に貸倒れ処理していた売掛金を回収したときは**償却債権取立益（収益）**で処理します。

（当 座 預 金）	6,000	（償却債権取立益）	6,000

(2) 手形の割引き（未記帳）

手形を割り引きしたときは、**受取手形（資産）**の減少として処理します。なお、割引料については、**手形売却損（費用）**として処理します。

（当 座 預 金）	49,800 *	（受 取 手 形）	50,000
（手 形 売 却 損）	200		

* 貸借差額

受取手形：220,000円－50,000円＝**170,000円**

POINT
●売上債権の変動は下記 2．(1)における貸倒引当金設定額の計算に影響するため、見やすい所に「△50,000」などとメモしておきましょう。

(3) 建物の完成（未記帳）

（建　　　　　物）	1,800,000	（建 設 仮 勘 定）	1,200,000
		（当 座 預 金）	600,000

当座預金：<u>780,000円</u>＋6,000円＋49,800円－600,000円＝**235,800円**
　　　　　前T/B

2. 決算整理事項等［資料Ⅲ］

(1) 貸倒引当金の設定

（貸倒引当金繰入）	4,600 *	（貸 倒 引 当 金）	4,600

* 期末売上債権：<u>220,000円</u>－<u>50,000円</u>＋<u>410,000円</u>＝580,000円
　　　　　　　　前T/B受取手形　1.(2)　　前T/B売掛金

貸倒引当金設定額：580,000円×2％＝11,600円
T/B貸倒引当金残高：　　　　　　　7,000円
（差引）繰入額：　　　　　　　　　4,600円

受取手形の貸倒引当金：170,000円×2％＝3,400円
売掛金の貸倒引当金：410,000円×2％＝8,200円

(2) 売上原価の計算と期末商品の評価

(仕 入)	30,000	(繰 越 商 品)	30,000
(繰 越 商 品)	31,680 *1	(仕 入)	31,680
(棚 卸 減 耗 損)	180 *2	(繰 越 商 品)	180
(商 品 評 価 損)	1,750 *3	(繰 越 商 品)	1,750

＊1　期末商品帳簿棚卸高
@90円×352個＝31,680円

帳簿価額
@90円

＊3　商品評価損
(@90円－@85円)×350個
＝1,750円

＊2　棚卸減耗損
@90円×
(352個－350個)
＝180円

正味売却価額
@85円

B/S商品
@85円×350個
＝29,750円

実地
350個

帳簿
352個

(3) 減価償却費の計上

① 建物減価償却費（定額法）

当期に取得した建物については、月割計算を行います。

(減 価 償 却 費)	105,000 *	(建物減価償却累計額)	105,000

＊　既存の建物：3,000,000円÷30年＝100,000円

新規の建物：1,800,000円÷30年× $\dfrac{1か月}{12か月}$ ＝5,000円 }　105,000円

建物減価償却累計額：800,000円＋105,000円＝905,000円
　　　　　　　　　　　前T/B

② 備品減価償却費（200％定率法）

200％定率法の償却率は定額法の償却率（1÷耐用年数）に200％（2倍）を掛けた償却率です。

(減 価 償 却 費)	76,800 *	(備品減価償却累計額)	76,800

＊　200％定率法償却率：1÷10年×200％＝0.2
減価償却費：(600,000円－216,000円)×0.2＝76,800円

備品減価償却累計額：216,000円+76,800円=292,800円
　　　　　　　　　　前T/B

(4) **満期保有目的債券（償却原価法（定額法））**

満期保有目的債券は、決算時に時価評価はしません。ただし、額面金額と取得価額との差額が金利の調整と認められる場合は、償却原価法（定額法）により処理します。

| （満期保有目的債券） | 2,400 | （有価証券利息） | 2,400 * |

* 800,000円−788,000円=12,000円
  12,000円×$\frac{12か月}{60か月}$=2,400円

満期保有目的債券：788,000円+2,400円=790,400円
　　　　　　　　　前T/B

(5) **退職給付引当金の計上**

| （退職給付費用） | 92,500 | （退職給付引当金） | 92,500 |

退職給付引当金：260,000円+92,500円=352,500円
　　　　　　　前T/B

(6) **借入利息の未払計上**

| （支　払　利　息） | 5,600 * | （未　払　利　息） | 5,600 |

* 800,000円×1.2%×$\frac{7か月}{12か月}$=5,600円

POINT
● 貸借対照表では未払利息を「未払費用」勘定として計上します。

(7) **法人税等**

| （法人税、住民税および事業税） | 125,000 | （仮払法人税等） | 67,000 |
| | | （未払法人税等） | 58,000 * |

* 貸借差額

(8) **繰越利益剰余金**

貸借対照表の貸借差額から繰越利益剰余金を求めます。
繰越利益剰余金：5,976,550円−5,646,550円=330,000円

第4問のポイント　難易度 A　配点 20点　目標点 16点

費目別計算の予定配賦に関する仕訳問題です。材料副費の予定配賦や、賃率差異の計算がやや難しいですが、十分に高得点をねらえる問題です。勘定科目に注意して慎重に解きましょう。

解答

仕訳一組につき4点

	借方科目	金額	貸方科目	金額
(1)	材　料	2,200,000	買　掛　金 材　料　副　費	2,000,000 200,000
(2)	仕　掛　品 製　造　間　接　費	1,620,000 80,000	材　料	1,700,000
(3)	仕　掛　品 製　造　間　接　費	1,036,000 386,000	賃　金・給　料	1,422,000
(4)	賃　率　差　異	48,000	賃　金・給　料	48,000
(5)	仕　掛　品	1,110,000	製　造　間　接　費	1,110,000

解説

1．材料の購入

材料を購入した場合、材料勘定で処理します。なお、素材・買入部品・工場消耗品の購入代価を合算した金額に10％を掛けた金額を材料副費として材料副費勘定で処理するとともに、材料の購入代価に加算します。

（材　料）2,200,000 *3　（買　掛　金）2,000,000 *1
　　　　　　　　　　　　（材　料　副　費）200,000 *2

* 1　800kg×@2,000円 ＋ 3,000個×@100円 ＋ 100,000円
　　　　素材　　　　　　買入部品　　　　　　工場消耗品
　　　＝2,000,000円（購入代価）
* 2　2,000,000円×10％＝200,000円
* 3　2,000,000円＋200,000円＝2,200,000円（購入原価）

2．材料の消費

出庫した素材と買入部品の消費額は直接材料費なので仕掛品勘定に振り替えます。また、工場消耗品の消費額は間接材料費なので製造間接費勘定に振り替えます。

（仕　　　掛　　　品）　1,620,000 *1　（材　　　　　料）　1,700,000 *2
（製　造　間　接　費）　　　80,000

* 1　1,500,000円 ＋ 120,000円 ＝ 1,620,000円
　　　　素材　　　　　買入部品

* 2　1,500,000円 ＋ 120,000円 ＋ 80,000円 ＝ 1,700,000円
　　　　素材　　　　　買入部品　　　工場消耗品

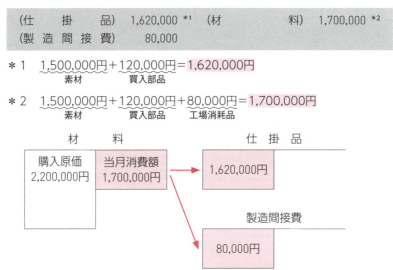

3．労務費の計算

直接工の賃金は予定賃率＠1,400円を用いて計算し、賃金・給料勘定から、直接作業時間分は仕掛品勘定へ、間接作業時間分は製造間接費勘定へ振り替えます。また、間接工の賃金は未払高を調整することで当月消費高を計算し、賃金・給料勘定から製造間接費勘定へ振り替えます。

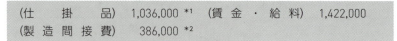

＊1 740時間×@1,400円=1,036,000円
＊2 直接工：40時間×@1,400円=56,000円
　　間接工：350,000円－100,000円+80,000円=330,000円 ｝386,000円
　　　　　　　当月支払　　前月未払　　当月未払

4．賃率差異の計上

　予定賃率にもとづく消費賃金と、実際消費賃金との差異を賃率差異勘定に振り替えます。なお、予定賃率を用いているのは直接工だけなので、間接工については考慮する必要はありません。

（賃　率　差　異）　48,000　　（賃　金　・　給　料）　48,000

＊　予定賃率にもとづく消費賃金：1,036,000円＋56,000円＝1,092,000円
　　　　　　　　　　　　　　　　　直接作業時間分　間接作業時間分

　　実際消費賃金：1,120,000円－60,000円＋80,000円＝1,140,000円
　　　　　　　　　当月支払　　　前月未払　当月未払

　　賃率差異：1,092,000円－1,140,000円＝△48,000円（借方差異）

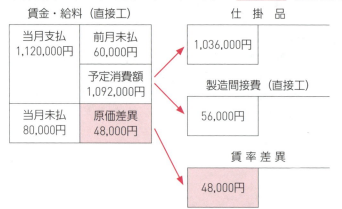

POINT
● 直接工による間接作業時間も含める点に注意しましょう。

5．製造間接費の予定配賦

　直接作業時間にもとづいて計算した製造間接費の予定配賦額を製造間接費勘定から仕掛品勘定へ振り替えます。なお、製造間接費の予定配賦率は、年間の製造間接費予算を年間の予定総直接作業時間で割って求めます。

（仕　掛　品）1,110,000　　（製 造 間 接 費）1,110,000 *

* 　予定配賦率：(8,100,000円＋5,400,000円)÷9,000時間＝@1,500円
　　　　　　　　　　製造間接費予算　　　　　　予定総直接作業時間

　　予定配賦額：@1,500円×740時間＝1,110,000円
　　　　　　　　　　　　当月直接作業時間

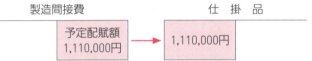

LECTURE 　**製造間接費の予定配賦**

製造間接費を予定配賦している場合は、次の順番で計算をします。
1．製造間接費予算額÷基準操業度＝予定配賦率
2．予定配賦率×実際操業度＝予定配賦額

第5問のポイント　難易度 A　配点 20点　目標点 16点

CVP分析の問題です。問5の高低点法以外は、基本的な問題ばかりなので、満点を目指しましょう。

解 答

●数字につき配点

問1　❹ 37 ％

問2　❹ 3,000,000 円

問3　❹ 4,000,000 円

問4　貢献利益 ❷ 2,362,500 円　営業利益 ❷ 472,500 円

問5　❹ 2.4 ％

解 説

問1　変動費率の計算

資料に与えられた変動費の合計額を、10月の利益計画での売上高3,500,000円で割って、変動費率を求めます。

変動費（合計）：805,000円＋420,000円＋70,000円＝1,295,000円
　　　　　　　　食材費　　　アルバイト給料　その他

変動費率：1,295,000円÷3,500,000円＝0.37＝37％

問2 損益分岐点売上高の計算

損益分岐点売上高とは、営業利益が0円となる売上高をいいます。固定費の合計額を、貢献利益率で割って求めることができます。

そこで、損益分岐点における売上高をS円として、直接原価計算書による損益計算書を作成し損益分岐点売上高を求めます。

損益計算書の営業利益を0とおいて、損益分岐点売上高を求めます。
   $0.63S - 1,890,000円 = 0$
   $0.63S = 1,890,000円$
   　　$S = 3,000,000円$

POINT
● 答えが出たら方程式に数値を入れて検算してみましょう。

問3 目標営業利益を達成する売上高の計算

問2の式の営業利益0を、営業利益630,000円に置き換えて売上高を算定します。
   $0.63S - 1,890,000円 = 630,000円$
   $0.63S = 2,520,000円$
   　　$S = 4,000,000円$

問4 11月の利益計画における貢献利益と営業利益

(1) 貢献利益

売上高に貢献利益率をかけることで、貢献利益を求めることができます。
   貢献利益：3,750,000円 × 0.63 = **2,362,500円**

(2) 営業利益

貢献利益から固定費を引くことで営業利益を求めることができます。
   営業利益：2,362,500円 − 1,890,000円 = **472,500円**

問5　高低点法による変動費率の計算

　水道光熱費について、過去6か月分の実績データにもとづいて、高低点法により変動費率を求めます。高低点法では、操業度の最高点と最低点から、変動費率を求めます。

　　最高点：8月（売上高4,095,000円、水道光熱費527,000円）
　　最低点：6月（売上高3,345,000円、水道光熱費509,000円）
　　変動費率：(527,000円－509,000円)÷(4,095,000円－3,345,000円)＝0.024
　　　　　　＝2.4%

POINT

●本問では、正常操業圏の範囲が与えられていないため、すべての実績データを考慮しますが、正常操業圏の範囲が与えられた場合は、その範囲内での最高の実績と最低の実績で高低点法を用います。

第151回 過去問題 解答・解説

解き方

第1問から解き始め、次に簡単な順に解いていくとよいでしょう。今回は、第2問⇒第5問⇒第4問⇒第3問の順番で解くようにしましょう。第3問は部分点を簡単に解答できる箇所を探し8点程度獲得できれば十分です。

第1問のポイント　難易度 A　配点 20点　目標点 16点

仕訳問題です。少し応用的な問題もありましたが、全体的には基本的な問題の出題といえます。問題文を丁寧に読み、5題中4題は正解したい問題でした。

解答

仕訳一組につき4点

	仕		訳	
	借方科目	金額	貸方科目	金額
1	現　　　　　金 商　　　　　品 車　　　　　両	8,500,000 6,100,000 3,800,000	車両減価償却累計額 本　　　　　店	760,000 17,640,000
2	その他有価証券	2,000,000	繰延税金負債 その他有価証券評価差額金	600,000 1,400,000
3	売　　　　　上	19,000	当　座　預　金	19,000
4	追徴法人税等	360,000	未払法人税等	360,000
5	営業外受取手形 備品減価償却累計額 減価償却費 固定資産売却損	119,000 354,240 36,864 89,896	備　　　　　品	600,000

別解 5は次の仕訳でもよい。

(借方)	減価償却費	36,864	(貸方)	備品減価償却累計額	36,864
	営業外受取手形	119,000		備　　品	600,000
	備品減価償却累計額	391,104			
	固定資産売却損	89,896			

解説

1. 本支店会計（本支店間取引）

本店から移管された**資産（車両減価償却累計額を含む）**について支店側で仕訳をします。なお、貸借差額については、本支店間の取引なので、**本店勘定**で処理します。

（現　　金）	8,500,000	（車両減価償却累計額）	760,000
（商　　品）	6,100,000	（本　　　店）	17,640,000
（車　　両）	3,800,000		

POINT
- 問題文の「販売のつど売上原価勘定に振り替える方法」という指示により当社では仕入れた商品を商品勘定で処理しています。仕入勘定や繰越商品勘定ではない点に注意しましょう。また、本店は支店に商品を売ったわけではないので、支店が計上する商品の金額は原価となります。

2. その他有価証券の評価（税効果会計）

全部純資産直入法によってその他有価証券を期末に時価評価したときの評価差額は、**その他有価証券評価差額金**として処理します。なお、その他有価証券に税効果会計を適用する場合、評価差額に実効税率を掛けた金額を、その他有価証券評価差額金から直接控除する形で**繰延税金資産**または**繰延税金負債**を計上します。

評価差額：(1,200円－1,000円)×10,000株＝2,000,000円（評価益）
繰延税金負債：2,000,000円×30％＝600,000円
その他有価証券評価差額金：2,000,000円－600,000円＝1,400,000円

POINT
- 問題文の「長期投資目的」「山陽重工業株式会社は当社の子会社にも関連会社にも該当しない。」という記述から、その他有価証券と判断します。

3. 売上割戻

売上代金の0.5％相当額（19,000円）を**当座預金（資産）**から支払いを行ったうえで、**売上（収益）**から控除します。

4. 法人税等の追徴

法人税等の追徴（追加の支払い）を命じられた場合には、**追徴法人税等（費用）**で処理します。なお、問題文に負債の計上を行ったとあるので、相手勘定は**未払法人税等**と

して処理します。

POINT

●法人税等の追徴とは、申告した法人税等が実際より少なかったときなどに加算される法人税等の支払額のことです。「法人税、住民税及び事業税勘定」とは区別して使用する点に注意しましょう。

5．固定資産の売却と営業外受取手形

固定資産を売却したときは、売却時の帳簿価額と売却価額の差額を**固定資産売却損（益）**として計上します。なお、備品の場合、売却年度までに計上した減価償却累計額を取り崩し、期中売却であれば、当期首から売却日までの減価償却費を計上します。

また、商品以外のものを売却し、代金として手形を受け取ったときは**営業外受取手形**で処理します。

（営業外受取手形）	119,000	（備	品）	600,000
（備品減価償却累計額）	354,240 *1			
（減 価 償 却 費）	36,864 *2			
（固定資産売却損）	89,896 *3			

＊1　200％定率法の償却率：1÷10年×2.0×100％＝20％

　　　1年目：600,000円×20％＝120,000円

　　　2年目：(600,000円−120,000円)×20％＝96,000円

　　　3年目：(600,000円−120,000円−96,000円)×20％＝76,800円

　　　4年目：(600,000円−120,000円−96,000円−76,800円)×20％
　　　　　　＝61,440円

　　　期首減価償却累計額：上記の合計額354,240円

＊2　$(600,000円 − 354,240円) × 20\% × \dfrac{9か月}{12か月} = 36,864円$

＊3　貸借差額

POINT

●200％定率法では、定額法による償却率（1÷耐用年数）を2倍した償却率を用います。なお、保証率などが問題文に与えられていないため、改定償却率への切り替えを判定する必要はありません。

第2問のポイント 難易度 A 配点 20点 目標点 16点

株主資本等変動計算書の作成に関する問題です。本問は、仕訳をていねいに行い、答案用紙の株主資本等変動計算書の各項目に適切な金額を記入することが重要です。基本的な問題であるため、焦らずに解答すれば満点をねらえる問題です。

解答

●数字につき配点

株 主 資 本 等 変 動 計 算 書
自平成29年4月1日 至平成30年3月31日 （単位：千円）

	株　主　資　本			
	資本金	資本剰余金		
		資本準備金	その他資本剰余金	資本剰余金合計
当期首残高	20,000	(1,600)	(500)	(2,100)
当期変動額				
剰余金の配当		(25)	(❷ △ 275)	(△ 250)
別途積立金の積立て				
新株の発行	(250)	(250)		(❷ 250)
吸収合併	(3,000)		(1,400)	(1,400)
当期純利益				
当期変動額合計	(3,250)	(❷ 275)	(1,125)	(1,400)
当期末残高	(❷ 23,250)	(1,875)	(1,625)	(3,500)

（下段へ続く）

（上段から続く）

	株　主　資　本				
	利　益　剰　余　金				株主資本合　　計
	利益準備金	その他利益剰余金		利益剰余金合　　計	
		別途積立金	繰越利益剰余金		
当期首残高	400	(220)	(1,200)	(1,820)	❷ 23,920)
当 期 変 動 額					
剰余金の配当	(75)		❷ △ 825)	(△ 750)	(△1,000)
別途積立金の積立て		(80)	(△ 80)	―	
新 株 の 発 行					(500)
吸 収 合 併					(4,400)
当 期 純 利 益			(980)	(980)	(980)
当期変動額合計	❷ 75)	(80)	(75)	❷ 230)	(4,880)
当 期 末 残 高	(475)	❷ 300)	(1,275)	(2,050)	❷ 28,800)

解　説

（仕訳の単位：千円）

　株主資本等変動計算書の記載方法は、純資産の期首残高を基礎として、期中の変動額を加算または減算し、期末残高を記入します。

● 株主資本等変動計算書は、貸借対照表の純資産の部の一会計期間における変動額のうち、主として、株主に帰属する部分である株主資本の各項目の変動事由を報告するために作成する財務諸表です。

1．当期首残高

　資本金と利益準備金については、記入済みです。[資料] 1より、平成29年3月31日現在における純資産の残高を、資本金と利益準備金以外の当期首残高として記入しましょう。

● 答案用紙に記入するさいには、金額の単位に注意しましょう。

2．当期変動額
(1) 剰余金の配当
株主総会で確定した配当の内容にもとづき仕訳します。

(その他資本剰余金)	275	(未 払 配 当 金)	1,000 *1
(繰越利益剰余金)	825	(資 本 準 備 金)	25 *2
		(利 益 準 備 金)	75 *3

*1　@5円×50,000株＝250千円（その他資本剰余金を財源）
　　@15円×50,000株＝750千円（繰越利益剰余金を財源）
　　250千円＋750千円＝1,000千円

*2　$250千円 \times \frac{1}{10} + 750千円 \times \frac{1}{10} = 100千円$ ⎫
　　　　　　　　　　　　　　　　　　　　　　　　　　　　　　⎬ 小さい方：100千円
　　$20,000千円 \times \frac{1}{4} - (1,600千円 + 400千円) = 3,000千円$ ⎭

　　$100千円 \times \dfrac{250千円}{250千円 + 750千円} = 25千円$

*3　$100千円 \times \dfrac{750千円}{250千円 + 750千円} = 75千円$

POINT
●繰越利益剰余金を財源とした配当のほかに、その他資本剰余金を財源とした配当を行う点にも注意してください。

(2) 別途積立金の積み立て
別途積立金を積み立てた場合は、繰越利益剰余金から別途積立金へ振り替えます。

| (繰越利益剰余金) | 80 | (別 途 積 立 金) | 80 |

(3) 株式を発行したとき（増資時・容認処理）
問題文より、「会社法が定める最低限度額を資本金とした。」とのことから、払込金額のうち、2分の1は資本金、残額は資本準備金として処理します。

| (当 座 預 金) | 500 *1 | (資 本 金) | 250 *2 |
| | | (資 本 準 備 金) | 250 *2 |

*1　@500円×1,000株＝500千円

*2　$500千円 \times \dfrac{1}{2} = 250千円$（資本金および資本準備金）

(4) 吸収合併

吸収合併は、合併会社が被合併会社の資産および負債を引き継ぎます。引き継ぎにあたり資産および負債は、「時価」などを基準とした公正な評価額とします。なお、問題文の指示により、新株の発行にともなう純資産（株主資本）の増加額のうち資本金を差し引いた残額は、その他資本剰余金とします。

(諸　　資　　産)	9,000	(諸　　負　　債)	5,000
(の　　れ　　ん)	400 *2	(資　　本　　金)	3,000
		(その他資本剰余金)	1,400 *1

* 1　(@550円×8,000株) －3,000千円＝1,400千円
　　　　　増加資本

* 2　(@550円×8,000株) －(9,000千円－5,000千円)＝400千円
　　　　　増加資本　　　　　　　　受入純資産

(5) 当期純利益の振り替え

当期純利益980千円を繰越利益剰余金に振り替えます。

| (損　　　　益) | 980 | (繰越利益剰余金) | 980 |

3．当期末残高

各勘定の当期変動額合計を計算してから、当期首残高と合算することで、当期末残高を求めます。

LECTURE　株主資本等変動計算書

1．当期首残高を記入する。
2．当期中に変動した純資産の項目を、その原因にもとづいて記入する。
3．項目ごとに、当期変動額の合計を記入する。
4．当期首残高に当期変動額合計を合算し、当期末残高を記入する。

第3問のポイント

難易度 C　**配点** 20点　**目標点** 8点

連結精算表の問題です。子会社が2社あり、さらに子会社間の取引があります。問題を見た瞬間に諦めた人も多いかもしれません。粘り強く問題内容を把握して、比較的簡単に取れそうな論点を探し、部分点を拾う姿勢で臨みましょう。

解　答

●数字につき配点

（単位：千円）

科　目	個別財務諸表（×4年3月31日）			修正・消去		連結
	P社	S1社	S2社	借　方	貸　方	財務諸表
貸借対照表						
現　金　預　金	257,000	35,000	24,000			316,000
売　　掛　　金	430,000	260,000	156,000		197,000	649,000 ❷
商　　　　　品	440,000	246,000	16,500		45,000	657,500 ❷
未　収　入　金	63,000	43,000	13,000		8,000	111,000
貸　　付　　金	140,000				140,000	0
未　収　収　益	12,000				500	11,500
土　　　　　地	220,000		134,000		7,700	346,300 ❷
建　　　　　物	180,000					180,000
建物減価償却累計額	△24,000					△24,000
備　　　　　品	50,000	24,000				74,000
備品減価償却累計額	△10,000	△4,000				△14,000
❷（の　れ　ん）				26,000	5,200	20,800
差　入　保　証　金		22,000				22,000
子　会　社　株　式	270,000				170,000	0
					100,000	
資　産　合　計	2,028,000	626,000	343,500	26,000	673,400	2,350,100
買　　掛　　金	224,000	184,000	14,000	197,000		225,000
借　　入　　金	250,000	100,000	40,000	140,000		250,000
未　　払　　金	108,000	18,000	34,000	8,000		152,000
未 払 法 人 税 等	30,000	3,000	6,600			39,600
未　払　費　用	90,000	58,000	4,900	500	500	152,900 ❷
前　受　収　益			128,600			128,600
資　　本　　金	360,000	120,000	100,000	120,000		360,000
				100,000		
資　本　剰　余　金	120,000	30,000		30,000		120,000
利　益　剰　余　金	846,000	113,000	15,400	30,000	884,150	869,400
				10,976		
				3,900		
				36,000		
				908,274		
非 支 配 株 主 持 分					36,000	52,600 ❷
					10,976	
					5,624	
負債純資産合計	2,028,000	626,000	343,500	1,584,650	937,250	2,350,100

損益計算書						
売　　上　　高	2,156,000	1,069,400		660,000		2,565,400
役　務　収　益			587,000	180,000		407,000 ❷
売　上　原　価	1,354,000	713,000		45,000	660,000	1,236,000 ❷
					216,000	
役　務　原　価			298,000			298,000
販売費及び一般管理費	644,000	311,000	266,000	2,250	2,700	1,220,550 ❷
❷（の れ ん）償 却				1,300		1,300
受　取　利　息	5,300	300	200	3,200		2,600
賃貸資産受取家賃	2,700			2,700		0
支　払　利　息	5,450	2,700	1,200	500	3,200	6,650
賃貸資産減価償却費	2,250				2,250	0
土　地　売　却　益	7,700			7,700		0
法人税,住民税及び事業税	49,800	14,880	6,600			71,280
当　期　純　利　益	116,200	28,120	15,400	902,650	884,150	141,220
非支配株主に帰属する当期純利益				5,624		5,624
親会社株主に帰属する当期純利益	116,200	28,120	15,400	908,274	884,150	135,596

（注）「のれん」と「のれん償却」は、科目と金額の両方正解で２点。

（仕訳の単位：千円）

１．×0年３月期に行う連結修正仕訳（投資と資本の相殺消去、Ｓ１社）

　支配獲得時の子会社の純資産（[資料] １．⑴）にもとづいて、投資と資本の相殺消去を行います。

（資　　本　　金）	120,000	（子 会 社 株 式）	170,000
（資 本 剰 余 金）	30,000	（非支配株主持分）	36,000 *1
（利 益 剰 余 金）	30,000		
（の　　れ　　ん）	26,000 *2		

＊１　(120,000千円＋30,000千円＋30,000千円)×(100％－80％)
　　＝36,000千円　　　　　　　　　　　　　非支配株主持分

＊２　貸借差額

POINT
●Ｓ１社株式（親会社の投資）と子会社の純資産のうち親会社に帰属する部分（{120,000千円＋30,000千円＋30,000千円}×80％＝144,000千円）の金額が異なるため、のれんが生じます。

〈連結精算表への記入〉

科　　目	個別財務諸表			修正・消去		連結財務諸表
	P社	S1社	S2社	借方	貸方	
貸借対照表						
（の　れ　ん）				26,000		
子会社株式	270,000				170,000	
資　本　金	360,000	120,000	100,000	120,000		
資本剰余金	120,000	30,000		30,000		120,000
利益剰余金	846,000	113,000	15,400	30,000		
非支配株主持分					36,000	

POINT

●本問では連結株主資本等変動計算書が問われていないため、純資産項目は株主資本等変動計算書の科目ではなく、貸借対照表科目で仕訳を行い、連結精算表に記入します。また、解説の便宜上、開始仕訳は省略します。

2．x3年3月期に行う連結修正仕訳（S1社）

x1年3月期〜x3年3月期の損益計算書は資料にないので、3年分の仕訳をまとめて行うことになります。

(1) のれんの償却

投資と資本の相殺消去によって、のれんが生じた場合、定額法によって償却します。

　（のれん償却）　3,900 ＊　（の　れ　ん）　3,900
　　　（★）

＊　26,000千円÷20年×3年＝3,900千円

(2) 子会社の当期純損益の振り替え

x1年3月期からx3年3月期のS1社の当期純利益のうち、非支配株主に帰属する部分を非支配株主持分に振り替えます。ただし、この期間のS1社当期純利益の金額が資料中に与えられていないため、差引計算によって求めます。

　（非支配株主に帰属する当期純利益）　10,976 ＊　（非支配株主持分）　10,976
　　　（★）

＊　113,000千円－28,120千円＝84,880千円（x3年3月31日利益剰余金）
　　当期末利益剰余金　　当期純利益

$$84,880千円 - 30,000千円 = 54,880千円 \quad （×1年3月期から×3年3月期$$
$$までの当期純利益）$$

$$54,880千円 \times \underbrace{(100\% - 80\%)}_{非支配株主持分} = 10,976千円$$

〈連結精算表への記入〉

前年度の取引なので、損益項目（★）は「利益剰余金」欄に集計します。

科　　目	個別財務諸表			修正・消去		連結財務諸表
	P社	S 1社	S 2社	借方	貸方	
貸 借 対 照 表						
利 益 剰 余 金	846,000	113,000	15,400	30,000		
				10,976		
				3,900		
非支配株主持分					36,000	
					10,976	

POINT

●連結精算表の修正・消去欄は、基本的に採点されないため、利益剰余金などを純額で記入しても問題ありません。本問は、精算表の行が足りない所があるので、必要に応じて合算して記入しています。

3．×3年3月期に行う連結修正仕訳（投資と資本の相殺消去、S 2社）

支配獲得時の子会社の純資産（[資料] 1．(2)）にもとづいて、投資と資本の相殺消去を行います。

（資　　本　　金）	100,000	（子 会 社 株 式）	100,000 *

＊　P社個別財務諸表270,000千円－170,000千円（S 1社株式）
　　＝100,000千円（S 2社株式）

〈連結精算表への記入〉

科　　目	個別財務諸表			修正・消去		連結財務諸表
	P社	S 1社	S 2社	借方	貸方	
貸 借 対 照 表						
子 会 社 株 式	270,000				170,000	**0**
					100,000	
資　　本　　金	360,000	120,000	100,000	120,000		**360,000**
				100,000		

60

> **POINT**
>
> ● P社の持分割合が100％（完全子会社）であるため、S2社に非支配株主は存在しません。また、P社の出資によって新規設立した会社であり、既存の会社を買収したわけではないので、のれんは生じません。

4．×4年3月期に行う連結修正仕訳…当期の処理（S1社）

(1) のれんの償却

（の れ ん 償 却）	1,300 *	（の　　れ　　ん）	1,300

* 26,000千円÷20年＝1,300千円

(2) 子会社の当期純損益の振り替え

（非支配株主に帰属する当期純利益）	5,624 *	（非 支 配 株 主 持 分）	5,624

* 28,120千円×20％＝5,624千円

〈連結精算表への記入〉

科　　　目	個別財務諸表			修正・消去		連結財務諸表
	P社	S1社	S2社	借方	貸方	
貸 借 対 照 表						
（の　　れ　　ん）				26,000	5,200*	20,800
非支配株主持分					36,000	52,600
					10,976	
					5,624	
損 益 計 算 書						
（の れ ん）償 却				1,300		1,300
非支配株主に帰属する当期純利益				5,624		5,624

* のれん：3,900千円＋1,300千円＝5,200千円

> **POINT**
>
> ● 非支配株主に帰属する当期純利益の場合、非支配株主にとっては利益の増加ですが、親会社にとっては、利益の減少となります。したがって、連結損益計算書上は、当期純利益の控除項目として扱います。

5．×4年3月期に行う連結修正仕訳…当期の処理（S 2 社）

　S 2社はのれんが生じておらず、非支配株主も存在しないため、以下は処理なしとなります。

⑴　のれんの償却

仕　訳　な　し

⑵　子会社の当期純損益の振り替え

仕　訳　な　し

6．×4年3月期に行う連結修正仕訳…連結会社間取引の相殺消去

　連結会社間取引の相殺消去を行います（問題文の資料 2 ～ 5 に関する処理）。なお、2．に未処理事項が記載されているため、連結修正仕訳の前に、適切な処理を行います。

⑴　未処理事項（未払利息の計上漏れ）

（支　払　利　息）	500	（未　払　費　用）	500

〈連結精算表への記入〉

科　　目	個別財務諸表			修正・消去		連結財務諸表
	P 社	S 1 社	S 2 社	借方	貸方	
貸 借 対 照 表						
未　払　費　用	90,000	58,000	4,900		**500**	
損 益 計 算 書						
支　払　利　息	5,450	2,700	1,200	**500**		

⑵　債権債務の相殺

　資料 2 より判明する親子会社間の債権債務残高を相殺消去します。なお、子会社間（S 1 社⇔S 2 社）の債権債務も連結グループ内の取引によるものなので、同様に相殺消去します。

　〈P 社⇔S 1 社〉

（買　　掛　　金）	160,000	（売　　掛　　金）	160,000
（借　　入　　金）	100,000	（貸　　付　　金）	100,000
（未　　払　　金）	8,000	（未　収　入　金）	8,000

〈P社⇔S2社〉

(買 掛 金)	25,000	(売 掛 金)	25,000
(借 入 金)	40,000	(貸 付 金)	40,000
(未 払 費 用)	500	(未 収 収 益)	500

〈S1社⇔S2社〉

| (買 掛 金) | 12,000 | (売 掛 金) | 12,000 |

〈連結精算表への記入〉

科　目	個別財務諸表			修正・消去		連結財務諸表
	P社	S1社	S2社	借方	貸方	
貸借対照表						
売 掛 金	430,000	260,000	156,000		197,000	649,000
未 収 入 金	63,000	43,000	13,000		8,000	111,000
貸 付 金	140,000				140,000	0
未 収 収 益	12,000				500	11,500
買 掛 金	224,000	184,000	14,000	197,000		225,000
借 入 金	250,000	100,000	40,000	140,000		250,000
未 払 金	108,000	18,000	34,000	8,000		152,000
未 払 費 用	90,000	58,000	4,900	500	500	152,900

POINT

●債権債務が相殺消去された場合には、その債権に対して設定した貸倒引当金も修正する必要がありますが、本問では貸倒引当金のデータが示されていないため、処理は不要です。

⑶ 内部取引高の相殺消去

　資料2より判明する親子会社間の内部取引高を相殺消去します。子会社間の取引も同様です。

〈P社⇔S1社〉

| (売 上 高) | 660,000 | (売 上 原 価) | 660,000 |
| (受 取 利 息) | 1,500 | (支 払 利 息) | 1,500 |

63

〈P社⇔S2社〉

(役　務　収　益)	96,000	(売　上　原　価)*1	96,000
(賃貸資産受取家賃)	2,700	(販売費及び一般管理費)*2	2,700
(受　取　利　息)	1,700	(支　払　利　息)	1,700

* 1　本問では、問題資料に据付費（売上原価）と記載されているため、個別
　　上は売上原価として計上されていることがわかります。したがって、売上
　　原価を修正します。

* 2　問題文より、販売費及び一般管理費として計上されているため、その科
　　目を修正処理します。

〈S1社⇔S2社〉

(役　務　収　益)	84,000	(売　上　原　価)	84,000

〈連結精算表への記入〉

科　　　　目	個別財務諸表			修正・消去		連結財務諸表
	P社	S1社	S2社	借方	貸方	
損 益 計 算 書						
売　　上　　高	2,156,000	1,069,400		660,000		2,565,400
役　務　収　益			587,000	180,000		407,000
売　上　原　価	1,354,000	713,000			660,000	
役　務　原　価			298,000			298,000
販売費及び一般管理費	644,000	311,000	266,000		2,700	
受　取　利　息	5,300	300	200	3,200		2,600
賃貸資産受取家賃	2,700			2,700		0
支　払　利　息	5,450	2,700	1,200	500	3,200	6,650

(4) 未実現利益の消去（商品）

　期首商品棚卸高、期末商品棚卸高のうち、親会社から仕入れた商品については、加
算されている利益を消去します。

〈期首商品〉

　ⅰ　前期末の仕訳の引継ぎ

　前期に行った期末商品の未実現利益の消去に関する連結修正仕訳を当期におい
て開始仕訳として再度行います。なお、損益項目（売上原価）については、利益
剰余金とします。

(利　益　剰　余　金)	36,000	(商　　　　　　品)	36,000 *

*　120,000千円×30％＝36,000千円

> **POINT**
>
> ●前期の連結修正仕訳で、
> （売 上 原 価）36,000 （商　　　品）36,000
> という処理をしていたものを引き継いだ連結修正仕訳です。

ⅱ　実現仕訳

　前期末商品は当期中に販売されたと考えるため、前期末に消去した未実現利益は実現利益となります。そこで、前期末に行った連結修正仕訳を取り消すために逆仕訳を行います。

| （商　　　　品）36,000 （売 上 原 価）36,000 * |

＊　120,000千円×30％＝36,000千円

ⅲ　まとめ（ⅰ＋ⅱ）

| （利 益 剰 余 金）36,000 （売 上 原 価）36,000 * |

＊　120,000千円×30％＝36,000千円

〈期末商品〉

| （売 上 原 価）45,000 （商　　　　品）45,000 * |

＊　150,000千円×30％＝45,000千円

〈連結精算表への記入〉

科　　　目	個別財務諸表			修正・消去		連結財務諸表
	P社	S1社	S2社	借方	貸方	
貸 借 対 照 表						
商　　　　品	440,000	246,000	16,500		**45,000**	**657,500**
利 益 剰 余 金	846,000	113,000	15,400	30,000		
				10,976		
				3,900		
				36,000		
損 益 計 算 書						
売 上 原 価	1,354,000	713,000		**45,000**	660,000	**1,236,000**
					216,000*	

＊　売上原価：96,000千円＋84,000千円＋36,000千円＝216,000千円

(5) 科目の修正

科目の振り替えを行います。

| （販売費及び一般管理費） | 2,250 | （賃貸資産減価償却費） | 2,250 |

POINT

●本問では、賃貸等不動産（建物）についての減価償却費を、「賃貸資産減価償却費」で計上していますが、グループ内での賃貸借取引であるため、賃貸借取引は連結上消去されます。これにともない、当該建物は連結上、賃貸等不動産ではなくなるため（単に連結グループで保有し、連結グループで使用している建物になります）、この建物の減価償却費を、通常の計上区分である販売費及び一般管理費へ振り替えます。

〈連結精算表への記入〉

科　目	個別財務諸表 P社	個別財務諸表 S1社	個別財務諸表 S2社	修正・消去 借方	修正・消去 貸方	連結財務諸表
損益計算書						
販売費及び一般管理費	644,000	311,000	266,000	2,250	2,700	1,220,550
賃貸資産減価償却費	2,250				2,250	0

(6) 未実現利益の消去（土地）

親子会社間で土地を売買した際に計上された売却益を消去します。

| （土地売却益） | 7,700 * | （土地） | 7,700 |

＊ 134,000千円－126,300千円＝7,700千円

〈連結精算表への記入〉

科　目	個別財務諸表 P社	個別財務諸表 S1社	個別財務諸表 S2社	修正・消去 借方	修正・消去 貸方	連結財務諸表
貸借対照表						
土地	220,000		134,000		7,700	346,300
損益計算書						
土地売却益	7,700			7,700		0

7．連結財務諸表欄の作成

　通常、連結損益計算書→連結株主資本等変動計算書→連結貸借対照表の順に記入しますが、本問は連結株主資本等変動計算書がないので、純資産項目は連結損益計算書→連結貸借対照表の順に記入します。

(1) 連結損益計算書欄の記入

① 当期純利益（親会社株主に帰属する当期純利益）以外の記入

当期純利益（親会社株主に帰属する当期純利益）以外の金額については、個別財務諸表の合計金額に修正消去欄の金額を加減して、連結財務諸表欄に記入します。

〈連結精算表への記入〉

科　　目	個別財務諸表			修正・消去		連結財務諸表
	P社	S1社	S2社	借方	貸方	
損 益 計 算 書						
売　　上　　高	2,156,000	1,069,400		660,000		2,565,400
役　務　収　益			587,000	180,000		407,000
売　上　原　価	1,354,000	713,000		45,000	660,000	1,236,000
					216,000	
役　務　原　価			298,000			298,000
販売費及び一般管理費	644,000	311,000	266,000	2,250	2,700	1,220,550
（のれん）償却				1,300		1,300
受　取　利　息	5,300	300	200	3,200		2,600
賃貸資産受取家賃	2,700			2,700		0
支　払　利　息	5,450	2,700	1,200	500	3,200	6,650
賃貸資産減価償却費	2,250				2,250	0
土　地　売　却　益	7,700			7,700		0
法人税、住民税及び事業税	49,800	14,880	6,600			71,280
当　期　純　利　益	116,200	28,120	15,400			
非支配株主に帰属する当期純利益					5,624	5,624
親会社株主に帰属する当期純利益	116,200	28,120	15,400			

② 「当期純利益」「親会社株主に帰属する当期純利益」の行を記入

科　　目	個別財務諸表			修正・消去		連結財務諸表
	P社	S1社	S2社	借方	貸方	
損 益 計 算 書						
当　期　純　利　益	116,200	28,120	15,400	**902,650**	**884,150**	**141,220**
非支配株主に帰属する当期純利益					5,624	5,624
親会社株主に帰属する当期純利益	116,200	28,120	15,400	**908,274**	**884,150**	**135,596**

67

また、P/L「親会社株主に帰属する当期純利益」の修正・消去欄の金額（★）を連結B/Sの利益剰余金の行へ移記します。

科　　目	個別財務諸表			修正・消去		連結財務諸表
	P社	S1社	S2社	借方	貸方	
貸借対照表						
利益剰余金	846,000	113,000	15,400	30,000	**884,150**	869,400
				10,976		
				3,900		
				36,000		
				908,274		
損益計算書						
当期純利益	116,200	28,120	15,400	902,650	884,150	141,220
非支配株主に帰属する当期純利益				5,624		5,624
親会社株主に帰属する当期純利益	116,200	28,120	15,400	908,274	884,150	135,596
				★		

POINT
● 利益剰余金には、×4年3月期の連結修正仕訳で生じた損益項目を加減する必要がある点に注意しましょう。

　なお、本問の年度表記につきまして、国の会計年度では、×4年度とした場合、×4年4月1日から×5年3月31日までを意味しますが、欧米企業や日本の企業の一部では、決算日で区別して×3年4月1日から×4年3月31日を×4年度とする場合があり、本問題はそれに倣ったものです（2019年2月25日　日本商工会議所　発表より）。
　解答上は年度表記にあわせて日付も記載してありますので、それに従って解答してください。

第4問のポイント 難易度 A 配点 20点 目標点 16点

部門別原価計算の手続きを問う問題です。補助部門費の予定配賦に少し戸惑うかと思いますが、補助部門は1つしかなく資料も少ないので、16点以上獲得できるようにしましょう。

解 答

●数字につき配点

問1　修繕部費　❸　4,000　円/時間

問2　第一製造部費　❸　6,000　円/時間

　　　第二製造部費　❸　2,000　円/時間

問3　第一製造部費　❸　4,140,000　円

　　　第二製造部費　❸　3,440,000　円

問4　修繕部費配賦差異　❸　6,200　円　（ 借方差異 ・ 貸方差異 ）
　　　　　　　　　　　　　　　　　　　　いずれかを○で囲むこと

問5　第一製造部費配賦差異　❷　25,000　円　（ 借方差異 ・ 貸方差異 ）
　　　　　　　　　　　　　　　　　　　　　　いずれかを○で囲むこと

解 説

1．修繕部費の予定配賦率

年間予算にもとづく修繕部費を年間予定修繕時間の合計で割って修繕部費の予定配賦率を求めます。

$$\text{修繕部費の予定配賦率：} \frac{5,600,000円}{600時間 + 800時間} = 4,000円/時間$$

2．第一製造部費と第二製造部費の予定配賦率

(1) 補助部門費予算額の各製造部門への配賦

補助部門費予算額を製造部門に配賦します。

第一製造部への配賦額：@4,000円×600時間＝2,400,000円

第二製造部への配賦額：@4,000円×800時間＝3,200,000円

(2) 補助部門費予算額配賦後の製造部門費年間予算額

第一製造部費：45,600,000円＋2,400,000円＝48,000,000円

第二製造部費：36,800,000円＋3,200,000円＝40,000,000円

年間予算部門別配賦表　　　　　　　（単位：円）

費　　　　目	合　　　計	製　造　部　門		補　助　部　門
		第一製造部	第二製造部	修　繕　部
部　　門　　費	88,000,000	45,600,000	36,800,000	5,600,000
修　繕　部　費	5,600,000	2,400,000	3,200,000	
製造部門費	88,000,000	48,000,000	40,000,000	

(3) 各製造部門費の予定配賦率

各製造部門ごとに補助部門費予算額配賦後の年間製造部門費予算額を年間予定機械稼働時間で割って、予定配賦率を求めます。

第一製造部の予定配賦率：$\dfrac{48,000,000円}{8,000時間}$＝6,000円/時間

第二製造部の予定配賦率：$\dfrac{40,000,000円}{20,000時間}$＝2,000円/時間

3．当月の各製造部門費の予定配賦額

各製造部門の予定配賦率に当月の実際機械稼働時間を掛けて、予定配賦額を求めます。

第一製造部費の予定配賦額：6,000円/時間×690時間＝4,140,000円

第二製造部費の予定配賦額：2,000円/時間×1,720時間＝3,440,000円

4．当月の修繕部費の配賦差異

当月の修繕部費の予定配賦額と当月の実際修繕部費の差額で差異を把握します。

当月の修繕部費の予定配賦額：4,000円/時間×（52時間＋72時間）＝496,000円

当月の実際修繕部費：502,200円

修繕部費の配賦差異：予定配賦額496,000円－実際発生額502,200円

＝△6,200円（借方差異）

POINT
●答案用紙に借方差異、貸方差異に関する解答方法の指示が記載されています。指示された方法以外の解答方法は、不正解となりますので、必ず指示を確認しましょう。

5．当月の第一製造部費の配賦差異

当月の第一製造部費の予定配賦額と当月の実際第一製造部費（補助部門費予定配賦後）の差額で差異を把握します。

当月の第一製造部費の予定配賦額：6,000円/時間×690時間＝4,140,000円
当月の実際第一製造部費：3,957,000円＋4,000円/時間×52時間＝4,165,000円
第一製造部費の配賦差異：予定配賦額4,140,000円－実際発生額4,165,000円
　　　　　　　　　　　＝△25,000円（借方差異）

POINT
●問題文に、補助部門費は予定配賦する旨の指示があるため、当月の実際第一製造部費を計算するさいの補助部門費の配賦額は、修繕部費の予定配賦率に当月の実際修繕時間をかけて求めます。

第5問のポイント 難易度 A 配点 20点 目標点 16点

等級別総合原価計算の問題です。正常仕損が生じており、度外視法によって処理しています。また、原価の配分方法は先入先出法である点など資料の読み飛ばしに注意をしましょう。

解答

●数字につき配点

問1

等価比率計算表

等級製品	重　量	等価係数	完成品量	積　数	等価比率
X	300g	3	6,000枚	18,000枚	❷ 90 %
Y	100g	1	2,000枚	2,000枚	❷ 10 %
					100 %

問2　当月の月末仕掛品原価 ＝　❹ 3,200,000　円

問3　当月の完成品総合原価 ＝　❹ 19,200,000　円

問4　等級製品Xの完成品単位原価 ＝　❹ 2,880　円/枚

問5　等級製品Yの完成品単位原価 ＝　❹ 960　円/枚

解説

1．等価比率計算表の作成

等価係数と完成品量にもとづいて、「積数」と「等価比率」を求めます。

(1) 積数

等級製品X：3〈等価係数〉×6,000枚〈完成品数量〉＝18,000枚

等級製品Y：1〈等価係数〉×2,000枚〈完成品数量〉＝2,000枚

(2) 等価比率

等級製品X：18,000枚÷(18,000枚+2,000枚)=90%
等級製品Y：2,000枚÷(18,000枚+2,000枚)=10%

等価比率計算表

等級製品	重量	等価係数	完成品量	積数	等価比率
X	300g	3	6,000枚	**18,000枚**	**90**%
Y	100g	1	2,000枚	**2,000枚**	**10**%
					100%

2．月末仕掛品原価と完成品総合原価の算定

月初仕掛品原価と当月製造費用を完成品原価と月末仕掛品原価に先入先出法により配分します。なお、正常仕損が工程の途中で発生した場合は、完成品と月末仕掛品の両者に仕損を負担させます。

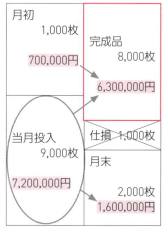
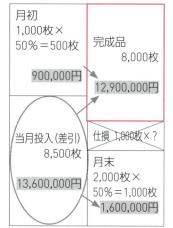

月末仕掛品原価（直接材料費）：
$$\frac{7,200,000円}{8,000枚+2,000枚-1,000枚} \times 2,000枚 = 1,600,000円$$

完成品原価（直接材料費）：
700,000円+7,200,000円-1,600,000円=6,300,000円

月末仕掛品原価（加工費）：
$$\frac{13,600,000円}{8,000枚+1,000枚-500枚} \times 1,000枚 = 1,600,000円$$

完成品原価（加工費）：
900,000円+13,600,000円-1,600,000円=12,900,000円

月末仕掛品原価（合計）：1,600,000円+1,600,000円=3,200,000円
完成品総合原価（合計）：6,300,000円+12,900,000円=19,200,000円

POINT
●度外視法(両者負担)によって仕損を処理しているので、投入量は仕損を差し引いた量で計算しましょう。

3．各等級製品の完成品総合原価の算定
完成品総合原価を等級製品Xと等級製品Yへ等価比率(または積数)を用いて按分します。

等級製品X：19,200,000円×90％＝17,280,000円
等級製品Y：19,200,000円×10％＝1,920,000円

4．各等級製品の完成品単位原価の算定
各等級製品の完成品総合原価を完成品量で割って完成品単位原価を求めます。

等級製品X：17,280,000円÷6,000枚＝2,880円/枚
等級製品Y：1,920,000円÷2,000枚＝960円/枚

POINT
●単位原価の計算は完成品総合原価を完成品量で割って計算します。積数で割らないように注意してください。

LECTURE **仕損・減損の発生点と処理**

仕損・減損はその発生点によって負担先が次のように異なります。

発生点	負担
仕損・減損の発生点＞月末仕掛品の加工進捗度	完成品のみ負担
仕損・減損の発生点≦月末仕掛品の加工進捗度	完成品と月末仕掛品の両者負担

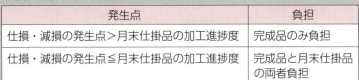

MEMO

第152回 過去問題 解答・解説

解き方

オーソドックスに進めるなら、第1問⇒第2問⇒第4問⇒第5問⇒第3問の順番で解くことになりますが、標準的な出題内容であるため、比較的ボリュームがある第3問以外は、特に順番にこだわる必要はないでしょう。

第1問のポイント　難易度 A　配点 20点　目標点 16点

仕訳問題です。応用論点も多少含まれていますが、総じて基本的な内容です。問題文を丁寧に読み、5題中4題の正解を目指しましょう。

解答

1〜4の仕訳一組につき各4点、
5の(1)(2)の仕訳一組につき各2点

		借方科目	金額	貸方科目	金額
1		現　　　　　金	989,620	売買目的有価証券 有価証券売却益 有価証券利息	988,000 1,000 620
2		備　　　　　品 支　払　利　息	1,440,000 60,000	営業外支払手形	1,500,000
3		商品保証引当金 商品保証引当金繰入	36,000 185,000	商品保証引当金戻入 商品保証引当金	36,000 185,000
4		為　替　差　損　益	80,000	買　　掛　　金	80,000
5	(1)	当　座　預　金	100,000,000	資　　本　　金 資　本　準　備　金	50,000,000 50,000,000
	(2)	創　　立　　費	300,000	現　　　　　金	300,000

解　説

1. 売買目的有価証券の売却

(1) 有価証券の売却

売買目的で保有していた有価証券を売却したときは、**売買目的有価証券（資産）の減少**として処理します。また、売却代金と売却した有価証券の帳簿価額との差額は、**有価証券売却益（または有価証券売却損）**として処理します。

（現　　　金）	989,000 *1	（売買目的有価証券）	988,000 *2
		（有 価 証 券 売 却 益）	1,000 *3

* 1　売却代金：$1,000,000円 \times \dfrac{@98.90円}{@100円} = 989,000円$

* 2　帳簿価額：$1,000,000円 \times \dfrac{@98.80円}{@100円} = 988,000円$

* 3　売却損益：989,000円 － 988,000円 ＝ 1,000円
（売却代金＞帳簿価額⇒売却益）

POINT

●裸相場とは、利息を含まない有価証券自体の価額のことです。

(2) 端数利息の受け取り

売買目的有価証券を売却したときに、買主から端数利息を受けとった場合には、**有価証券利息（収益）**として処理します。なお、端数利息の金額は、**前回の利払日の翌日（10月1日）から売却日（12月1日）**までの利息を日割りで計算します。

（現　　　金）	620	（有 価 証 券 利 息）	620 *

* 前回の利払日の翌日から売却日までの日数：$\underset{10月}{31日} + \underset{11月}{30日} + \underset{12月}{1日} = 62日$

端数利息：$1,000,000円 \times 0.365\% \times \dfrac{62日}{365日} = 620円$

(3) 解答の仕訳

(1)と(2)を合算した仕訳が解答の仕訳となります。

（現　　　金）	989,620	（売買目的有価証券）	988,000
		（有 価 証 券 売 却 益）	1,000
		（有 価 証 券 利 息）	620

2．固定資産の割賦購入

固定資産を割賦で購入したときは、現金購入価額（現金正価）を取得原価として処理します。そして、取得原価と支払総額との差額は利息相当額として**支払利息（費用）**として処理します。なお、商品以外の物品を購入するために振り出した手形は**営業外支払手形（負債）**で処理します。

（備　　　　　品）	1,440,000	（営業外支払手形）	1,500,000 ＊1
（支　払　利　息）	60,000 ＊2		

* 1　150,000円×10枚＝1,500,000円（支払総額）
* 2　1,500,000円－1,440,000円＝60,000円
　　　支払総額　　　取得原価

POINT

● 利息相当額については、購入時に資産（前払利息）計上で処理する方法と購入時に費用（支払利息）計上で処理する方法がありますが、本問では指定勘定科目に資産（前払利息）がないため、費用（支払利息）計上する方法で解答すると判断します。

3．商品保証引当金の設定

問題文に「洗替法により引当金を設定する」とあるため、前年度の商品保証引当金の残高を全額取り崩して、残高をゼロにします。その後、当年度の商品保証引当金の設定額を全額繰り入れます。

① 前年度分の取り崩し

前年度に設定した商品保証引当金の残高を全額取り崩すさいには、商品保証引当金（負債）の減少として処理するとともに、相手勘定を**商品保証引当金戻入（収益）**として処理します。

（商品保証引当金）	36,000	（商品保証引当金戻入）	36,000

② 当年度分の設定

当期に設定した引当金を全額、商品保証引当金の増加として処理するとともに、相手勘定を**商品保証引当金繰入（費用）**として処理します。

（商品保証引当金繰入）	185,000 ＊	（商品保証引当金）	185,000

* 18,500,000円×1％＝185,000円
　　当期売上高

4．外貨建取引（為替予約）

外貨建取引を行った後に買掛金について為替予約を行っているため、外貨建の買掛金を取引発生時の為替相場（7月1日の直物為替相場）から先物為替相場（予約レート）で換算替えします。なお、振当処理を適用している換算差額は**為替差損益**として当期の損益とします。

（為 替 差 損 益）	80,000 *	（買　　掛　　金）	80,000

* 取引発生時の買掛金：40,000ドル×108円/ドル＝4,320,000円
  　　　　　　　　　　外貨建買掛金　　取引発生時の直物為替相場

  為替予約後の買掛金：40,000ドル×110円/ドル＝4,400,000円
  　　　　　　　　　　　　　　　先物為替相場

  為替差損益：4,400,000円－4,320,000円＝80,000円（買掛金の増加）

POINT
●取引発生時には108円/ドルで換算していた買掛金を予約レート110円/ドルに換算替えします。なお、予約時の直物為替相場は、為替予約の処理においては使用しない資料となります。

5．株式の発行と創立費
(1) 株式の発行

問題文の指示により、払込金額を**当座預金（資産）の増加**とするとともに、払込金額の最低限度額（払込金額の2分の1）を**資本金（純資産）の増加**、残額（残りの2分の1）を**資本準備金（純資産）の増加**として処理します。

（当　座　預　金）	100,000,000 *1	（資　　本　　金）	50,000,000 *2
		（資　本　準　備　金）	50,000,000 *3

*1 払込金額：@40,000円×2,500株＝100,000,000円

*2 資本金：100,000,000円×$\frac{1}{2}$＝50,000,000円

*3 資本準備金：100,000,000円－50,000,000円＝50,000,000円

POINT
●資本金組入額について、「会社法の原則額を組み入れる」と指示されている場合には、全額を資本金とします。本問のように「会社法で認める最低限度額」という旨の指示があるときは、払込金額の2分の1を資本金とし、残りの2分の1を資本準備金とします。

⑵　創立費の支払い

　設立準備のために発起人が立て替えた諸費用などの、会社の設立に要した費用は、**創立費（費用）** として処理します。

POINT

●会社設立後（増資時）に株式を発行したさいにかかった費用は、**株式交付費（費用）** として処理します。設立時なのか設立後（増資時）なのかで処理が異なるので注意しましょう。

第2問のポイント 難易度 A 配点 20点 目標点 14点

現金と当座預金に関する問題です。問1は当座預金勘定調整表が企業残高基準法で問われています。加算・減算に注意する必要があります。
問2は現金・当座預金に関する決算整理仕訳などが問われています。見慣れない取引も含まれているため、問題文をしっかり読んで内容を把握しましょう。

解答

●数字につき配点

問1

当座預金勘定調整表
（3月31日現在）　　　　　　　　　　　（単位：円）

当座預金帳簿残高					(3,070,000 ❷)
（加算）	[(1)]	(	200,000	)	
	[(1)]	(	150,000	)	(350,000 ❷)
（減算）	[(2)]	(	500,000	)	
	[(3)]	(	14,000	)	
	[(4)]	(	120,000	)	(634,000 ❷)
当座預金銀行残高					(2,786,000 ❷)

問2

[資料Ⅰ] に関する仕訳

番号	借方科目	金額	貸方科目	金額
(2)	不 渡 手 形	500,000	当 座 預 金	500,000 ❷
(3)	通 信 費	14,000	当 座 預 金	14,000 ❷
(4)	現 金	120,000	当 座 預 金	120,000 ❷

[資料Ⅱ] に関する仕訳

番号	借方科目	金額	貸方科目	金額
(1)	現 金	95,000	為 替 差 損 益	95,000 ❷
(2)	仮 払 金	100,000	現 金	100,000 ❷
(4)	現 金 仮払法人税等	8,000 2,000	受 取 配 当 金	10,000 ❷

解 説

1．[資料Ⅰ] 当座預金に関する処理

(1) 未取付小切手

銀行に小切手（No.1002、No.1003）が呈示されていないため、未取付小切手に該当します。未取付小切手は、**銀行側の減算項目**です。この問題では企業残高基準法で記入するので、企業側の加算になります。なお、企業側では仕訳は不要です。

POINT
●小切手の金額は、当座預金出納帳の3月28日と3月30日の引出欄から読み取ります。

(2) 企業側の誤記入…問2 [資料Ⅰ] に関する仕訳(2)

① 誤った仕訳

[資料Ⅰ] の当座預金出納帳の3月31日の欄（下から2行目）に受取手形取立（2通）と記入されていることから、企業では受取手形2通分の手形代金1,400,000円が当座預金口座へ入金されたものとして処理しています。したがっ

て、不渡りとなった手形代金500,000円も**当座預金（資産）の増加**として処理されていると判断します。

（当 座 預 金）	500,000	（受 取 手 形）	500,000

② 正しい仕訳

入金処理された2通の受取手形のうち1通は不渡りとなったので、本来は**不渡手形（資産）の増加**として処理しなければなりません。

（不 渡 手 形）	500,000	（受 取 手 形）	500,000

③ 訂正仕訳（①の逆仕訳＋②）

誤って増やしてしまった当座預金を減らすとともに、不渡手形を増やします。

（不 渡 手 形）	500,000	（当 座 預 金）	500,000

⑶ **企業側に連絡未通知…問2［資料Ⅰ］に関する仕訳⑶**

当座預金出納帳に取引の記入がないことから、企業側に3月31日における電話料金の自動引き落としの連絡がきていない（連絡未通知）と判断します。したがって、電話料金について、**通信費（費用）**として処理するとともに、**当座預金**を減らします。

（通 信 費）	14,000	（当 座 預 金）	14,000

⑷ **企業側の誤記入（未渡小切手）…問2［資料Ⅰ］に関する仕訳⑷**

① 誤った仕訳

［資料Ⅰ］の当座預金出納帳の3月31日の欄（一番下の行）に小切手入金と記入されていることから、企業では小切手代金120,000円が当座預金口座へ入金されたものとして処理しています。

（当 座 預 金）	120,000	（現 金）	120,000

② 正しい仕訳

実際には、小切手120,000円は金庫に保管されたままであり、当座預金口座へ入金していないので、本来は企業側の処理は必要ありません。

（仕 訳 な し）

③ 訂正仕訳（①の逆仕訳）

小切手の当座預金口座への入金処理を取り消すために、誤った仕訳の逆仕訳を行います。

（現 金）	120,000	（当 座 預 金）	120,000

> **POINT**
> ●修正仕訳が必要な項目は、誤記入、（企業への）連絡未通知、未渡小切手の３項目です。

２．当座預金勘定調整表（企業残高基準法）…問１

　答案用紙の当座預金勘定調整表（銀行勘定調整表）は、当座預金帳簿残高からスタートして当座預金銀行残高をゴールとしているため、企業残高基準法です。しかし、この場合でもいったん両者区分調整法で作成する方がよいです。

当座預金勘定調整表　　　　　　　　（単位：円）

当座預金帳簿残高	3,070,000	当座預金銀行残高	2,786,000
（減算）		（減算）	
(2)企業側誤記入	500,000	(1)未取付小切手	200,000
(3)連絡未通知	14,000	(1)未取付小切手	150,000
(4)企業側誤記入	120,000		
	2,436,000	←一致→	2,436,000

　調整後の残高が一致したら、この表から企業残高基準法の処理を考えます。企業の帳簿残高3,070,000円からスタートして、修正事項を加減算し、銀行残高2,786,000円になればゴールという流れになります。

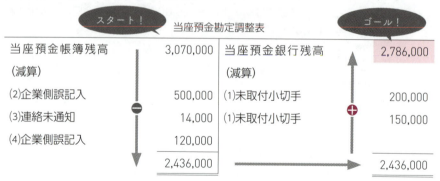

当座預金銀行残高：3,070,000円－500,000円－14,000円－120,000円
　　　　　　　　＋150,000円＋200,000円＝ 2,786,000円

POINT
● 当座預金帳簿残高からスタートする場合、銀行側の調整は逆算することになるので、減算項目は加算することになる点に注意しましょう。

3．[資料Ⅱ] 現金に関する処理

(1) 外国通貨の換算替え…問2［資料Ⅱ］に関する仕訳(1)

外国通貨は、決算において決算日（3月31日）の為替レートで換算替えします。なお、換算替え前と換算替え後の差額は、為替差損益として処理します。

| （現　　　　金） | 95,000 | （為 替 差 損 益） | 95,000 * |

* 米国ドル紙幣残高：<u>100ドル札×50枚＋50ドル札×90枚</u>＝9,500ドル
  　　　　　　　　　金庫内実査表より

  期末残高（円換算後）：9,500ドル×<u>110円/ドル</u>＝1,045,000円
  　　　　　　　　　　　　　　　　　3月31日の為替レート

  為替差損益：1,045,000円－<u>950,000円</u>＝95,000円（現金の増加）
  　　　　　　　　　　　　金庫内実査表より

(2) 仮払金の計上（旅費概算額、未処理）…問2［資料Ⅱ］に関する仕訳(2)

仮払いの処理は未処理となっています。なお、3月31日時点で従業員が出張から戻っていないため仮払金の精算は行う必要はありません。そこで、未処理となっている仮払いの処理だけ行います。

| （仮　　払　　金） | 100,000 | （現　　　　金） | 100,000 * |

* 金庫内実査表（出張旅費仮払い額の従業員からの受取書）より

(3) 小切手入金処理の取消

上記1．［資料Ⅰ］当座預金に関する処理(4)で処理済みです。

(4) 受取配当金の計上…問2［資料Ⅱ］に関する仕訳(4)

配当金領収証を受け取ったときは、**受取配当金（収益）の増加**として処理します。なお、受取配当金の金額については、源泉所得税を控除した残額である配当金の入金額8,000円（金庫内実査表・12月決算会社の配当金領収証より判明）を源泉所得税控除前の金額に割り戻して求めます。

受取配当金：8,000円÷(100％－20％)＝10,000円

POINT
● 源泉所得税は配当金の20％なので、源泉所得税を控除した残りである入金額は配当金の80％となります。したがって、入金額を80％で割り戻せば受取配当金の金額を求めることができます。

また、源泉所得税は法人税の仮払いと考えて、**仮払法人税等（資産）の増加**として
処理します。

仮払法人税等：10,000円×20%＝2,000円

| （現　　　　　金） | 8,000 | （受 取 配 当 金） | 10,000 |
| （仮 払 法 人 税 等） | 2,000 | | |

LECTURE **銀行勘定調整表（企業残高基準法）**

1．企業の当座預金勘定の残高からスタートし、加減算する。
2．銀行の残高と一致したらゴール。

第3問のポイント　難易度 A　配点 20点　目標点 16点

貸借対照表の作成問題です。貸借対照表の形式に少し戸惑うかと思いますが、問われている処理は基本的なものばかりです。本問は2級における税効果会計を網羅しているため、できなかった方は税効果会計の内容を確認しておきましょう。

解答

●数字につき配点

貸借対照表
株式会社鹿児島商会　　20×9年3月31日　　　　　　（単位：円）

資産の部
Ⅰ　流動資産
　　現金及び預金　　　　　　　　　　　　　　　　（　6,272,000　）
　　売掛金　　　　　　　　（　9,220,000　）
　　貸倒引当金　　　　　　（　　　92,200　）　　（　9,127,800　）❷
　（商品）　　　　　　　　　　　　　　　　　　　（　8,500,000　）❷
　　未収入金　　　　　　　　　　　　　　　　　　（　1,540,000　）
　　流動資産合計　　　　　　　　　　　　　　　　（　25,439,800　）
Ⅱ　固定資産
　　建物　　　　　　　　　　　15,000,000
　　減価償却累計額　　　　（　5,500,000　）　　（　9,500,000　）❷
　　備品　　　　　　　　　　　7,200,000
　　減価償却累計額　　　　（　1,200,000　）　　（　6,000,000　）
　（投資有価証券）　　　　　　　　　　　　　　　（　7,700,000　）❷
　　長期貸付金　　　　　　　　3,000,000
　　貸倒引当金　　　　　　（　　450,000　）　　（　2,550,000　）❷
　　固定資産合計　　　　　　　　　　　　　　　　（　25,750,000　）
　　資産合計　　　　　　　　　　　　　　　　　　（　51,189,800　）

負債の部
Ⅰ　流動負債
　　買掛金　　　　　　　　　　　　　　　　　　　　　7,736,000
　　未払法人税等　　　　　　　　　　　　　　　　（　1,334,000　）❷
　　未払消費税　　　　　　　　　　　　　　　　　（　1,520,000　）❷
　　流動負債合計　　　　　　　　　　　　　　　　（　10,590,000　）
Ⅱ　固定負債
　（繰延税金負債）　　　　　　　　　　　　　　　（　　　12,500　）❷
　　固定負債合計　　　　　　　　　　　　　　　　（　　　12,500　）
　　負債合計　　　　　　　　　　　　　　　　　　（　10,602,500　）

純 資 産 の 部

I 株 主 資 本
　資 本 金 　　　　　　　　　　　　　　　　　30,000,000
　繰 越 利 益 剰 余 金 　　　　　　　　　（　9,987,300 ❷ ）
　　株 主 資 本 合 計 　　　　　　　　　（ 39,987,300 　）
II 評 価 ・ 換 算 差 額 等
　その他有価証券評価差額金 　　　　　　（　600,000 ❷ ）
　評 価 ・ 換 算 差 額 等 合 計 　　　　　（　600,000 　）
　純 資 産 合 計 　　　　　　　　　　　（ 40,587,300 　）
　負 債 純 資 産 合 計 　　　　　　　　（ 51,189,800 　）

解　説

1. ［資料 2］決算にあたっての修正事項

(1) 保険金の確定

保険金は金額が確定し入金されることが決定しただけなので**未収入金（資産）の増加**とするとともに、**火災未決算の減少**として処理します。保険金の金額が火災未決算の金額よりも少ないときは、差額を**火災損失（費用）**として処理します。

| （未 収 入 金） | 1,540,000 | （火 災 未 決 算） | 3,600,000 |
| （火 災 損 失） | 2,060,000 * | | |

＊　1,540,000円－3,600,000円＝△2,060,000円
未収入金：1,540,000円

POINT

●火災未決算への振り替えは処理済みです。そのため、焼失した資産の減額などの処理は改めて行う必要はありません。

(2) 売掛金の回収（未処理）

| （現 金 預 金） | 740,000 | （売 　 掛 　 金） | 740,000 |

現金及び預金：5,532,000円＋740,000円＝6,272,000円
　　　　　　　前T/B

売　掛　金：9,960,000円－740,000円＝9,220,000円
　　　　　　前T/B

POINT
●上記(2)の売上債権の変動は貸倒引当金設定額の計算に影響するため、見やすい所に「△740,000」などとメモしておきましょう。

2．[資料3] 決算整理事項等
(1) 売上原価の計算と期末商品の評価

（仕　　　　入）	8,400,000	（繰　越　商　品）	8,400,000
（繰　越　商　品）	8,900,000	（仕　　　　入）	8,900,000
（商 品 評 価 損）	170,000	（繰　越　商　品）	170,000
（棚 卸 減 耗 損）	230,000	（繰　越　商　品）	230,000
（仕　　　　入）	170,000	（商 品 評 価 損）	170,000
（仕　　　　入）	230,000	（棚 卸 減 耗 損）	230,000

商　品：8,900,000円 － 170,000円 － 230,000円 ＝ 8,500,000円
　　　　期末商品帳簿棚卸高

POINT
●商品評価損と棚卸減耗損について、売上原価に算入する指示があるため、仕入勘定への振り替えに関する仕訳をしています。しかし、解答要求事項は貸借対照表であり、売上原価の算定は必要ないため、実際に解答するさいには省略してもかまいません。

(2) 貸倒引当金（売上債権）

問題文の指示により、貸倒引当金については税効果会計の処理は行いません。そのため、期末の貸倒引当金の設定だけ行います。

（貸倒引当金繰入）	80,200 *	（貸 倒 引 当 金）	80,200

* 期 末 売 上 債 権：9,960,000円 － 740,000円 ＝ 9,220,000円
　　　　　　　　　　前T/B売掛金　　1.(2)未処理事項

　貸倒引当金設定額：9,220,000円 × $\dfrac{10}{1,000}$ ＝ 92,200円
　T/B貸倒引当金残高：　　　　　　　　　　　　　　　12,000円
　（差引）繰 入 額：　　　　　　　　　　　　　　　80,200円

(3) 減価償却費の計上

固定資産の減価償却を行います。なお、備品については税効果会計の処理も行う必要があります。

① 建物（定額法）

（減 価 償 却 費）	500,000 *	（建物減価償却累計額）	500,000

* 15,000,000円÷30年＝500,000円

建物減価償却累計額：<u>5,000,000円</u>＋500,000円＝5,500,000円
　　　　　　　　　　前T/B

② 備品（定額法）

ⅰ 減価償却費

（減 価 償 却 費）	1,200,000 *	（備品減価償却累計額）	1,200,000

* 7,200,000円÷6年＝1,200,000円

ⅱ 税効果会計

会計上の減価償却費が税務上認められる減価償却費の金額（減価償却費損金算入限度額）を超えている場合、会計上の金額と税務上の金額に差異 **（将来減算一時差異）** が生じます。この将来減算一時差異に法定実効税率を掛けた金額を**繰延税金資産（資産）の増加**とし、相手科目を**法人税等調整額**として処理します。

（繰 延 税 金 資 産）	75,000 *	（法人税等調整額）	75,000

* 税務上の償却限度額：7,200,000円÷<u>8年</u>＝900,000円
　　　　　　　　　　　　　　　　　税務上の
　　　　　　　　　　　　　　　　法定耐用年数

減価償却費損金算入限度超過額：<u>1,200,000円</u>－900,000円＝300,000円
（将来減算一時差異）　　　　　　上記(3)② ⅰ

繰延税金資産の増加額：300,000円×<u>25％</u>＝75,000円
　　　　　　　　　　　　　　　　　法定実効税率

(4) 消費税（税抜方式）

決算において、仮受消費税と仮払消費税の金額を相殺します。相殺差額は、貸方差額なら**未払消費税（負債）の増加**として処理します。

（仮 受 消 費 税）	9,100,000	（仮 払 消 費 税）	7,580,000
		（未 払 消 費 税）	1,520,000 *

* 9,100,000円－7,580,000円＝1,520,000円（貸方差額・未払消費税）

(5) 貸倒引当金（長期貸付金）

期末の貸倒引当金の設定を行います。なお、長期貸付金に関する貸倒引当金については、税効果会計の処理も行う必要があります。

① **貸倒引当金の設定**

（貸倒引当金繰入）　450,000　　（貸　倒　引　当　金）　450,000 ＊

＊　3,000,000円×15％＝450,000円

POINT
- 長期貸付金は当期に生じたものなので、貸倒引当金の設定は当期末が初めてになります。したがって、貸倒引当金の設定額の全額を繰り入れます。

② **税効果会計**

　会計上の貸倒引当金繰入額が税務上認められる貸倒引当金繰入額を超えている場合、会計上の金額と税務上の金額に差異（将来減算一時差異）が生じます。この将来減算一時差異に法定実効税率を掛けた金額を**繰延税金資産（資産）の増加**とし、相手科目に**法人税等調整額**として処理します。

（繰　延　税　金　資　産）　112,500 ＊　　（法人税等調整額）　112,500

＊　税務上の貸倒引当金繰入限度額：0円
　　貸倒引当金繰入の損金算入限度超過額：450,000円 － 0円＝450,000円
　　　　　　　　　　　　　　　　　　　　　　　上記(5)①

　　繰延税金資産の増加額：450,000円×25％＝112,500円
　　　　　　　　　　　　　　　　　　　法定実効税率

POINT
- 貸倒引当金繰入について「損金算入が全額とも認められなかった」とあるので、税務上の貸倒引当金繰入限度額は0円となります。

(6) その他有価証券

① **期首再振替（未処理）**

未処理となっていた再振替仕訳を行います。

ⅰ　前期末の処理

　その他有価証券は、期末において帳簿価額を時価に評価替えします。なお、その他有価証券の評価差額は損益とはせずに、**その他有価証券評価差額金（純資産）**で処理します。また、税効果会計を適用するさいには、評価差額に法定実効

税率を掛けた金額を**繰延税金資産**（評価差損の場合）とし、その金額を控除した残額を**その他有価証券評価差額金**とします。

（繰 延 税 金 資 産）	25,000 *¹	（その他有価証券）	100,000 *²
（その他有価証券評価差額金）	75,000 *¹		

*1　前T/Bより
*2　借方合計

ⅱ　再振替仕訳

（その他有価証券）	100,000	（繰 延 税 金 資 産）	25,000
		（その他有価証券評価差額金）	75,000

② **期末時価評価**

税効果会計を適用するさいには、評価差額に法定実効税率を掛けた金額を**繰延税金負債**（評価差益の場合）とし、その金額を控除した残額を**その他有価証券評価差額金**とします。

（その他有価証券）	800,000 *¹	（繰 延 税 金 負 債）	200,000 *²
		（その他有価証券評価差額金）	600,000 *³

*1　7,700,000円 －（6,800,000円＋100,000円）＝800,000円
　　　　期末時価　　　洗替処理後の帳簿価額(取得原価)

*2　800,000円×25％＝200,000円
　　　　　　　　法定実効税率

*3　800,000円－200,000円＝600,000円

投資有価証券：6,900,000円＋800,000円＝7,700,000円
　　　　　　　洗替処理後の
　　　　　　　帳簿価額(取得原価)

POINT
●その他有価証券は、貸借対照表上では投資有価証券として表示します。

(7) **法人税等**

（法人税,住民税および事業税）	2,054,000	（仮 払 法 人 税 等）	720,000
		（未 払 法 人 税 等）	1,334,000 *

*　2,054,000円－720,000円＝1,334,000円

⑻ **繰延税金資産と繰延税金負債の相殺**

繰延税金資産と繰延税金負債を相殺して純額を貸借対照表に表示します。

（繰 延 税 金 負 債）　187,500　　（繰 延 税 金 資 産）　187,500 ＊

＊　繰延税金資産の残高（相殺前）：

$$25,000円 － 25,000円 ＋ 75,000円 ＋ 112,500円 ＝ 187,500円$$
前T/B　　　上記⑹①ⅱ　　上記⑶②ⅱ　　上記⑸②

繰延税金負債：200,000円 － 187,500円 ＝ 12,500円
上記⑹②

⑼ **繰越利益剰余金**

貸借対照表の貸借差額から繰越利益剰余金を求めます。

繰越利益剰余金：51,189,800円 － 41,202,500円 ＝ 9,987,300円
借方項目　　　繰越利益剰余金
以外の貸方項目

第4問のポイント 難易度 A 配点 20点 目標点 16点

部門別個別原価計算の一連の手続きを問う問題です。製造間接費の部門別計算の流れを理解できているかが問われています。基本的な問題ですから、8割以上を狙いましょう。

解答

●数字につき配点

問1

月次予算部門別配賦表　　　　　　　　　（単位：円）

費　目	合　計	製造部門 組立部門	製造部門 切削部門	補助部門 修繕部門	補助部門 工場事務部門	補助部門 材料倉庫部門
部　門　費	4,320,000	1,310,000	1,220,000	450,000	440,000	900,000
修繕部門費		❹ 270,000	180,000			
工場事務部門費		❹ 220,000	220,000			
材料倉庫部門費		❹ 600,000	300,000			
製造部門費	4,320,000	❹ 2,400,000	1,920,000			

問2

	借方科目	金　額	貸方科目	金　額
❹	製造間接費配賦差異	107,500	組立部門費 切削部門費	78,000 29,500

別解 問2は次の仕訳でもよい。

（借方）	製造間接費配賦差異	78,000	（貸方）	組立部門費	78,000
	製造間接費配賦差異	29,500		切削部門費	29,500

解 説

1．月次予算部門別配賦表の作成…問1

　予算データをもとに、補助部門費を直接配賦法により各製造部門へ配賦していきます。直接配賦法は、補助部門間の用役の授受を無視して配賦する方法です。

(1) 修繕部門費の配賦

　修繕部門費を組立部門と切削部門へ、修繕時間を基準にして配賦します。

修繕部門費の予定配賦率：$\dfrac{450,000円（修繕部門費）}{75時間＋50時間}＝3,600円/時間$

組立部門への配賦額：3,600円/時間×75時間＝270,000円

切削部門への配賦額：3,600円/時間×50時間＝180,000円

POINT

●補助部門費の配賦方法は直接配賦法なので、工場事務部門と材料倉庫部門への配賦は無視します。

月次予算部門別配賦表　　　　　　　　　　（単位：円）

費　　　目	合　　　計	製　造　部　門		補　助　部　門		
		組立部門	切削部門	修繕部門	工場事務部門	材料倉庫部門
部　　門　　費	4,320,000	1,310,000	1,220,000	450,000	440,000	900,000
修　繕　部　門　費		270,000	180,000			

(2) 工場事務部門費の配賦

　工場事務部門費を組立部門と切削部門へ従業員数を基準にして配賦します。

工場事務部門費の予定配賦率：$\dfrac{440,000円（工場事務部門費）}{50人＋50人}＝4,400円/人$

組立部門への配賦額：4,400円/人×50人＝220,000円

切削部門への配賦額：4,400円/人×50人＝220,000円

POINT

●補助部門費の配賦方法は直接配賦法なので、修繕部門と材料倉庫部門への配賦は無視します。

月次予算部門別配賦表　　　　（単位：円）

費　目	合　計	製　造　部　門		補　助　部　門		
		組立部門	切削部門	修繕部門	工場事務部門	材料倉庫部門
部　門　費	4,320,000	1,310,000	1,220,000	450,000	440,000	900,000
修繕部門費		270,000	180,000			
工場事務部門費		220,000	220,000			

(3) 材料倉庫部門費の配賦

材料倉庫部門費を組立部門と切削部門へ材料運搬回数を基準にして配賦します。

材料倉庫部門費の予定配賦率：$\dfrac{900,000円（材料倉庫部門費）}{120回＋60回}$＝5,000円/回

組立部門への配賦額：5,000円/回×120回＝600,000円

切削部門への配賦額：5,000円/回×60回＝300,000円

POINT

● 補助部門費の配賦方法は直接配賦法なので、修繕部門への配賦は無視します。

月次予算部門別配賦表　　　　（単位：円）

費　目	合　計	製　造　部　門		補　助　部　門		
		組立部門	切削部門	修繕部門	工場事務部門	材料倉庫部門
部　門　費	4,320,000	1,310,000	1,220,000	450,000	440,000	900,000
修繕部門費		270,000	180,000			
工場事務部門費		220,000	220,000			
材料倉庫部門費		600,000	300,000			
製造部門費	4,320,000	2,400,000	1,920,000			

組立部門費の予算額：1,310,000円＋270,000円＋220,000円＋600,000円
　　　　　　　　　＝2,400,000円

切削部門費の予算額：1,220,000円＋180,000円＋220,000円＋300,000円
　　　　　　　　　＝1,920,000円

2．製造間接費配賦差異勘定への振替仕訳…問2

各製造部門の予定配賦額と実際配賦額の差額から製造間接費配賦差異を求めます。

(1) 各製造部門の予定配賦額

① 各製造部門の予定配賦率

製造部門費は、各製造部門の直接作業時間を基準にして配賦します。したがって、各製造部門の予算額を予定直接作業時間で割って、各製造部門の予定配賦率を

96

計算します。

組立部門費の予定配賦率：$\dfrac{2,400,000円（組立部門費の予算額）}{8,000時間（予定直接作業時間）}=300円/時間$

切削部門費の予定配賦率：$\dfrac{1,920,000円（切削部門費の予算額）}{6,000時間（予定直接作業時間）}=320円/時間$

② 各製造部門の予定配賦額

各製造部門の予定配賦率に実際直接作業時間を掛けて予定配賦額を計算します。

組立部門の予定配賦額：<u>300円/時間</u>×<u>7,800時間</u>＝2,340,000円
　　　　　　　　　　　予定配賦率　　実際直接作業時間

切削部門の予定配賦額：<u>320円/時間</u>×<u>5,900時間</u>＝1,888,000円
　　　　　　　　　　　予定配賦率　　実際直接作業時間

POINT
●予定配賦額は「予定」配賦率に「実際」直接作業時間を掛けて計算する点に注意しましょう。

(2) **各製造部門の実際配賦額**

実際配賦率に実際直接作業時間を掛けて、実際配賦額を算定します。

組立部門の実際配賦額：<u>310円/時間</u>×<u>7,800時間</u>＝2,418,000円
　　　　　　　　　　　実際配賦率　　実際直接作業時間

切削部門の実際配賦額：<u>325円/時間</u>×<u>5,900時間</u>＝1,917,500円
　　　　　　　　　　　実際配賦率　　実際直接作業時間

(3) **各製造部門の製造間接費配賦差異**

予定配賦額と実際配賦額との差額で製造間接費配賦差異を算定します。

組立部門の製造間接費配賦差異：
<u>2,340,000円</u>－<u>2,418,000円</u>＝△78,000円（不利差異・借方差異）
　予定配賦額　　　実際配賦額

切削部門の製造間接費配賦差異：
<u>1,888,000円</u>－<u>1,917,500円</u>＝△29,500円（不利差異・借方差異）
　予定配賦額　　　実際配賦額

不利差異（借方差異）を組立部門費勘定と切削部門費勘定から製造間接費配賦差異勘定の借方へ振り替えます。

（製造間接費配賦差異）	107,500	（組 立 部 門 費）	78,000
		（切 削 部 門 費）	29,500

第5問のポイント

難易度 A **配点 20点** **目標点 16点**

標準原価計算の問題です。標準原価計算の差異分析としては基本的な内容なので、高得点をねらいましょう。差異分析はボックス図やシュラッター図を描いて慎重に解くようにしましょう。

解 答

●数字につき配点

問1　❸ 2,400,000 円

問2　❸ 2,640,000 円

問3

(1) 価格差異　92,600 円（ 有利 ・ 不利 ）❸

　　数量差異　52,000 円（ 有利 ・ 不利 ）❸

(2) 予算差異　14,000 円（ 有利 ・ 不利 ）❸

　　能率差異　30,000 円（ 有利 ・ 不利 ）❸

　　操業度差異　22,000 円（ 有利 ・ 不利 ）❷

解　説

1．予算生産量にもとづく製品Xの標準原価（予算原価）…問1

製品Xの原価標準に予算生産量をかけて予算生産量にもとづく標準原価（予算原価）を計算します。

予算生産量（製品X）の標準原価：$\underset{\text{原価標準}}{1,200\text{円/個}} \times \underset{\text{予算生産量}}{2,000\text{個}} = 2,400,000\text{円}$

2．実際生産量にもとづく製品Xの標準原価…問2

製品Xの原価標準に実際生産量をかけて実際生産量にもとづく標準原価を計算します。

実際生産量（製品X）の標準原価：$\underset{\text{原価標準}}{1,200\text{円/個}} \times \underset{\text{実際生産量}}{2,200\text{個}} = 2,640,000\text{円}$

3．製品Yの原価差異の計算・分析

(1) 原料費差異の分析

原料費差異を価格差異と数量差異に分析します。なお、標準消費量は、実際生産量に単位あたりの標準消費量をかけて求めます。

実際単価 7.6円/g [1]		実際原料費 1,759,400円
	価　格　差　異 +92,600円	
標準単価 8円/g	標準原料費 1,800,000円	数量差異 △52,000円
	標準消費量 225,000g [2]	実際消費量 231,500g

* 1　$\underset{\text{実際原料費}}{1,759,400\text{円}} \div \underset{\text{実際消費量}}{231,500\text{g}} = 7.6\text{円/g}$

* 2　$\underset{\text{実際生産量}}{1,500\text{個}} \times \underset{\substack{\text{単位あたり}\\\text{の標準消費量}}}{150\text{g}} = 225,000\text{g}$

価格差異：$(8\text{円/g} - 7.6\text{円/g}) \times 231,500\text{g} = +92,600\text{円}$（有利差異）

数量差異：$(225,000\text{g} - 231,500\text{g}) \times 8\text{円/g} = △52,000\text{円}$（不利差異）

(2) 加工費差異の分析

　加工費差異を予算差異、能率差異、操業度差異に分析します。なお、基準操業度は、固定加工費を固定費率で割って求めます。また、能率差異は変動費と固定費の両方からなるという指示より標準配賦率にもとづいて能率差異を算定します。

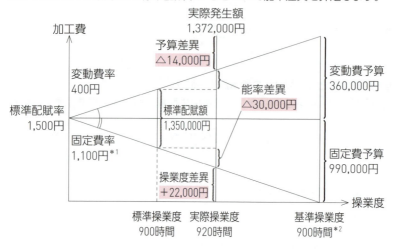

* 1　1,500円/時間 － 400円/時間 ＝ 1,100円/時間
　　　標準配賦率　　　変動費率

* 2　990,000円 ÷ 1,100円/時間 ＝ 900時間
　　　固定費予算　　　固定費率

予算差異：(400円/時間 × 920時間 + 990,000円) － 1,372,000円
　　　　　　　　　　予算許容額　　　　　　　　　　実際発生額

　　　　＝△14,000円（不利）

能率差異：1,500円/時間 ×(900時間 － 920時間) ＝△30,000円（不利）
　　　　　標準配賦率　　標準操業度　実際操業度

操業度差異：1,100円/時間 ×(920時間 － 900時間) ＝＋22,000円（有利）
　　　　　　固定費率　　　実際操業度　基準操業度

POINT
●有利差異と不利差異の解答方法に注意しましょう。本問では、該当する方を丸で囲む形式でしたが、不要な方を二重線で消す形式のときもあります。

製造間接費の差異分析

製造間接費差異(総差異)=標準製造間接費-実際発生額
- 予算差異=予算許容額-実際発生額
  ※ 予算許容額:変動費率×実際操業度+固定費予算
- 能率差異=標準配賦率×(標準操業度-実際操業度)
- 操業度差異=固定費率×(実際操業度-基準操業度)

第153回 過去問題 解答・解説

解き方

第3問に出題されている連結精算表が飛びぬけて難易度が高くなっています。第3問は他の大問を解き終えたあとに6点から8点程度の部分点を獲得できれば十分と考えて解き始める必要があります。したがって、第1問→第2問→第4問→第5問→第3問の順番に解きましょう。

第1問のポイント　難易度 A　配点 20点　目標点 16点

仕訳問題です。基本的な内容ですが、問題の指示が多く、注意すべき指示と、無視してもさほど問題ない指示が混在しています。問題文を丁寧に読みつつ、処理内容を的確に判断しましょう。

解答

1、2、4、5の仕訳一組につき4点、
3の(1)(2)の仕訳一組につき2点

		仕　　　　　　　　　　　訳			
	借　方　科　目	金　　額	貸　方　科　目	金　　額
1	研 究 開 発 費	870,000	当　座　預　金 普　通　預　金	570,000 300,000
2	貸 倒 引 当 金 貸 倒 損 失	320,000 280,000	売　　掛　　金	600,000
3 (1)	備　　　　　　品 固 定 資 産 圧 縮 損	3,600,000 1,800,000	当　座　預　金 備　　　　　　品	3,600,000 1,800,000
3 (2)	減 価 償 却 費	420,000	備　　　　　　品	420,000
4	買　　掛　　金	800,000	電 子 記 録 債 権	800,000
5	別 途 積 立 金 繰 越 利 益 剰 余 金	18,000,000 21,000,000	繰 越 利 益 剰 余 金 未 払 配 当 金 利 益 準 備 金	18,000,000 20,000,000 1,000,000

解説

1．研究開発費

研究や開発に関する費用は、すべて**研究開発費（費用）**として処理します。備品の取得であっても備品（資産）の増加としては処理しません。

研究開発費：500,000円＋70,000円＋300,000円＝870,000円

POINT
- 研究開発に従事している従業員の給料や特定の研究開発にのみ使用する目的で購入した固定資産に対する支出のように研究開発目的のみにかかった支出はすべて研究開発費（費用）として処理します。給料勘定や備品勘定ではない点に注意しましょう。

2．貸倒れ

売掛金が貸し倒れたときは、**売掛金（資産）の減少**とするとともに、相手勘定を以下のように処理します。

(1) 前期以前に発生した売掛金

前期以前に発生した売掛金の貸倒れは、前期末に計上した貸倒引当金を取り崩します。なお、残高が不足する場合には超過額を**貸倒損失（費用）**として処理します。

（貸 倒 引 当 金）	320,000	（売　掛　金）	400,000
（貸 倒 損 失）	80,000 *		

＊　400,000円－320,000円＝80,000円

(2) 当期に発生した売掛金

当期に発生した売掛金の貸倒れは、全額**貸倒損失（費用）**として処理します。

（貸 倒 損 失）	200,000	（売　掛　金）	200,000

POINT
- 問題文の「設定金額は適切と認められる」は、貸倒引当金の設定額に問題はなく、過年度の処理の修正は必要ないことを強調しています（つまり、通常どおり処理すれば良いということです）。

3．備品の取得と圧縮記帳・減価償却（200％定率法）
(1) 備品の取得
① 国庫補助金を受け取ったとき（処理済み）
国庫補助金を受け取ったときは、**国庫補助金受贈益（収益）の増加**として処理します。

| （現　金　預　金） | 1,800,000 | （国庫補助金受贈益） | 1,800,000 |

② 備品の購入

| （備　　　　　品） | 3,600,000 * | （当　座　預　金） | 3,600,000 |

＊ @144,000円×25台＝3,600,000円

③ 圧縮記帳
圧縮記帳（直接減額方式）をしたときは、対象の固定資産（本問では備品）の帳簿価額を直接減額するため、圧縮額分だけ**備品（資産）の減少**として処理します。また、借方は**固定資産圧縮損（費用）**として処理します。

| （固定資産圧縮損） | 1,800,000 | （備　　　　　品） | 1,800,000 |

POINT
●問題文の「備品勘定は圧縮記帳した事実を示すように記入すること」との指示は、②③の仕訳を合算して「備品」を相殺した解答をしないように、念を押しているものと考えます。

(2) 減価償却（200％定率法）
圧縮記帳**後**の帳簿価額にもとづいて減価償却を行います。なお、直接法で記帳するため、**貸方は備品**となります。

| （減 価 償 却 費） | 420,000 * | （備　　　　　品） | 420,000 |

＊ 200％定率法の償却率：1÷5年×200％＝40％

減価償却費：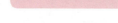＝420,000円

$1,800,000円 \times 40\% \times \dfrac{7か月}{12か月} = 420,000円$

POINT
●5月7日は補助金を受け取った日であり、6月1日が備品の取得日です。利用開始日は特に記載されていないので、6月から利用したと判断し、償却を開始します。また、直接法で記帳していることに注意しましょう。

4．電子記録債権

電子記録債権を譲渡して買掛金の支払いに充てているので、**電子記録債権（資産）の減少**とするとともに、**買掛金（負債）を減少**させます。

5．剰余金の配当と処分

(1) 別途積立金の繰越利益剰余金への振り替え

別途積立金を取り崩したときは、**別途積立金（純資産）の減少**として処理します。また、繰越利益剰余金へ振り替えているため、**繰越利益剰余金（純資産）の増加**として処理します。

　　（別　途　積　立　金）　18,000,000　　（繰越利益剰余金）　18,000,000

(2) 剰余金の配当

繰越利益剰余金から配当したときは、**繰越利益剰余金（純資産）の減少**として処理します。また、繰越利益剰余金を配当した場合、利益準備金を積み立てる必要があります。利益準備金の積立額は、配当金の10分の1と資本金の4分の1から配当時の資本準備金と利益準備金を差し引いた金額のうちいずれか**低い方**を積み立てます。

　　（繰越利益剰余金）　21,000,000　　（未 払 配 当 金）　20,000,000　*1
　　　　　　　　　　　　　　　　　　（利 益 準 備 金）　 1,000,000　*2

*1　株主配当金：100円×200,000株＝20,000,000円

*2　① 積立可能額

$$\underbrace{200{,}000{,}000円}_{資本金} \times \frac{1}{4} - (\underbrace{40{,}000{,}000円}_{資本準備金} + \underbrace{9{,}000{,}000円}_{利益準備金}) = 1{,}000{,}000円$$

② 積立限度額

$$\underbrace{20{,}000{,}000円}_{株主配当金} \times \frac{1}{10} = 2{,}000{,}000円$$

③ 利益準備金の積立額
　　①＜②　∴1,000,000円

POINT
●別途積立金を繰越利益剰余金へ振り替える処理と、繰越利益剰余金の処分を別々に計上し、繰越利益剰余金を相殺せずに解答します。

第2問のポイント

難易度 A　配点 20点　目標点 16点

会計用語の穴埋め問題です。日商2級では、これまでに出題されたことのない問題形式ですが、今後は出題可能性が高くなることが考えられます。内容そのものは普段の計算問題で行っている処理と違いはありませんので、落ち着いて解きましょう。また、解答のさいは、語句ではなく記号で答える点に注意しましょう。

解答

各2点

①	②	③	④	⑤
テ	ケ	オ	ネ	ク

⑥	⑦	⑧	⑨	⑩
ヒ	ハ	ウ	ツ	994,000 千円

解説

本問における各文章の空欄を埋めると次のようになります。

1．法人税等と消費税

　企業の所得に課税される税金には、法人税、住民税のほかに（**ス．事業税**）がある。課税所得は1年間に得られた（①**テ．益金**）から（**イ．損金**）を差し引いて求め、これに税率をかけたものが納税額となる。また、消費税の記帳方法には税抜方式と（②**ケ．税込**）方式とがある。（②**ケ．税込**）方式では、納付すべき消費税を（③**オ．租税公課**）勘定の借方に記入する。

> **POINT**
> ●なお、税抜方式の場合は、支払った消費税を仮払消費税勘定で処理し、受け取った消費税を仮受消費税勘定で処理しておきます。決算時には、両者の差額を未払消費税勘定（または未収還付消費税勘定）で処理します。

2．収益の認識基準

収益の認識基準には複数のものがある。出荷基準、引渡基準、および検収基準の3つのうち、最も早く収益を計上するのは（**ア．出荷**）基準であり、逆に最も遅く収益を計上するのは（④**ネ．検収**）基準である。

POINT

●出荷基準とは「当社が商品を出荷した日」に売上を計上する方法なので、最も早期に収益を計上します。引渡基準とは「商品を相手に引き渡した日」に売上を計上する方法です。検収基準とは「納品した商品を相手が検収し、当社が確認の通知を受けた日」に売上を計上する方法なので最も遅く収益を計上します。

3．合併（のれんと負ののれん発生益）

合併の対価が合併によって受け入れた資産から負債を差し引いた純資産額を上回る場合、その超過額である（**コ．のれん**）は、貸借対照表の（⑤**ク．無形固定資産**）の区分に記載し、（**20**）年以内に（**セ．定額**）法その他合理的な方法によって規則的に償却しなければならない。これに対し、合併の対価が合併によって受け入れた純資産額を下回る場合、その不足額は、（**ヘ．負ののれん発生益**）として損益計算書の（⑥**ヒ．特別利益**）の区分に記載されることになる。

4．有価証券

有価証券は、その保有目的にしたがい、（**エ．売買目的有価証券**）、（⑦**ハ．満期保有目的の債券**）、（**サ．子会社株式及び関連会社株式**）およびその他有価証券に区分される。（⑦**ハ．満期保有目的の債券**）は（⑧**ウ．取得原価**）をもって貸借対照表価額とするが、債券金額より低い価額または高い価額で取得した場合、その差額が金利の調整と認められるときは、その差額を償還期まで一定の方法で取得価額に加減する。この方法を（⑨**ツ．償却原価**）法という。たとえば、20×1年4月1日に社債1,000,000千円を額面100円につき99.00円にて償還期日20×6年3月31日まで保有する目的で購入したとする。ここで定額法によって（⑨**ツ．償却原価**）法を適用したとすると、20×3年3月31日時点での（⑦**ハ．満期保有目的の債券**）の貸借対照表価額は（⑩**994,000**[*]）千円となる。

[*]　5．満期保有目的債券の貸借対照表価額を参照

5．満期保有目的債券の貸借対照表価額

問題文(4)の満期保有目的債券は、各取引日に次のような仕訳をしています。

(1) 20×1年4月1日（取得日）

満期保有目的債券を取得したときは、**満期保有目的債券（資産）の増加**として処理します。

（満期保有目的債券）	990,000 *	（現 金 預 金 な ど）	990,000

$$* \quad 1,000,000千円 \times \frac{@99.00円}{@100円} = 990,000千円$$

(2) 20×2年3月31日（決算日）

償却原価法を適用するため、債券金額1,000,000千円と取得価額990,000千円の差額を取得日から満期日までの5年間（20×1年4月1日〜20×6年3月31日）で償却します。額面金額の方が取得価額よりも高いため、満期保有目的債券を**加算調整**するとともに、相手勘定を**有価証券利息**とします。

（満期保有目的債券）	2,000 *	（有 価 証 券 利 息）	2,000

$$* \quad (1,000,000千円 - 990,000千円) \times \frac{12か月}{60か月} = 2,000千円$$

(3) 20×3年3月31日（決算日）

前期と同様に償却原価法を適用します。

（満期保有目的債券）	2,000 *	（有 価 証 券 利 息）	2,000

$$* \quad (1,000,000千円 - 990,000千円) \times \frac{12か月}{60か月} = 2,000千円$$

20×3年3月31日の満期保有目的債券の貸借対照表価額

: 990,000千円＋2,000千円＋2,000千円＝994,000千円

第3問のポイント 難易度 C 配点 20点 目標点 8点

連結精算表の問題です。製造業を営む子会社が登場し、難易度の高い連結修正事項が多く、かなり応用的な内容となっています。問題をざっと見て、時間内の完答は無理という判断になるでしょう。受験上は、取引内容を把握して、のれんや土地など確実に取れそうな論点を探し、粘り強く部分点を拾う姿勢で臨みましょう。

解答

●数字につき配点
(単位：千円)

科　目	個別財務諸表 P社	個別財務諸表 S社	修正・消去 借方	修正・消去 貸方	連結財務諸表
貸借対照表					
現　金　預　金	420,000	37,000			457,000
売　　掛　　金	650,000	282,000		276,000	656,000
製品及び商品	445,000	236,000		18,000	❷ 661,200
				1,800	
原　　材　　料		18,000	6,600	1,800	❷ 22,800
仕　　掛　　品		35,000			35,000
未　収　入　金	69,000	36,000		8,000	97,000
前　払　費　用	14,000			160	14,160
土　　　　　地	250,000	80,000		8,500	❷ 321,500
建　　　　　物	180,000	40,000			220,000
建物減価償却累計額	△24,000	△8,000			△32,000
機　械　装　置	36,000	24,000			60,000
機械装置減価償却累計額	△12,000	△4,000			△16,000
❷（の　れ　ん）			40,800	2,400	38,400
子　会　社　株　式	270,000			270,000	0
資　産　合　計	2,298,000	776,000	47,560	586,500	2,535,060
支　払　手　形	120,000		50,000		70,000
買　　掛　　金	324,000	244,000	276,000	6,600	❷ 298,600
借　　入　　金	253,000			50,000	❷ 303,000
未　　払　　金	113,000	120,500	8,000		225,500
未払法人税等	30,000	3,000			33,000
未　払　費　用	90,000	58,000			148,000
資　　本　　金	460,000	150,000	150,000		460,000
資　本　剰　余　金	150,000	37,500	37,500		150,000
利　益　剰　余　金	758,000	163,000	104,600	1,303,960	780,460
			1,500		
			12,000		
			1,500		
			1,324,900		
非支配株主持分			3,600	62,900	❷ 66,500
				7,200	
負債純資産合計	2,298,000	776,000	1,969,600	1,430,660	2,535,060

損益計算書					
売　上　高	3,326,000	1,507,400	1,273,000		❷ 3,560,400
売　上　原　価	2,254,000	1,142,000	6,600	6,600	2,126,600
			1,800	1,273,000	
			18,000	3,000	
			1,800	15,000	
販売費及び一般管理費	864,000	311,000			1,175,000
❷（の　れ　ん）償却			2,400		2,400
受　取　利　息	2,300	300			2,600
支　払　利　息	6,340		2,600	160	❷ 8,780
手　形　売　却　損		2,600		2,600	0
土　地　売　却　益	8,500		8,500		0
法人税、住民税及び事業税	69,800	16,100			85,900
当　期　純　利　益	142,660	36,000	1,314,700	1,300,360	164,320
非支配株主に帰属する当期純利益			10,200	3,600	6,600
親会社株主に帰属する当期純利益	142,660	36,000	1,324,900	1,303,960	157,720

（注）「のれん」と「のれん償却」は、科目と金額の両方正解で2点。

解　説

（仕訳の単位：千円）

　連結精算表（連結貸借対照表と連結損益計算書部分）の作成問題です。問われているのは連結第4年度（×3年4月1日から×4年3月31日）の連結精算表です。

　また、支配を獲得したのが×0年4月1日なので、開始仕訳を行うさいには過去3年度分の連結修正仕訳を行う必要があります。

1．開始仕訳（×3年3月31日までの連結修正仕訳）

⑴　支配獲得日の連結修正仕訳（投資と資本の相殺消去）

　支配獲得時の子会社の純資産（[資料] 1．⑴）にもとづいて、投資と資本の相殺消去を行います。S社の純資産（資本）と子会社株式（投資）を相殺消去します。なお、S社の資本のうち非支配株主持分20％（＝100％－80％）については、**非支配株主持分（純資産）の増加**として処理します。また、借方差額については、**のれん（資産）の増加**として処理します。

（資　　本　　金）	150,000	（子 会 社 株 式）	270,000
（資 本 剰 余 金）	37,500	（非支配株主持分）	55,500 *1
（利 益 剰 余 金）	90,000		
（の　　れ　　ん）	48,000 *2		

* 1　（150,000千円＋37,500千円＋90,000千円）×(100％－80％)
　　　　　　　　　　　　　　　　　　　　　　　　　　非支配株主持分
　　　＝55,500千円

* 2　貸借差額

POINT
- S社株式270,000千円（親会社の投資）と子会社の純資産のうち親会社に帰属する部分222,000千円（＝{150,000千円＋37,500千円＋90,000千円}×80％）の金額が異なるため、のれん48,000千円が生じます。

POINT
- 本問では連結株主資本等変動計算書が問われていないため、純資産項目は株主資本等変動計算書の科目（○○当期首残高・○○当期変動額）ではなく、貸借対照表の科目で示します。

(2) のれんの償却（過去3年度分）

投資と資本の相殺消去によって、のれんが生じた場合、定額法によって償却します。なお、本問では問題文の指示により20年にわたって償却します。

（のれん償却）(★)	7,200	＊	（のれん）	7,200

＊ 48,000千円÷20年×3年＝7,200千円
　　　　　　　　　連結第1年度
　　　　　　　　　から連結第3年度

POINT
- 過去3年度分の、のれんの償却をまとめて行っています。

(3) 子会社の当期純損益の振り替え（過去3年度分）

支配獲得日（x0年4月1日）から連結第3年度末（x3年3月31日）までのS社の当期純利益のうち、非支配株主に帰属する部分を**非支配株主持分**に振り替えます。ただし、この期間のS社当期純利益の金額が資料中に与えられていないため、差引計算によって求めます。

① 連結第3年度末（x3年3月31日）の利益剰余金

当期末（x4年3月31日）の利益剰余金の金額から当期純利益を差し引いて連結第3年度末（x3年3月31日）の利益剰余金を計算します。

163,000千円－36,000千円＝127,000千円
当期末利益剰余金　当期純利益
（連結精算表より）（連結精算表より）

② **支配獲得日（x0年4月1日）から連結第3年度末（x3年3月31日）までの当期純利益の合計**

連結第3年度末（x3年3月31日）の利益剰余金から支配獲得日（x0年4月1日）の利益剰余金を差し引いて、支配獲得日（x0年4月1日）から連結第3年度末（x3年3月31日）までの利益剰余金の変動額（過去3年度分の当期純利益の合計）を計算します。

127,000千円−90,000千円＝37,000千円

③ **子会社の当期純損益の振り替え**

37,000千円×(100%−80%)＝7,400千円
　　　　　　　　　　非支配株主持分

（非支配株主に帰属する当期純利益）(★)	7,400	（非支配株主持分）	7,400

〈連結精算表への記入〉

過年度の取引なので、損益項目（★）は「利益剰余金」欄に集計します。

科　目	個別財務諸表		修正・消去		連結財務諸表
	P社	S社	借方	貸方	
貸借対照表					
（の れ ん）			40,800*¹		
子 会 社 株 式	270,000			270,000	0
資 本 金	460,000	150,000	150,000		460,000
資 本 剰 余 金	150,000	37,500	37,500		150,000
利 益 剰 余 金	758,000	163,000	104,600*²		
非支配株主持分				62,900*³	

＊1　のれん：48,000千円−7,200千円＝40,800千円
　　　　　　　上記1.(1)　　上記1.(2)

＊2　利益剰余金：90,000千円＋7,200千円＋7,400千円＝104,600千円
　　　　　　　　　上記1.(1)　　上記1.(2)　　上記1.(3)

＊3　非支配株主持分：55,500千円＋7,400千円＝62,900千円
　　　　　　　　　　　上記1.(1)　　上記1.(3)

POINT

●連結精算表の修正・消去欄は、基本的に採点されないため、利益剰余金などを純額で記入しても問題ありません。本問は、精算表の行が足りない所があるので、必要に応じて合算して記入しています。

●連結精算表の個別財務諸表欄と連結財務諸表欄は借方貸方に分かれていないため、集計するさいは注意が必要です。

2．x4年3月期に行う連結修正仕訳…当期の処理

(1) のれんの償却

| （のれん償却） | 2,400 * | （のれん） | 2,400 |

* 48,000千円÷20年＝2,400千円

(2) 子会社の当期純損益の振り替え

| （非支配株主に帰属する当期純利益） | 7,200 * | （非支配株主持分） | 7,200 |

* $\underline{36,000千円}$×20％＝7,200千円
  当期純利益

〈連結精算表への記入〉

科目	個別財務諸表 P社	個別財務諸表 S社	修正・消去 借方	修正・消去 貸方	連結財務諸表
貸借対照表					
（のれん）			40,800	2,400	38,400
非支配株主持分				62,900	
				7,200	
損益計算書					
（のれん）償却			2,400		2,400
非支配株主に帰属する当期純利益			7,200		

POINT
● 非支配株主に帰属する当期純利益の場合、非支配株主にとっては利益の増加ですが、親会社にとっては、取り分が減るため利益の減少となります。したがって、連結損益計算書上は、当期純利益の控除項目（借方項目）として扱います。

POINT
● ここからは、連結会社間取引の相殺消去（問題文の資料2〜5に関する処理）を行います。

(3) 土地に含まれる未実現利益の消去（ダウンストリーム）

S社が所有している土地は、親子会社間で土地51,500千円を60,000千円で売買したため、8,500千円の未実現利益が生じています。そのため、P社の土地売却益8,500千円とS社の土地8,500千円を相殺消去します。

| （土　地　売　却　益） | 8,500 | ＊ | （土　　　　　地） | 8,500 |

＊　60,000千円 － 51,500千円 ＝ 8,500千円（売却益）
　　売却価額　　　帳簿価額

〈連結精算表への記入〉

科　　　目	個別財務諸表 P社	個別財務諸表 S社	修正・消去 借方	修正・消去 貸方	連結財務諸表
貸借対照表					
土　　　　地	250,000	80,000		8,500	321,500
損益計算書					
土地売却益	8,500		8,500		0

(4)　部品仕入および原材料の修正（未処理事項）

　連結会社間の取引が親会社または子会社のどちらかで未処理の場合、連結会社間の債権債務残高および取引高に差異が生じるため、相殺消去をする前に未処理事項を適切に処理します。

①　部品仕入の修正

　S社においてP社から仕入れた部品A 6,600千円の処理が行われていなかったので、借方に売上原価（当期商品仕入高）を計上します。なお、貸方については、資料3のP社売掛金66,000千円とS社買掛金59,400千円の差額が6,600千円なので、代金は掛払いと推測して買掛金を計上します。

| （売　上　原　価） | 6,600 | （買　　掛　　金） | 6,600 |

● 連結損益計算書では、売上原価の内訳は記載しません。そのため、当期商品仕入高も売上原価として表示します。

②　原材料の修正

　子会社で検収が完了していない部品A 6,600千円は、未使用であると判断できます。したがって、期末在庫として売上原価（当期商品仕入高）から原材料へ振り替えます。

| （原　　材　　料） | 6,600 | （売　上　原　価） | 6,600 |

〈連結精算表への記入〉

科　　目	個別財務諸表		修正・消去		連結財務諸表
	P社	S社	借方	貸方	
貸借対照表					
原　材　料		18,000	**6,600**		
買　掛　金	324,000	244,000		**6,600**	
損益計算書					
売　上　原　価	2,254,000	1,142,000	**6,600**	**6,600**	

(5) 手形取引

① 手形の裏書譲渡

> 仕　訳　な　し

POINT

● P社から受け取った手形を連結グループの外部へ裏書譲渡した場合、グループ全体では「外部への約束手形の振出し」と考えます。そのため、S社が仕入先へ裏書譲渡した70,000千円についての連結修正仕訳は不要であり、連結会計上もP社の支払手形として計上されたままになります。

② 手形の割引き

ｉ　借入金への振り替え

親会社から受け取った手形を割り引いたときは、連結グループ全体では「手形による資金の借入れ」となるため、支払手形ではなく**借入金**として処理します。

> （支　払　手　形）　50,000　（借　　入　　金）　50,000

ｉｉ　支払利息への振り替えと利息の前払い

手形の割引料（手形売却損）は、利息の性質があるため手形売却損から**支払利息**へ振り替えます。また、支払利息のうち期末から満期日までの期間は未経過部分なので、利息の前払いとして支払利息から**前払費用**へ振り替えます。

> （支　払　利　息）　2,600　（手　形　売　却　損）　2,600
> （前　払　費　用）　　160　（支　払　利　息）　　　160

POINT
● 手形売却損は割引料を割引日に一括で支払っていますが、利息は経過した期間しか支払利息として計上できないので、手形売却損から支払利息へ振り替えた金額のうち未経過部分については、前払費用とする必要があります。

〈連結精算表への記入〉

科　　　目	個別財務諸表 P社	個別財務諸表 S社	修正・消去 借方	修正・消去 貸方	連結財務諸表
貸借対照表					
前 払 費 用	14,000		160		14,160
支 払 手 形	120,000		50,000		70,000
借 入 金	253,000			50,000	303,000
損益計算書					
支 払 利 息	6,340		2,600	160	8,780
手 形 売 却 損		2,600		2,600	0

(6) 債権債務の相殺

資料3より判明する親子会社間の債権債務残高を相殺消去します。

(買　　掛　　金)	66,000 *1	(売　　掛　　金)	66,000 *2
(未　　払　　金)	8,000	(未　収　入　金)	8,000
(買　　掛　　金)	210,000 *3	(売　　掛　　金)	210,000 *4

＊1　S社のP社に対する買掛金：59,400千円＋6,600千円＝66,000千円
　　　　　　　　　　　　　　　　　　　　　　　上記2.(4)①

＊2　P社のS社に対する売掛金
＊3　P社のS社に対する買掛金
＊4　S社のP社に対する売掛金

POINT
●P社のS社に対する支払手形は借入金に振り替えた50,000千円を差し引くと70,000千円となります。この70,000千円は、S社が仕入先（外部）へ裏書きした約束手形なので、相殺消去しません。

〈連結精算表への記入〉

科　目	個別財務諸表 P社	個別財務諸表 S社	修正・消去 借方	修正・消去 貸方	連結財務諸表
貸借対照表					
売　掛　金	650,000	282,000		276,000	656,000
未　収　入　金	69,000	36,000		8,000	97,000
買　掛　金	324,000	244,000	276,000	6,600	298,600
未　払　金	113,000	120,500	8,000		225,500

POINT
●連結精算表の行数を考慮して、買掛金と売掛金を相殺する仕訳は金額を合算して修正・消去欄に記入します。

(7) 売上高と売上原価の相殺消去

資料3より判明する親子会社間の売上高と売上原価を相殺消去します。

(売　上　高) 1,273,000 *1　(売　上　原　価) 1,273,000 *2

*1　363,000千円 + 910,000千円 = 1,273,000千円
　　　P社　　　　　　S社

*2　910,000千円 + 356,400千円 + 6,600千円 = 1,273,000千円
　　　P社　　　　　　S社　　　　　上記2.(4)①

〈連結精算表への記入〉

科　目	個別財務諸表 P社	個別財務諸表 S社	修正・消去 借方	修正・消去 貸方	連結財務諸表
損益計算書					
売　上　高	3,326,000	1,507,400	1,273,000		3,560,400
売　上　原　価	2,254,000	1,142,000	6,600	6,600	
				1,273,000	

POINT
●連結精算表の行数を考慮して、売上高と売上原価を相殺する仕訳は金額を合算して修正・消去欄に記入します。

(8) S社の原材料（部品A）の未実現利益の消去（ダウンストリーム）
① 棚卸資産に含まれる未実現利益の状況整理

本問の棚卸資産に含まれる未実現利益（網掛けの箇所）を整理すると、次のようになります。これらを連結修正仕訳で適切に消去していきます。

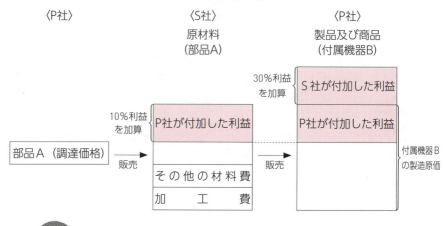

POINT

●本問について、未実現利益を以下のように分けて解説しています。
S社の原材料（部品A）にP社が付加した利益
　　　　　　　　　　　　　　　　→2.(8)② ダウンストリーム
P社の製品及び商品（付属機器B）のうち
　P社が部品Aに付加した利益　　　→2.(10)　ダウンストリーム
　S社が付加した利益　　　　　　　→2.(9)　 アップストリーム

② S社の原材料（部品A）の未実現利益の消去

S社の期首・期末における原材料棚卸高のうち、親会社P社から仕入れた部品Aについては、加算されている利益を消去します。

〈期首原材料〉

ⅰ　前期末の仕訳の引継ぎ

期首原材料に含まれる未実現利益については、前期末に行った連結修正仕訳を再度行います。

（利　益　剰　余　金）	1,500 *	（原　　材　　料）	1,500

＊　16,500千円×0.1÷1.1＝1,500千円
　　資料4より

ⅱ 実現仕訳

期首原材料は当期にすべて完成し、製品として販売されたと考え、売上原価を修正します。

| （原　材　料） | 1,500 | （売　上　原　価） | 1,500 |

ⅲ まとめ（ⅰ＋ⅱ）

| （利 益 剰 余 金） | 1,500 | （売　上　原　価） | 1,500 |

〈期末原材料〉

期末の部品Ａ13,200千円に、未計上となっていた6,600千円を加算してから消去する利益を計算します。

| （売　上　原　価） | 1,800 ＊ | （原　材　料） | 1,800 |

＊ （13,200千円＋6,600千円）×0.1÷1.1＝1,800千円
　　資料4より　　上記2.⑷②

〈連結精算表への記入〉

科　　　目	個別財務諸表		修正・消去		連結財務諸表
	P 社	S 社	借方	貸方	
貸 借 対 照 表					
原　材　料		18,000	6,600	**1,800**	**22,800**
利 益 剰 余 金	758,000	163,000	104,600		
			1,500		
損 益 計 算 書					
売 上 原 価	2,254,000	1,142,000	6,600	6,600	
			1,800	1,273,000	
				1,500	

119

⑼ P社の製品及び商品（付属機器B）の未実現利益の消去（アップストリーム）

P社の期首・期末における製品及び商品棚卸高のうち、子会社S社から仕入れた付属機器Bについては、加算されている利益を消去します。また、子会社S社から仕入れた製品及び商品の未実現利益を消去した場合、消去した未実現利益について、非支配株主にも負担させます。

〈期首製品及び商品〉

ⅰ 前期末の仕訳の引継ぎ

（利 益 剰 余 金）	15,000*1	（製 品 及 び 商 品）	15,000
（非支配株主持分）	3,000*2	（利 益 剰 余 金）	3,000

＊1 65,000千円×0.3÷1.3＝15,000千円

＊2 15,000千円×(100％−80％)＝3,000千円
　　　　　　　　　非支配株主持分

ⅱ 実現仕訳

（製 品 及 び 商 品）	15,000	（売 上 原 価）	15,000
（非支配株主に帰属する当期純利益）	3,000	（非支配株主持分）	3,000

ⅲ まとめ（ⅰ＋ⅱ）

（利 益 剰 余 金）	12,000	（売 上 原 価）	15,000
（非支配株主に帰属する当期純利益）	3,000		

〈期末製品及び商品〉

（売 上 原 価）	18,000*1	（製 品 及 び 商 品）	18,000
（非支配株主持分）	3,600*2	（非支配株主に帰属する当期純利益）	3,600

＊1 78,000千円×0.3÷1.3＝18,000千円

＊2 18,000千円×(100％−80％)＝3,600千円
　　　　　　　　　非支配株主持分

〈連結精算表への記入〉

科　　目	個別財務諸表		修正・消去		連結財務諸表
	P社	S社	借方	貸方	
貸 借 対 照 表					
製 品 及 び 商 品	445,000	236,000		**18,000**	
利 益 剰 余 金	758,000	163,000	104,600		
			1,500		
			12,000		
非支配株主持分			**3,600**	62,900	**66,500**
				7,200	
損 益 計 算 書					
売 上 原 価	2,254,000	1,142,000	6,600	6,600	
			1,800	1,273,000	
			18,000	1,500	
				15,000	
非支配株主に帰属する当期純利益			**10,200** *	3,600	**6,600**

＊　非支配株主に帰属する当期純利益：<u>7,200千円</u>＋<u>3,000千円</u>＝10,200千円
　　　　　　　　　　　　　　　　　　上記2.(2)　　　 上記2.(9)

⑽　**P社の製品及び商品（付属機器B）を構成する部品Aの未実現利益の消去（ダウンストリーム）**

　　P社の個別財務諸表に計上されている製品及び商品には、S社が製造する付属機器Bが含まれています。付属機器Bの製造には、P社から仕入れた部品Aを使用しており、P社がS社に部品Aを売り上げたさいに加算した利益が、付属機器Bの製造原価に含まれているため、これを消去します。

〈期首製品及び商品〉

ⅰ　前期末の仕訳の引継ぎ

（利 益 剰 余 金）	1,500 *	（製 品 及 び 商 品）	1,500

　　＊　65,000千円×1÷1.3＝50,000千円（付属機器Bの製造原価）
　　　　50,000千円×<u>0.33</u>＝16,500千円
　　　　　　　　　部品A構成割合

　　　　16,500千円×0.1÷1.1＝1,500千円

ⅱ　実現仕訳

（製 品 及 び 商 品）	1,500	（売 上 原 価）	1,500

ⅲ まとめ（ⅰ＋ⅱ）

| （利 益 剰 余 金） | 1,500 | （売 上 原 価） | 1,500 |

〈期末製品及び商品〉

| （売 上 原 価） | 1,800 ＊ | （製 品 及 び 商 品） | 1,800 |

＊ 78,000千円×1÷1.3＝60,000千円（付属機器Ｂの製造原価）

60,000千円×0.33＝19,800千円
　　　　　　部品Ａ構成割合

19,800千円×0.1÷1.1＝1,800千円

POINT

●付属機器Ｂの製造原価を構成する部品Ａは、Ｐ社（親会社）が利益を加算しているため、ダウンストリームに該当します。

〈連結精算表への記入〉

科　　目	個別財務諸表		修正・消去		連結財務諸表
	Ｐ社	Ｓ社	借方	貸方	
貸 借 対 照 表					
製 品 及 び 商 品	445,000	236,000		18,000	**661,200**
				1,800	
利 益 剰 余 金	758,000	163,000	104,600		
			1,500		
			12,000		
			1,500		
損 益 計 算 書					
売 上 原 価	2,254,000	1,142,000	6,600	6,600	**2,126,600**
			1,800	1,273,000	
			18,000	**3,000**＊	
			1,800	15,000	

＊ 売上原価：1,500千円＋1,500千円＝3,000千円
　　　　　　上記2.⑻②　　上記2.⑽

122

3．連結財務諸表欄の作成

通常、連結損益計算書→連結株主資本等変動計算書→連結貸借対照表の順に記入しますが、本問は連結株主資本等変動計算書がないので、連結損益計算書→連結貸借対照表の順に記入します。

(1) 連結損益計算書欄の記入

① 当期純利益（親会社株主に帰属する当期純利益）以外の記入

当期純利益（親会社株主に帰属する当期純利益）以外の金額については、個別財務諸表の合計金額に修正消去欄の金額を加減して、連結財務諸表欄に記入します。

科　目	個別財務諸表		修正・消去		連結財務諸表
	P社	S社	借方	貸方	
損益計算書					
売上高	3,326,000	1,507,400	1,273,000		3,560,400
売上原価	2,254,000	1,142,000	6,600	6,600	2,126,600
			1,800	1,273,000	
			18,000	3,000	
			1,800	15,000	
販売費及び一般管理費	864,000	311,000			1,175,000
（のれん）償却			2,400		2,400
受取利息	2,300	300			2,600
支払利息	6,340		2,600	160	8,780
手形売却損		2,600		2,600	0
土地売却益	8,500		8,500		0
法人税、住民税及び事業税	69,800	16,100			85,900
当期純利益	142,660	36,000			
非支配株主に帰属する当期純利益			10,200	3,600	6,600
親会社株主に帰属する当期純利益	142,660	36,000			

123

② 「当期純利益」「親会社株主に帰属する当期純利益」の行を記入

科　　目	個別財務諸表 P社	個別財務諸表 S社	修正・消去 借方	修正・消去 貸方	連結財務諸表
損益計算書					
当 期 純 利 益	142,660	36,000	1,314,700	1,300,360	164,320
非支配株主に帰属する当期純利益			10,200	3,600	6,600
親会社株主に帰属する当期純利益	142,660	36,000	1,324,900	1,303,960	157,720

また、P/L「親会社株主に帰属する当期純利益」の修正・消去欄の金額（★）を連結B/Sの利益剰余金の行へ移記します。

科　　目	個別財務諸表 P社	個別財務諸表 S社	修正・消去 借方	修正・消去 貸方	連結財務諸表
貸借対照表					
利 益 剰 余 金	758,000	163,000	104,600	1,303,960	780,460
			1,500		
			12,000		
			1,500		
			1,324,900		
損益計算書					
当 期 純 利 益	142,660	36,000	1,314,700	1,300,360	164,320
非支配株主に帰属する当期純利益			10,200	3,600	6,600
親会社株主に帰属する当期純利益	142,660	36,000	1,324,900	1,303,960	157,720

★

POINT

● 利益剰余金には、連結第4年度の連結修正仕訳で生じた損益項目を加減する必要がある点に注意しましょう。

第4問のポイント 難易度 A 配点 20点 目標点 16点

本社工場会計に関する仕訳問題です。本社・工場それぞれの仕訳が求められています。工場で使用できる勘定科目が残高試算表に記載されているものに限定されているため、注意して慎重に解きましょう。

解答

仕訳一組につき2点

工場の仕訳

	借方科目	金額	貸方科目	金額
(1)	材料	900,000	本社	900,000
(2)	賃金・給料	2,000,000	本社	2,000,000
(3)	製造間接費	120,000	本社	120,000
(4)	製造間接費	300,000	本社	300,000
(5)	本社	8,000,000	製品	8,000,000

本社の仕訳

	借方科目	金額	貸方科目	金額
(1)	工場	900,000	買掛金	900,000
(2)	工場	2,000,000	現金	2,000,000
(3)	工場	120,000	当座預金	120,000
(4)	工場	300,000	機械減価償却累計額	300,000
(5)	売上原価	8,000,000	工場	8,000,000

解説

1．材料の購入

本社が購入した材料を、購入と同時に工場の倉庫へ搬入します。本社側の仕訳では材料購入にかかる買掛金を計上するとともに相手勘定を工場として処理します。

本社　（工　　　　　場）　900,000　（買　　掛　　金）　900,000

工場側では倉庫に搬入された材料を計上するとともに相手勘定を本社として処理します。

工場　（材　　　　　料）　900,000　（本　　　　　社）　900,000

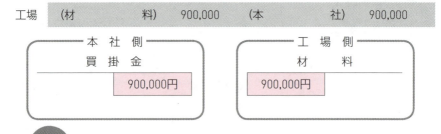

●本社と工場にまたがる取引は、本社側では工場勘定、工場側では本社勘定を用いて処理します。

2．賃金・給料の支払い

支払い関係は本社が行っているため、本社側では現金の減少とするとともに、相手勘定を工場として処理します。

本社　（工　　　　　場）　2,000,000　（現　　　　　金）　2,000,000　*

賃金は工場の工員に対するものなので工場側では賃金・給料の増加として処理するとともに、相手勘定を本社として処理します。

工場　（賃　金　・　給　料）　2,000,000　*　（本　　　　　社）　2,000,000

＊　1,400,000円＋600,000円＝2,000,000円
　　　直接工賃金　　間接工賃金

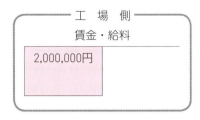

POINT
● 賃金や給料を支払っただけで消費したわけではないので、仕掛品勘定や製造間接費勘定に振り替えないように注意しましょう。

3．工場清掃作業料金の支払い

支払い関係は本社が行っているため、当座預金からの引き落としについては本社側では当座預金の減少とするとともに、相手勘定を工場として処理します。

本社　（工　　　場）　120,000　（当　座　預　金）　120,000

外部業者に対する支払いは経費であり、工場清掃作業は製品製造に直接的に関係する費用ではないため間接費として処理します。したがって、工場側では製造間接費の増加とするとともに、相手勘定を本社として処理します。

工場　（製 造 間 接 費）　120,000　（本　　　　　社）　120,000

4．減価償却費の計上

機械減価償却累計額勘定は、工場の残高試算表に示されていないため、工場側で仕訳することができません。したがって、本社側で機械減価償却累計額の増加とするとともに、相手勘定を工場として処理します。

本社　（工　　　場）　300,000　（機械減価償却累計額）　300,000

工場の機械にかかる減価償却費なので、工場側では製造間接費の増加とするとともに、相手勘定を本社として処理します。

工場　（製 造 間 接 費）　300,000　（本　　　　　社）　300,000

●工場側の仕訳において、使用できる勘定科目以外の勘定科目を使いたいときは、本社勘定で処理するというルールがあります。

5．製品の販売

本問では、製品は工場に置いてあると示されています。したがって、販売した製品の売上原価を計上するさいには、本社側で売上原価の増加とするとともに、相手勘定を工場とします。

| 本社 | （売　上　原　価） | 8,000,000 | （工　　　　　場） | 8,000,000 |

工場の製品にかかる原価の振り替えなので、工場側では製品の減少とするとともに、相手勘定を本社として処理します。

| 工場 | （本　　　　　社） | 8,000,000 | （製　　　　　品） | 8,000,000 |

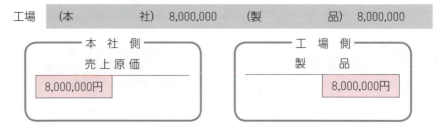

第5問のポイント 難易度 A 配点 20点 目標点 16点

組別総合原価計算の問題です。組別総合原価計算表の作成だけではなく、月次損益計算書の作成も問われています。資料の数量データがわかりにくいため、これを整理して計算する必要があります。なお、組間接費（本問では加工費）の配賦計算を間違えると大きく失点するため注意しましょう。

解答

●数字につき配点

組別総合原価計算表
（単位：円）

	A 製 品		B 製 品	
	直接材料費	加 工 費	直接材料費	加 工 費
月初仕掛品原価	—	—	—	—
当月製造費用	1,404,000	❷ 780,000	1,085,000	❷ 532,800
合　　　計	1,404,000	780,000	1,085,000	532,800
月末仕掛品原価	—	—	❷ 70,000	❷ 10,800
完成品総合原価	1,404,000	780,000	❷ 1,015,000	❷ 522,000

月次損益計算書（一部）
（単位：円）

```
売　　上　　高                              （ ❷ 10,400,000 ）
売　上　原　価
　月初製品棚卸高     （ ❷    332,000 ）
　当月製品製造原価   （      3,721,000 ）
　　小　　計         （      4,053,000 ）
　月末製品棚卸高     （ ❷    285,000 ）   （    3,768,000 ）
売　上　総　利　益                          （ ❷  6,632,000 ）
```

129

解説

組別計算を行っているので、まず加工費を各組に実際配賦してから製品別（組別）に計算します。

1．加工費の配賦

(1) 実際配賦率の算定

当月の加工費を当月の機械稼働時間の合計で割って、実際配賦率を算定します。

実際配賦率：1,312,800円÷（16,250時間＋11,100時間）＝@48円

(2) 各製品への配賦

問題文の指示より、機械稼働時間を配賦基準として、各組に加工費を配賦します。

A製品：@48円×16,250時間＝780,000円

B製品：@48円×11,100時間＝532,800円

2．A製品の計算

A製品完成品総合原価：1,404,000円＋780,000円＝2,184,000円

組別総合原価計算表　　　　　　　　（単位：円）

	A 製 品		B 製 品	
	直接材料費	加 工 費	直接材料費	加 工 費
月初仕掛品原価	－	－	－	－
当月製造費用	1,404,000	**780,000**	1,085,000	
合　　　計	1,404,000	**780,000**	1,085,000	
月末仕掛品原価	－	－		
完成品総合原価	1,404,000	**780,000**		

POINT
● A製品については、月初仕掛品と月末仕掛品が存在しないため、当月投入額がそのまま完成品原価となります。

3．B製品の計算

直接材料費

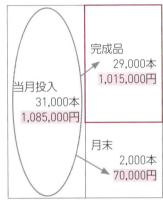

月末仕掛品原価（直接材料費）：
$\dfrac{1,085,000円}{31,000本} \times 2,000本$
＝70,000円

完成品原価（直接材料費）：
1,085,000円－70,000円
＝1,015,000円

加工費

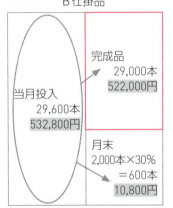

月末仕掛品原価（加工費）：
$\dfrac{532,800円}{29,600本} \times 600本$
＝10,800円

完成品原価（加工費）：
532,800円－10,800円
＝522,000円

B製品完成品総合原価：1,015,000円＋522,000円＝1,537,000円
B製品月末仕掛品原価：70,000円＋10,800円＝80,800円

POINT
●「原価投入額を完成品と月末仕掛品に配分する方法」の指定はありませんが、B製品については月初仕掛品が存在しないため、当月投入額を数量（加工換算量）で完成品と月末仕掛品に按分します。

<u>組別総合原価計算表</u>　　　　　（単位：円）

	A 製 品		B 製 品	
	直接材料費	加 工 費	直接材料費	加 工 費
月初仕掛品原価	－	－	－	－
当月製造費用	1,404,000	**780,000**	1,085,000	**532,800**
合　　計	1,404,000	**780,000**	1,085,000	**532,800**
月末仕掛品原価	－	－	70,000	**10,800**
完成品総合原価	1,404,000	**780,000**	**1,015,000**	**522,000**

4．月次損益計算書の作成

(1) 売上高の算定

A製品とB製品の売上高を合算して月次損益計算書に記入します。

A製品売上高：@120円×54,000本＝6,480,000円

B製品売上高：@140円×28,000本＝3,920,000円

月次損益計算書・売上高：6,480,000円＋3,920,000円＝10,400,000円

(2) 月初製品棚卸高の算定

A製品とB製品の月初製品原価を合算して月次損益計算書に記入します。

A製品月初製品原価：220,000円

B製品月初製品原価：112,000円

月次損益計算書・月初製品棚卸高：220,000円＋112,000円＝332,000円

(3) 当月製品製造原価の算定

A製品とB製品の完成品総合原価を合算して月次損益計算書に記入します。

A製品完成品総合原価：2,184,000円

B製品完成品総合原価：1,537,000円

月次損益計算書・当月製品製造原価：2,184,000円＋1,537,000円＝3,721,000円

(4) 月末製品棚卸高（先入先出法）

A製品とB製品の月末製品原価を計算し、合算して月次損益計算書に記入します。

132

A製品月末製品原価：2,184,000円×$\frac{3,000本}{52,000本}$＝126,000円

B製品月末製品原価：1,537,000円×$\frac{3,000本}{29,000本}$＝159,000円

月次損益計算書・月末製品棚卸高：126,000円＋159,000円＝285,000円

POINT
●月末仕掛品原価と月末製品棚卸高を間違えないように注意しましょう。

月次損益計算書・売上原価：332,000円＋3,721,000円－285,000円
　　　　　　　　　　　＝3,768,000円

月次損益計算書・売上総利益：10,400,000円－3,768,000円＝6,632,000円

第154回 過去問題 解答・解説

解き方

第1問の仕訳問題の各問いは、問題文をしっかり読み込む必要がある、やや難しい問題でした。ただし、そのほかの大問に関しては、やさしい問題や標準的な問題でした。そのため、第1問は後回しにして第2問、第3問、第4問、第5問を解いて点数を稼ぐようにしましょう。

第1問のポイント 難易度 B 配点 20点 目標点 12点

仕訳問題です。問題文の指示が複雑で、しっかり読み込まなければならない問題が多く出題されています。問題文を丁寧に読みつつ、処理内容を的確に判断しましょう。第1問については、5問中2、3問正解できれば十分です。

解答

仕訳一組につき4点

	仕訳 借方科目	金額	貸方科目	金額
1	リース債務 リース資産減価償却累計額 固定資産除却損	1,440,000 2,160,000 1,440,000	普通預金 リース資産	1,440,000 3,600,000
2	返品調整引当金繰入	810,000	返品調整引当金	810,000
3	退職給付引当金	27,000,000	当座預金 預り金	23,000,000 4,000,000
4	売掛金	54,100,000	売上	54,100,000
5	ソフトウェア 固定資産除却損	25,000,000 5,800,000	ソフトウェア仮勘定	30,800,000

解説

1．リース取引

契約解除にあたりx4年4月以後のリース料を一括で支払う処理とリース資産の返却（除却）の処理をあわせて行うという問題です。

POINT
●解答を導くにあたりリース契約解除時までの仕訳もあわせて解説します。

⑴　**リース契約時（x1年4月1日）**

ファイナンス・リース取引を利子込み法で処理しているため、利息相当額を含んだリース料総額でリース資産（資産）を計上するとともに、リース債務（負債）を計上します。

> （リ ー ス 資 産）　3,600,000　　（リ ー ス 債 務）　3,600,000 *

＊　60,000円×12か月×5年＝3,600,000円
　　　月額リース料

⑵　**支払済みのリース料（x1年4月30日からx4年3月31日）**

利子込み法において、リース料を支払ったときは、支払ったリース料の分だけリース債務の減少として処理します。

> （リ ー ス 債 務）　2,160,000 *　　（普 通 預 金 な ど）　2,160,000

＊　60,000円×12か月×3年＝2,160,000円

POINT
●解説の便宜上、過去3年間のリース料の支払いをまとめています。
なお、未払いのリース料はx4年4月以後のものと問題文にあることからx4年3月31日支払分のリース料は支払済みと判断します。

⑶　**計上済みの減価償却費（x2年3月31日からx4年3月31日）**

リース資産の計上価額をもとに、リース期間を耐用年数、残存価額をゼロとして減価償却を行います。

> （減 価 償 却 費）　2,160,000 *　　（リース資産減価償却累計額）　2,160,000

＊　3,600,000円÷5年×3年＝2,160,000円

POINT

●解説の便宜上、過去3年間の減価償却費をまとめています。
なお、×4年3月31日までの減価償却費は計上済みと問題文にあることから、リース資産減価償却累計額は3年分の金額と判断できます。

(4) 契約解除後の未払リース料の支払い

×4年4月以後（残り2年分）のリース債務に関する支払いを一括で行います。

（リース債務）1,440,000 *	（普通預金）1,440,000

```
*  3,600,000円 － 2,160,000円 ＝ 1,440,000円
   上記(1)より      上記(2)より
```

(5) リース資産の除却

リース契約を中途解約したときは、**リース資産の取得原価と減価償却累計額を減らす**処理をします。なお、リース資産の帳簿価額1,440,000円（＝3,600,000円－2,160,000円）は**固定資産除却損（費用）**として処理します。

（リース資産減価償却累計額）2,160,000 *1	（リース資産）3,600,000
（固定資産除却損）1,440,000 *2	

* 1　計上済みの減価償却累計額（上記(3)より）
* 2　貸借差額

2. 返品調整引当金

返品見込額に売上総利益率を掛けて返品調整引当金の設定額を計算します。なお、返品調整引当金を設定したときは、繰入額を**返品調整引当金繰入**として処理するとともに、相手勘定を**返品調整引当金（負債）**として処理します。

```
返品見込額：14,400,000円 × 50% × 45% ＝ 3,240,000円
         直近6か月の売上  返品対象  返品率
                       の割合
```

```
返品調整引当金：3,240,000円 × 25% ＝ 810,000円
                      売上総利益率
```

POINT

●返品調整引当金は、返品による利益の減少分をあらかじめ計上するものなので、売上高ではなく売上総利益相当額に対して設定する点に注意しましょう。

136

3．退職給付引当金

従業員の退職金を一時金として支払ったときは、**退職給付引当金（負債）**を取り崩します。なお、退職金の支払いにあたり、源泉所得税を控除したときは、**預り金（負債）の増加**として処理します。

POINT
- 退職給付の積立方法には、会社内部で積み立てる内部積立方式と、年金制度などを利用して企業外部で積み立てる外部積立方式があります。本問では内部積立方式で積み立てた旨の記載がありますが、問題を解くにあたっては特に考慮する必要はありません。

4．外貨建取引（為替予約）

本問では、取引発生時までに為替予約を行っているため、対象となる300,000ドルについては先物為替相場107円/ドルで換算します。

なお、為替予約を付していない残り200,000ドルの換算には原則どおり輸出時の為替相場110円/ドルを使います。

　　為替予約分：300,000ドル×107円/ドル＝32,100,000円
　　上記以外：（500,000ドル－300,000ドル）×110円/ドル＝22,000,000円
　　売上高（売掛金）の金額：32,100,000円＋22,000,000円＝**54,100,000円**

POINT
- 500,000ドルすべてに為替予約が付されているわけではない点に注意しましょう。

5．社内利用目的のソフトウェア

問題文の記述どおり、ソフトウェアが完成し、使用を開始したため、**ソフトウェア仮勘定（資産）**から**ソフトウェア（資産）**へ振り替えます。なお、支払った金額のうち作り直し対象となった部分の費用5,800,000円については、資産性がないものとして除却処理した旨の指示があるので、**固定資産除却損（費用）**として処理します。

第2問のポイント

難易度 A　**配点 20点**　**目標点 16点**

商品売買の問題です。売上原価対立法、手形の裏書や売上割引などの論点が出題されています。資料を冷静に読み、簡単に解答できる箇所から解いていきましょう。

解答

●数字につき配点

問1

売　掛　金

月	日	摘　要	借　方	月	日	摘　要	貸　方
4	1	前　期　繰　越	1,700,000	4	12	諸　　　　口	2,700,000 ❷
	8	売　　　　上	2,700,000		22	電子記録債権	800,000 ❷
	18	売　　　　上	2,646,000		30	次　月　繰　越	3,546,000
			7,046,000 ❷				7,046,000

❷ (左側の8の行)

商　　品

月	日	摘　要	借　方	月	日	摘　要	貸　方
4	1	前　期　繰　越	1,500,000	4	5	買　掛　金	155,000
	4	諸　　　　口	620,000		8	売　上　原　価	1,350,000 ❷
	10	受　取　手　形	640,000		18	売　上　原　価	1,321,000
	15	買　掛　金	990,000		30	次　月　繰　越	924,000 ❷
			3,750,000 ❷				3,750,000

❷ (左側の10の行)

問2

4月の純売上高	¥	5,336,000 ❷
4月の売上原価	¥	2,671,000 ❷

解　説

1．商品売買の原価の整理

商品の原価ボックスを作成し、原価を把握します。

商　品

前期繰越		売上原価	
1日	500個 @3,000円	8日	450個 @3,000円
当月仕入		18日	50個 @3,000円
4日	200個 @3,100円		150個 @3,100円
5日 △	50個 @3,100円		200個 @3,200円
10日	200個 @3,200円		20個 @3,300円
15日	300個 @3,300円		
		次月繰越	
		30日	280個 @3,300円

2．取引の仕訳など

(1)　4月1日：前期繰越

商品勘定（前期繰越）：@3,000円×500個＝1,500,000円

(2)　4月4日：仕入①

販売のつど売上原価勘定に振り替える方法を採用している場合、商品を仕入れたときは**原価**で**商品の増加**として処理します。

（商　　　　　品）	620,000 *1	（前　払　金）	150,000
商品勘定・借方へ記入		（買　掛　金）	470,000 *2

＊1　@3,100円×200個＝620,000円

＊2　貸借差額

POINT

●相手勘定科目が複数の場合、商品勘定へ記入するさいの摘要欄（勘定科目名）は諸口となります。

139

(3) 4月5日：仕入戻し

仕入れた商品を返品したときは、仕入を取り消すために**商品の減少**として処理します。

（買　掛　金）	155,000 *	（商　　　品）	155,000
		商品勘定・貸方へ記入	

* @3,100円×50個＝155,000円

(4) 4月8日：売上①

販売のつど売上原価勘定に振り替える方法を採用している場合、売上時には、**売価**で**売上**として処理するとともに、**原価**を**商品**から**売上原価**へ振り替えます。

（売　掛　金）	2,700,000 *1	（売　　　上）	2,700,000
売掛金勘定・借方へ記入			
（売　上　原　価）	1,350,000	（商　　　品）	1,350,000 *2
		商品勘定・貸方へ記入	

*1　@6,000円×450個＝2,700,000円
*2　@3,000円×450個＝1,350,000円
　　　前期繰越分

POINT
●商品の払出単価は先入先出法を採用しているため、原価は前期繰越分に対するものを使用します。

(5) 4月10日：仕入②

商品を仕入れ、代金として所持していた他人振出の約束手形を裏書譲渡しているため、**受取手形の減少**として処理します。

（商　　　品）	640,000 *	（受　取　手　形）	640,000
商品勘定・借方へ記入			

* @3,200円×200個＝640,000円

(6) 4月12日：売掛金の回収（売上割引）

売掛金を回収するさいに割引を行ったときは、**売上割引**で処理します。

（売　上　割　引）	2,700 *1	（売　掛　金）	2,700,000
（当　座　預　金）	2,697,300 *2	売掛金勘定・貸方へ記入	

*1　2,700,000円×0.1％＝2,700円
*2　貸借差額

POINT

●売上割引は、掛け代金の早期決済による営業外費用なので、売上高や売上原価には影響しません。

(7) 4月15日：仕入③

(商 品)	990,000 *	(買 掛 金)	990,000

商品勘定・借方へ記入

＊ @3,300円×300個＝990,000円

(8) 4月18日：売上②

(売 掛 金)	2,646,000 *1	(売 上)	2,646,000
(売 上 原 価)	1,321,000	(商 品)	1,321,000 *2
(発 送 費)	8,000	(当 座 預 金)	8,000

売掛金勘定・借方へ記入
商品勘定・貸方へ記入

＊1 @6,300円×420個＝2,646,000円

＊2 @3,000円×50個＋@3,100円×150個＋@3,200円×200個
　　前期繰越分　　　　4月4日仕入分　　　　4月10日仕入分

　　＋@3,300円×20個＝1,321,000円
　　4月15日仕入分

(9) 4月22日：売掛金の回収（電子記録債権の発生）

売掛金を回収した場合、売掛金を減らします。また、電子記録債権の発生記録の通知を受けた場合、**電子記録債権の増加**として処理します。

(電 子 記 録 債 権)	800,000	(売 掛 金)	800,000

売掛金勘定・貸方へ記入

(10) 4月26日：売上割戻

売上割戻を行ったさいには、**売上**を取り消します。

(売 上)	10,000	(当 座 預 金)	10,000

POINT

●販売のつど売上原価勘定に振り替える方法では、商品を販売したさいに売上原価を計上していますが、売上割戻は売価部分の修正で原価部分には影響しないため、売上原価の取り消しはしません。

解答解説

過去問

第149回
第150回
第151回
第152回
第153回
第154回

予想問
第1回
第2回
第3回

新傾向対策

(11) 4月30日：月次決算（商品の評価）

販売のつど売上原価勘定に振り替える方法では、決算において売上原価を算定する決算整理仕訳は不要となります。

月末時点の商品在庫は、帳簿棚卸数量と実地棚卸数量が一致しているため、棚卸減耗は生じていません。また、正味売却価額@5,500円が原価@3,300円より高いため、商品評価損も生じていません。

3．4月の純売上高と売上原価

(1) 純売上高

$\underset{4月8日}{2,700,000円} + \underset{4月18日}{2,646,000円} - \underset{4月26日}{10,000円} = 5,336,000円$

(2) 売上原価

$\underset{4月8日}{1,350,000円} + \underset{4月18日}{1,321,000円} = 2,671,000円$

LECTURE　売上原価対立法

売上原価対立法とは、商品を仕入れたときに商品の増加で処理（原価で記入）し、商品を売上げたときに、売価で売上を計上するとともに、その商品の原価を商品から売上原価に振り替える方法です。

第3問のポイント 難易度 A 配点 20点 目標点 16点

損益計算書の作成問題です。特に難しい論点は含まれていないため、ミスなく進めて高得点を目指しましょう。簡単な問題で高得点を獲得することが、合格へ直結します。

解 答

●数字につき配点

損 益 計 算 書
自2018年4月1日　至2019年3月31日
(単位：円)

```
Ⅰ　売　　上　　高                                    7,249,000
Ⅱ　売　上　原　価
　1　商 品 期 首 棚 卸 高     (     220,000 )
　2　当 期 商 品 仕 入 高     (   5,880,000 )
　　　　合　　　　計           (   6,100,000 )
　3　商 品 期 末 棚 卸 高     (     340,000 )
　　　　差　　　　引           (   5,760,000 )
　4 (棚 卸 減 耗 損)           (       2,400 ) ❷
　5　商 品 評 価 損            (       4,220 ) ❷   (   5,766,620 )
　　　(売 上 総 利 益)                              (   1,482,380 )
Ⅲ　販売費及び一般管理費
　1　給　　　　　　料                720,000
　2　水 道 光 熱 費                   49,800
　3　退 職 給 付 費 用        (      81,000 )
　4　租 税 公 課               (     155,000 )
　5　減 価 償 却 費            (     190,200 ) ❷
　6　貸 倒 引 当 金 繰 入      (      16,000 ) ❷
　7　貸 倒 損 失               (       6,000 )
　8 (の れ ん) 償 却            (      80,000 ) ❷   (   1,298,000 )
　　　(営　業　利　益)                              (     184,380 )
Ⅳ　営　業　外　収　益
　1　有 価 証 券 利 息                             (      11,900 ) ❷
Ⅴ　営　業　外　費　用
　1　支 払 利 息                                   (       7,200 ) ❷
　　　(経　常　利　益)                              (     189,080 )
Ⅵ　特　別　利　益
　1 (固 定 資 産 売 却 益)                          (      50,000 ) ❷
Ⅶ　特　別　損　失
　1 (火 災 損 失)                                   (     100,000 ) ❷
　　　税引前当期純利益                              (     139,080 )
　　　法人税、住民税及び事業税  (      44,124 )
　　　(法 人 税 等 調 整 額)    (△    2,400 )     (      41,724 )
　　　(当　期　純　利　益)                          (      97,356 ) ❷
```

別解　「棚卸減耗損」は「棚卸減耗費」でもよい。
　　　　「固定資産売却益」は「土地売却益」でもよい。
　　　　「火災損失」は「災害損失」でもよい。

解　説

1．未処理事項［資料Ⅱ］

(1) 売掛金の貸倒れ

貸し倒れた売掛金のうち、前期からの売掛金4,000円は**貸倒引当金の減少**として処理し、当期に生じた売掛金6,000円は**貸倒損失（費用）**として処理します。

(貸 倒 引 当 金)	4,000	(売 　掛 　金)	10,000
(貸 倒 損 失)	6,000		

(2) 保険金額の確定

保険金は金額が確定し入金されることが決定しただけなので**未収入金（資産）の増加**とするとともに、**未決算の減少**として処理します。保険金の金額が未決算の金額よりも少ないときは、**火災損失（費用）**として処理します。

(未 収 入 金)	500,000	(未 　決 　算)	600,000
(火 災 損 失)	100,000 *		

＊　500,000円－600,000円＝△100,000円

POINT
● 未決算への振り替えは処理済みです。したがって、焼失した資産の減額などの処理は改めて行う必要はありません。

(3) 土地の売却

(当 座 預 金)	550,000	(土　　　　　地)	500,000
		(固定資産売却益)	50,000 *

＊　550,000円－500,000円＝50,000円

2．決算整理事項［資料Ⅲ］

(1) 貸倒引当金の設定

（貸倒引当金繰入）	16,000 *	（貸 倒 引 当 金）	16,000

＊　期末売上債権：360,000円＋550,000円－10,000円＝900,000円
前T/B受取手形　　前T/B売掛金　　上記1.(1)

貸倒引当金設定額：900,000円×2％　　　　　　　　＝　18,000円

貸倒引当金残高：6,000円－4,000円　　　　　　　　＝　 2,000円
前T/B貸倒引当　上記1.(1)

（差引）繰入額：　　　　　　　　　　　　　　　　　16,000円

(2) 売上原価の計算と期末商品の評価

（仕　　　　　入）	220,000	（繰 越 商 品）	220,000
（繰 越 商 品）	340,000 *1	（仕　　　　　入）	340,000
（棚 卸 減 耗 損）	2,400 *2	（繰 越 商 品）	2,400
（商 品 評 価 損）	4,220 *3	（繰 越 商 品）	4,220
（仕　　　　　入）	2,400	（棚 卸 減 耗 損）	2,400
（仕　　　　　入）	4,220	（商 品 評 価 損）	4,220

＊1　期末商品帳簿棚卸高
@400円×850個＝340,000円

原価　@400円

＊3　商品評価損
（@400円－@395円）×844個
＝4,220円

正味売却価額
@395円

B/S商品
@395円×844個
＝333,380円

＊2　棚卸減耗損
@400円×
（850個－844個）
＝2,400円

実地	帳簿
844個	850個

POINT

●商品評価損と棚卸減耗損を売上原価に算入するために、仕入勘定に振り替えます。

(3) 減価償却費の計上

固定資産の減価償却を行います。なお、建物については期中に取得しているため、月割計算を行います。

① **建物減価償却費（定額法）**

（減 価 償 却 費）	50,000 *	（建物減価償却累計額）	50,000

＊　$3,000,000円 \div 40年 \times \dfrac{8か月}{12か月} = 50,000円$

② **備品減価償却費（200％定率法）**

（減 価 償 却 費）	115,200 *	（備品減価償却累計額）	115,200

＊　200％定率法（耐用年数10年）の償却率：$1 \div 10年 \times 200\% = 0.2$

ⅰ：$(900,000円 - 324,000円) \times 20\% = 115,200円$（通常の減価償却費）

ⅱ：$900,000円 \times \underset{保証率}{\underline{0.06552}} = 58,968円$（償却保証額）

ⅲ：115,200円＞58,968円　→　115,200円

減価償却費：$\underset{前T/B}{\underline{25,000円}} + 50,000円 + 115,200円 = \boxed{190,200円}$

POINT

● 資料に保証率や改定償却率が与えられている場合、通常の償却率で計算した金額が償却保証額（取得原価×保証率）を超えるときは、通常の償却率で計算した金額を減価償却費とします。なお、償却保証額を下回るときは、改定取得原価（最初に通常の償却率で計算した金額＜償却保証額となった会計期間の期首帳簿価額）に改定償却率を掛けた金額を減価償却費とします。

⑷　**のれんの償却**

（の れ ん 償 却）	80,000 *	（の　　れ　　ん）	80,000

＊　経過期間（2016年4月1日〜2018年3月31日）：2年
　　$240,000円 \div (5年 - 2年) = \boxed{80,000円}$

⑸　**満期保有目的債券（償却原価法（定額法））**

　決算整理前残高試算表の帳簿価額694,400円と額面金額700,000円との差額5,600円を残りの期間4年（48か月）で償却します。

（満期保有目的債券）	1,400	（有 価 証 券 利 息）	1,400 *

＊　$(\underset{額面金額}{\underline{700,000円}} - \underset{前T/B}{\underline{694,400円}}) \times \dfrac{12か月}{48か月} = 1,400円$

有価証券利息：$\underset{前T/B}{\underline{10,500円}} + 1,400円 = \boxed{11,900円}$

⑹ 退職給付引当金の計上

（退職給付費用）	81,000	（退職給付引当金）	81,000

⑺ 貯蔵品への振り替え

収入印紙の期末未使用高を、**租税公課**から**貯蔵品**へ振り替えます。

（貯　蔵　品）	25,000	（租　税　公　課）	25,000

租税公課：$\underset{前T/B}{\underline{180,000円}}-25,000円=$ 155,000円

⑻ 支払利息の未払い

（支　払　利　息）	7,200 *	（未　払　利　息）	7,200

＊　$900,000円×1.2\%×\dfrac{8か月}{12か月}=7,200円$

⑼ 法人税、住民税及び事業税

法人税、住民税及び事業税の金額は、税引前当期純利益に損金不算入額を加算して計算した課税所得に、法定実効税率を掛けて計算します。

（法人税,住民税及び事業税）	44,124 *¹	（仮　払　法　人　税　等）	18,000
		（未　払　法　人　税　等）	26,124 *²

＊1　税引前当期純利益：139,080円

課税所得：$139,080円+\underset{損金不算入額}{\underline{8,000円}}=147,080円$

法人税、住民税及び事業税：$147,080円×\underset{法定実効税率}{\underline{30\%}}=$ 44,124円

＊2　貸借差額

⑽ 税効果会計

損金算入が認められない費用計上額8,000円（将来減算一時差異）に、法定実効税率を掛けた金額だけ**繰延税金資産を追加計上**します。なお、相手勘定は**法人税等調整額**とします。

（繰　延　税　金　資　産）	2,400 *	（法　人　税　等　調　整　額）	2,400

＊　$\underset{将来減算一時差異}{\underline{8,000円}}×30\%=2,400円$

147

第4問のポイント 難易度 A 配点 20点 目標点 16点

実際個別原価計算の問題です。材料に予定価格、製造間接費に予定配賦を用いており、差異の計上や分析が問われています。問題は単純ですが、資料の与え方が変則的なため、解答に必要な金額を正確に読み取って解きましょう。

解答

●数字につき配点

問1

	仕 訳			
	借方科目	金額	貸方科目	金額
(1)	材　　　料	1,612,000	買　掛　金	1,612,000 ❹
(2)	仕　掛　品	1,620,000	材　　　料	1,620,000 ❹
(3)	消費価格差異	75,000	材　　　料	75,000 ❹

問2

完 成 品 原 価 ＝ ❹ 1,872,000 円

問3

製造間接費

実際発生額	1,382,200	予定配賦額	(❷ 1,312,000)
		予算差異	(❷ 22,200)
		操業度差異	(48,000)
	1,382,200		1,382,200

解説

1．直接材料に関する処理

(1) 材料の購入

材料を購入した場合、材料勘定の借方で処理します。

（材　　　料）　1,612,000 *　（買　掛　金）　1,612,000

＊　1,300kg×@1,240円＝1,612,000円（実際購入高）

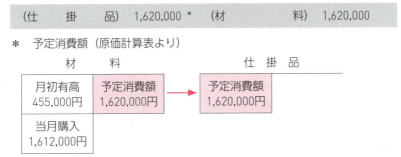

* 350kg×@1,300円＝455,000円

(2) **材料の消費**

問題文の指示により、予定消費額で当月分の直接材料費を計上し、仕掛品勘定へ振り替えます。

| （仕 掛 品） | 1,620,000 * | （材 料） | 1,620,000 |

* 予定消費額（原価計算表より）

```
        材　料              仕 掛 品
月初有高   予定消費額    →   予定消費額
455,000円  1,620,000円       1,620,000円
当月購入
1,612,000円
```

(3) **材料消費価格差異の計上**

材料を予定消費額で仕掛品勘定へ振り替えたため、材料勘定で、予定消費額と実際消費額との差異が生じます。これを消費価格差異勘定へ振り替えます。

①月末材料
　300kg×@1,240円＝372,000円
②当月実際消費額
　455,000円＋1,612,000円－372,000円＝1,695,000円
　　月初有高　　当月購入高　　月末有高

〈材料の実際消費額〉
　ボックス図を作成すると以下のようになります。

```
                    材料　（先入先出法）
350kg×@1,300円  │月初          │当月消費      │実際消費額
　＝455,000円   │        350kg │（差引）1,350kg│ 1,695,000円
                │              │              │
  1,612,000円   │当月購入      │              │
                │        1,300kg│月末          │300kg×@1,240円
                │              │        300kg │＝372,000円
```

149

③消費価格差異

$$\underset{\text{予定消費額}}{\underline{1,620,000円}} - \underset{\text{実際消費額}}{\underline{1,695,000円}} = \triangle 75,000円 \text{（借方差異）}$$

（消費価格差異）	75,000	（材　　　料）	75,000

材　　料

月初有高 455,000円	予定消費額 1,620,000円
当月購入 1,612,000円	消費価格差異 75,000円
	月末有高 372,000円

消費価格差異

消費価格差異
75,000円

2．当月の生産状況の把握

問題文から、製造指図書ごとの生産状況を整理します。なお、#0201-1については、#0201の補修指図書であるため、#0201の製造原価に含めます。

	#0201	#0201-1	#0202
月末の状況	当月完成	補修完了 （#0201の正常仕損費）	未完成
原価の集計先	完成品原価	完成品原価 （#0201へ賦課）	月末仕掛品

以上より、完成品原価として集計すべきものは#0201、#0201-1の原価です。

完成品原価：$\underset{\text{\#0201}}{\underline{660,000円 + 340,000円 + 544,000円}} + \underset{\text{\#0201-1}}{\underline{120,000円 + 80,000円 + 128,000円}}$

　　　　　＝1,872,000円

POINT

●個別原価計算において、仕損品が生じ、補修をするときは、補修指図書を発行し、その仕損品の補修にかかった費用を補修指図書に集計します。そして、補修指図書に集計された仕損費は、仕損が生じた製造指図書に賦課します。

3．製造間接費の差異分析（固定予算）

製造間接費は固定予算にもとづいて予定配賦を行っているため、実際発生額（答案用紙に記入済み）との間に差異が発生します。本問では、製造間接費の差異を予算差異と操業度差異に分析します。

(1) 差異の分析

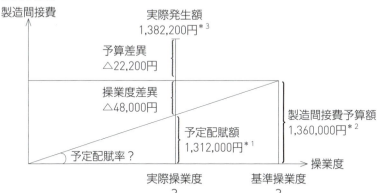

* 1　資料2製造間接費合計より
* 2　資料3より
* 3　答案用紙より
　　予算差異：1,360,000円－1,382,200円＝△22,200円（借方差異）
　　操業度差異：1,312,000円－1,360,000円＝△48,000円（借方差異）

POINT
● 本問では操業度や予定配賦率が与えられていないため、予定配賦額、製造間接費予算額、実際発生額を資料から探し出して分析します。

(2) 勘定記入

第5問のポイント　難易度 A　配点 20点　目標点 16点

実際総合原価計算の問題です。A原料は始点投入、B原料は工程の60％での投入となっており、原料によって投入点が異なります。また、仕損も生じています。原料の投入点、仕損の負担関係、月末仕掛品原価への配分方法などの指示を最初に確認しましょう。

解答

●数字につき配点

問1

総　合　原　価　計　算　表　　　　　（単位：円）

	A 原 料 費	B 原 料 費	加　工　費	合　　計
月初仕掛品原価	480,000	0	220,000	700,000
当月製造費用	7,080,000	660,000	9,600,000	17,340,000
合　　計	7,560,000	660,000	9,820,000	18,040,000
差引：月末仕掛品原価	(❹ 240,000)	(0)	(160,000)	(❹ 400,000)
完成品総合原価	(❹ 7,320,000)	(❷ 660,000)	(❹ 9,660,000)	(17,640,000)

問2

完成品総合原価 ＝ ❷ 17,520,000 円

解説

　問1では、仕損品に処分価額がない場合の処理が、問2では、仕損品に処分価額がある場合の処理が問われています。

問1．仕損品に処分価額がない場合（完成品のみ負担・先入先出法）

　A原料費と加工費について、月初仕掛品原価と当月製造費用を完成品原価と月末仕掛品原価に先入先出法により配分します。なお、正常仕損が工程の終点で発生した場合は、正常仕損費を完成品のみに負担させます。

　B原料費は、問題文の指示に従い、すべて完成品に負担させます。

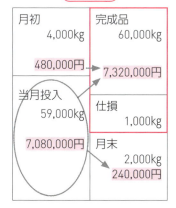
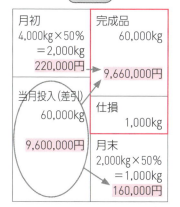

月末仕掛品原価：
$$\frac{7,080,000円}{60,000kg+1,000kg+2,000kg-4,000kg} \times 2,000kg$$
＝240,000円

月末仕掛品原価：
$$\frac{9,600,000円}{60,000kg+1,000kg+1,000kg-2,000kg} \times 1,000kg$$
＝160,000円

完成品原価：
480,000円＋7,080,000円－240,000円
＝7,320,000円

完成品原価：
220,000円＋9,600,000円－160,000円
＝9,660,000円

月末仕掛品原価：240,000円＋160,000円＝400,000円
完成品総合原価：7,320,000円＋9,660,000円＋660,000円＝17,640,000円
　　　　　　　　　　　　　　　　　　　　　　B原料費

POINT
● B原料費は全額完成品に負担させるため、月末仕掛品への配分計算は必要ありません。

問2．仕損品に処分価額がある場合

正常仕損品の売却による処分価額は、正常仕損費を完成品のみに負担させる場合、完成品総合原価から控除します。

正常仕損品の処分価額：@120円/kg×1,000kg＝120,000円
完成品総合原価：7,320,000円＋9,660,000円＋660,000円－120,000円＝17,520,000円
　　　　　　　　　　　　　　　　　　　　　　　　　　　　正常仕損品の処分価額

LECTURE　仕損・減損の発生点と処理

仕損・減損はその発生点によって負担先が次のように異なります。

発生点	負担
仕損・減損の発生点＞月末仕掛品の加工進捗度	完成品のみ負担
仕損・減損の発生点≦月末仕掛品の加工進捗度	完成品と月末仕掛品の両者負担

解答解説

●予想問題

この解答例は、著者が作成したものです。

難易度
目標点 合格するために必要な得点を示しています。

第1回 予想問題 解答・解説

解き方

第2問の商品売買取引は、資料の読み取りが難しい問題です。限られた試験時間を有効に活用するためには、第2問を最後に解くのがよいでしょう。したがって、第1問→第3問→第4問→第5問→第2問の順番に解きましょう。

第1問のポイント 難易度 A 配点 20点 目標点 16点

基本的な仕訳問題ばかりです。特に4問目は勘定科目にさえ注意すれば簡単に正解できる問題なので、すばやく解いて次の問題にとりかかりましょう。

解答

仕訳一組につき4点

	仕訳			
	借方科目	金額	貸方科目	金額
1	普通預金 債権売却損	628,000 22,000	売掛金	650,000
2	売掛金	20,000	売上	20,000
3	リース債務 支払利息	6,050 450	当座預金	6,500
	減価償却費	6,050	減価償却累計額	6,050
4	社会保険料預り金 法定福利費	441,000 441,000	普通預金	882,000
5	その他資本剰余金 繰越利益剰余金	264,000 132,000	未払配当金 資本準備金 利益準備金	360,000 24,000 12,000

解説

1．債権の譲渡

売掛金を譲渡したときは、売掛金を減らします。また、債権金額と売却価額との差額は**債権売却損（費用）**で処理します。なお、売却代金は普通預金口座へ入金されたため、普通預金の増加として処理します。

債権売却損：650,000円 － 628,000円 ＝ 22,000円
　　　　　　債権金額　　売却価額

2．売上の計上基準（検収基準）

検収基準とは、納品した商品の品質や数量などを**相手方が検収し、確認の通知を受けた日**に売上の計上を行うという基準をいいます。本問では、東京商事から予定通りのものが届いた旨の連絡を受けた商品Aについてのみ売上を計上します。

| (売　掛　金) | 20,000 | (売　　　上) | 20,000 |

POINT
●売上の計上基準には他に引渡基準や出荷基準などがあります。それぞれの違いをおさえておきましょう。

3．リース取引

① リース料の支払い

リース料を支払ったときは、**リース債務**の減少で処理します。
また、利子抜き法の場合には、リース料総額に含まれる利息相当額を**支払利息**として計上します。

| (リース債務) | 6,050 *2 | (当 座 預 金) | 6,500 *1 |
| (支 払 利 息) | 450 *3 | | |

＊1　リース料年額
＊2　48,400円 ÷ 8年 ＝ 6,050円
＊3　(52,000円 － 48,400円) ÷ 8年 ＝ 450円

② 減価償却

| (減 価 償 却 費) | 6,050 * | (減価償却累計額) | 6,050 |

＊　48,400円 ÷ 8年 ＝ 6,050円

POINT
● 資産計上額は、利子抜き法の場合には見積現金購入価額で、利子込み法の場合には利息相当額を含んだリース料総額で計上します。

4．法定福利費

従業員負担分の社会保険料と会社負担分の社会保険料を合わせて納付したときは、従業員負担分については、**社会保険料預り金（負債）の減少**として処理するとともに、会社負担分については、**法定福利費（費用）**で処理します。

（社会保険料預り金)	441,000	（普 通 預 金）	882,000
（法 定 福 利 費）	441,000		

5．その他資本剰余金・繰越利益剰余金からの配当

配当財源として、その他資本剰余金と繰越利益剰余金の両方を用いた場合、配当財源となった剰余金の割合によって**資本準備金積立額**と**利益準備金積立額**を計算します。

① 積立可能額

$$10,000,000円 \times \frac{1}{4} - (1,000,000円 + 500,000円) = 1,000,000円$$

② 要積立額

$$360,000円 \times \frac{1}{10} = 36,000円$$

③ 準備金の積立額
①と②のいずれか小さい方　　∴　36,000円

④ 資本準備金と利益準備金の積立額

資本準備金の積立額：$36,000円 \times \dfrac{240,000円}{360,000円} = 24,000円$

利益準備金の積立額：$36,000円 \times \dfrac{120,000円}{360,000円} = 12,000円$

⑤ 剰余金の減少額
その他資本剰余金：240,000円 + 24,000円 = 264,000円
繰越利益剰余金：120,000円 + 12,000円 = 132,000円

第2問のポイント　難易度 B　配点 20点　目標点 16点

商品売買の問題です。資料の読み取りが非常に難しい問題です。収益の計上基準や売上原価対立法などの論点が出題されています。資料を冷静に読み、簡単に解答できる箇所から解いていきましょう。

解答

●数字につき配点

問1

売　掛　金　　7

x7年		摘　　要	借　方	x7年		摘　　要	貸　方
4	1	前 期 繰 越	3,400,000	4	20	諸　　　口	4,320,000
	15	売　　　上	4,320,000		29	電子記録債権	960,000 ❷
❷	24	売　　　上	8,400,000		30	次 月 繰 越	10,840,000 ❷
			16,120,000				16,120,000

商　　品　　9

x7年		摘　　要	借　方	x7年		摘　　要	貸　方
4	1	前 期 繰 越	3,300,000	4	11	買　掛　金	486,000 ❷
❷	10	諸　　　口	2,124,000		15	売 上 原 価	2,184,000
❷	18	受 取 手 形	768,000		24	売 上 原 価	4,194,000 ❷
	22	諸　　　口	2,808,000		30	棚 卸 減 耗 損	138,000
					〃	商 品 評 価 損	114,000
					〃	次 月 繰 越	1,884,000 ❷
			9,000,000				9,000,000

問2

①	当月の売上高	❷	12,696,000	円
②	当月の売上原価	❷	6,630,000	円

1. 商品売買の原価の整理

X商品とY商品の原価ボックスを作成し、原価を把握します。

X 商 品

前期繰越			売上原価		
1日	200個	@9,000円	15日	200個	@9,000円
				40個	@9,600円
当月仕入			24日	80個	@9,600円
10日	120個	@9,600円		80個	@9,600円
18日	80個	@9,600円		40個	@9,600円
22日	200個	@9,900円			
			次月繰越		
			30日	160個	@9,900円

Y 商 品

前期繰越			売上原価		
1日	200個	@7,500円	24日	200個	@7,500円
				60個	@8,100円
当月仕入				40個	@6,900円
10日	120個	@8,100円			
11日	△60個	@8,100円			
22日	120個	@6,900円			
			次月繰越		
			30日	80個	@6,900円

POINT
● 資料を整理する際に、波線などを引いておくと、ケアレスミスの防止につながります。

2. 取引の仕訳

(1) 4月1日：前期繰越

商品勘定（前期繰越）：@9,000円×200個＋@7,500円×200個＝3,300,000円
　　　　　　　　　　　　　　X商品　　　　　　　　Y商品

6

⑵ **4月10日：仕入①**

　販売のつど売上原価勘定に振り替える方法を採用している場合、商品を仕入れたときは原価で商品の増加として処理します。

（商　　　　品）	2,124,000 *1	（現　　　　金）	720,000
		（買　掛　金）	1,404,000 *2

＊1　@9,600円×120個＋@8,100円×120個＝2,124,000円
　　　　　X商品　　　　　　　　Y商品

＊2　貸借差額

⑶ **4月11日：仕入返品**

　仕入れた商品を返品したときは、仕入を取り消すために商品の減少として処理します。

（買　掛　金）	486,000 *	（商　　　　品）	486,000

＊　@8,100円×60個＝486,000円

⑷ **4月15日：売上①（出荷日）**

　出荷基準を採用しているため、出荷日（発送日）に売上を計上します。なお、販売のつど売上原価勘定に振り替える方法を採用している場合、売上時に原価を商品から売上原価へ振り替えます。

（売　掛　金）	4,320,000 *1	（売　　　　上）	4,320,000
（売　上　原　価）	2,184,000	（商　　　　品）	2,184,000 *2

＊1　@18,000円×240個＝4,320,000円

＊2　@9,000円×200個＋@9,600円×40個＝2,184,000円
　　　　X商品・前期繰越分　　　X商品・4月10日仕入分

⑸ **4月16日：売上①の検収**

　売上収益を認識する基準として出荷基準を採用しているため、検収完了の報告を受けた日にはなんの処理もしません。

⑹ **4月18日：仕入②**

　商品を仕入れ、代金として所持していた他社振出しの約束手形を裏書譲渡しているため、受取手形の減少として処理します。

（商　　　　品）	768,000 *	（受　取　手　形）	768,000

＊　@9,600円×80個＝768,000円

(7) **4月20日:売掛金の回収(売上割引)**

売掛金を回収するさいに割引を行ったときは、売上割引で処理します。

| (売 上 割 引) | 8,640 *1 | (売 掛 金) | 4,320,000 |
| (現 金) | 4,311,360 *2 | | |

* 1　4,320,000円×0.2%=8,640円
* 2　貸借差額

POINT

● 売上割引は、掛け代金の早期決済による営業外費用なので、売上高や売上原価には影響のない費用である点に注意しましょう。

(8) **4月22日:仕入③**

| (商 品) | 2,808,000 *1 | (普 通 預 金) | 1,080,000 |
| | | (買 掛 金) | 1,728,000 *2 |

* 1　@9,900円×200個+@6,900円×120個=2,808,000円
　　　　X商品　　　　　　　Y商品
* 2　貸借差額

(9) **4月24日:売上②(出荷日)**

| (売 掛 金) | 8,400,000 *1 | (売 上) | 8,400,000 |
| (売 上 原 価) | 4,194,000 | (商 品) | 4,194,000 *2 |

* 1　@19,500円×200個+@15,000円×300個=8,400,000円
　　　　X商品　　　　　　　　Y商品
* 2　X商品:@9,600円×80個+@9,600円×80個+@9,900円×40個
　　　　　　　4月10日仕入分　　4月18日仕入分　　4月22日仕入分

　　　　　=1,932,000円

　　Y商品:@7,500円×200個+@8,100円×60個+@6,900円×40個
　　　　　　　前期繰越分　　　4月10日仕入分　　4月22日仕入分

　　　　　=2,262,000円

　　合　計:1,932,000円+2,262,000円=4,194,000円

(10) **4月25日:売上②の検収**

売上収益を認識する基準として出荷基準を採用しているため、検収完了の報告を受けた日にはなんの処理もしません。

⑾ 4月28日：売上割戻

売上割戻を行った際には、売上を取り消します。なお、販売のつど売上原価勘定に振り替える方法では、商品を販売した際に売上原価を計上していますが、売上割戻は売価部分の修正で原価部分には影響しないため売上原価の取り消しはしません。

（売	上）	24,000	（現	金）	24,000

⑿ 4月29日：売掛金の回収（電子記録債権の発生）

売掛金を回収した場合、売掛金を減らします。また、電子記録債権の発生記録を行った場合、電子記録債権の増加として処理します。

（電子記録債権）	960,000	（売 掛 金）	960,000

⒀ 4月30日：月次決算（商品の評価）

販売のつど売上原価勘定に振り替える方法では、決算において売上原価を算定する決算整理仕訳は不要となります。そのため、期末商品の評価のみ行います。

① X商品

商品評価損を算定します。なお、帳簿棚卸数量と実地棚卸数量が一致しているため、棚卸減耗は生じていません。

（商 品 評 価 損）	96,000 *	（商 品）	96,000
（売 上 原 価）	96,000	（商 品 評 価 損）	96,000

期末商品帳簿棚卸高
@9,900円×160個＝1,584,000円

原価 @9,900円

* 商品評価損
(@9,900円－@9,300円)×160個
＝96,000円

正味売却価額
@9,300円

B/S商品
@9,300円×160個
＝1,488,000円

帳簿＝実地
160個

9

② Y商品

棚卸減耗損と商品評価損を算定します。

(棚 卸 減 耗 損)	138,000 *1	(商　　　　品)	138,000
(商 品 評 価 損)	18,000 *2	(商　　　　品)	18,000
(売 　上　 原　 価)	138,000	(棚 卸 減 耗 損)	138,000
(売 　上　 原　 価)	18,000	(商 品 評 価 損)	18,000

```
                                    期末商品帳簿棚卸高
                                    @6,900円×80個=552,000円
原価 @6,900円  ┌─────────────┬─────────────┐
              │  *2  商品評価損    │             │
              │ (@6,900円−@6,600円)×60個│ *1  棚卸減耗損  │
              │  =18,000円        │ @6,900円×    │
正味売却価額   ├─────────────┤ (80個−60個)   │
@6,600円      │                   │ =138,000円   │
              │   B/S商品          │             │
              │  @6,600円×60個    │             │
              │   =396,000円      │             │
              └─────────────┴─────────────┘
                                実地              帳簿
                                60個              80個
```

3．売上高と売上原価

(1) 売上高

$\underset{4月15日}{4,320,000円} + \underset{4月24日}{8,400,000円} - \underset{4月28日}{24,000円} = 12,696,000円$

(2) 売上原価

$\underset{4月15日}{2,184,000円} + \underset{4月24日}{4,194,000円} + \underset{\substack{4月30日\\棚卸減耗損}}{138,000円} + \underset{\substack{4月30日\\商品評価損}}{114,000円} = 6,630,000円$

売上原価対立法

● 売上原価対立法とは、商品を仕入れたときに商品の増加で処理（原価で記入）し、商品を売上げたときに、売価で売上を計上するとともに、その商品の原価を商品から売上原価に振り替えます。

第3問のポイント　難易度 A　配点 20点　目標点 16点

精算表の作成に関する問題です。
総復習的な問題なので解けなかった箇所は重点的に見なおしておきましょう。

解答

●数字につき配点

精算表

勘定科目	残高試算表 借方	残高試算表 貸方	修正記入 借方	修正記入 貸方	損益計算書 借方	損益計算書 貸方	貸借対照表 借方	貸借対照表 貸方
現　金　預　金	1,393,000		250,000	1,000,000			643,000	
現　金　過　不　足		18,000	18,000					
受　取　手　形	360,000						360,000	
売　　掛　　金	330,000			18,000			312,000 ❷	
繰　越　商　品	184,000		194,160	184,000			186,000 ❷	
				6,120				
				2,040				
建　　　　　物	1,200,000						1,200,000	
備　　　　　品	360,000						360,000	
満期保有目的債券	460,000		10,000				470,000	
ソフトウェア	40,000			10,000			30,000	
貸　倒　引　当　金		20,000		160				20,160
退職給付引当金		162,000		2,000			❷	164,000
建物減価償却累計額		270,000		27,000				297,000
備品減価償却累計額		90,000		67,500				157,500
資　　本　　金		3,026,000						3,026,000
利　益　準　備　金		60,000						60,000
繰越利益剰余金		10,000						10,000
売　　　　　上		1,610,000				1,610,000		
有価証券利息		5,000		10,000		15,000 ❷		
仕　　　　　入	786,000		184,000	194,160	775,840 ❷			
給　　　　　料	100,000				100,000			
退職給付費用	22,000		2,000		24,000			
保　　険　　料	36,000			14,400	21,600 ❷			
	5,271,000	5,271,000						
機　械　装　置			1,000,000	250,000			750,000	
国庫補助金受贈益				250,000		250,000		
機械装置圧縮損			250,000		250,000			
貸倒引当金（繰　入）			160		160 ❷			
棚　卸　減　耗　損			6,120		6,120			
商　品　評　価　損			2,040		2,040			
減　価　償　却　費			119,500		119,500 ❷			
ソフトウェア償却			10,000		10,000 ❷			
機械減価償却累計額				25,000				25,000
前　払　保　険　料			14,400				14,400	
当　期　純（利　益）					565,740			565,740 ❷
			2,060,380	2,060,380	1,875,000	1,875,000	4,325,400	4,325,400

解　説

決算整理事項およびその他の修正事項を仕訳すると、次のようになります。

1．現金過不足の整理

期中、売掛金の回収額42,000円を24,000円と誤記していた後、その差額18,000円を現金過不足で処理しています。決算にあたって、原因が判明した場合には、この修正を行うことになります。

（現 金 過 不 足）	18,000	（売 掛 金）	18,000 *

＊　42,000円－24,000円＝18,000円

2．機械の購入（圧縮記帳、未処理事項）

① 国庫補助金の受け入れ

国庫補助金を受け取ったときは、**国庫補助金受贈益（収益）の増加**として処理します。

（現 金 預 金）	250,000	（国庫補助金受贈益）	250,000

② 機械装置の購入と圧縮記帳

圧縮記帳（直接減額方式）をしたときは、対象の固定資産（本問では機械装置）の帳簿価額を直接減額するため、圧縮額分だけ**機械装置（資産）の減少**として処理します。また、借方は**機械装置圧縮損（費用）**として処理します。

（機 械 装 置）	1,000,000	（現 金 預 金）	1,000,000
（機械装置圧縮損）	250,000 *	（機 械 装 置）	250,000

＊　国庫補助金相当額

POINT

●補助金などにより取得した有形固定資産について、その購入価額を一定額だけ減額（圧縮）し、減額（圧縮）後の帳簿価額を取得原価とします。
上記①、②の仕訳で、受贈益と圧縮損が同額計上され、利益に影響を与えることなく、機械装置の計上額が減額されています。

3．貸倒引当金の設定（差額補充法）

差額補充法により貸倒引当金を設定します。なお、貸倒引当金の設定にあたり現金過不足の整理で減額した売掛金を反映させます。

| （貸倒引当金繰入） | 160 * | （貸倒引当金） | 160 |

* 見積額：(360,000円 + 330,000円 − 18,000円) × 3% = 20,160円
　　　　　　受取手形　　　売掛金

残高試算表欄：　　　　　　　　　　　　　　20,000円
　　　　　　　　　　　　　　　　　　　　　　160円

4．売上原価の計算および商品の期末評価

（仕　　　　入）	184,000	（繰　越　商　品）	184,000
（繰　越　商　品）	194,160	（仕　　　　入）	194,160
（棚　卸　減　耗　損）	6,120 *1	（繰　越　商　品）	6,120
（商　品　評　価　損）	2,040 *2	（繰　越　商　品）	2,040

*1　194,160円 − 188,040円 = 6,120円
　　　帳簿棚卸高　　実地棚卸高

*2　188,040円 − 186,000円 = 2,040円
　　　実地棚卸高　　正味売却価額

POINT ●棚卸減耗損と商品評価損は、精算表上は独立の科目として表示するとあるので、仕入勘定へ振り替える仕訳は行う必要はありません。

5．退職給付費用の計上

毎月、年度見積額24,000円の12分の1を計上しているので、決算日においても1か月分の退職給付費用と、退職給付引当金を計上します。

| （退　職　給　付　費　用） | 2,000 * | （退職給付引当金） | 2,000 |

* $24,000円 \times \dfrac{1か月}{12か月} = 2,000円$

6．満期保有目的債券の評価：償却原価法（定額法）

残高試算表欄の帳簿価額460,000円と額面総額500,000円との差額40,000円を残りの期間4年で償却します。

（満期保有目的債券）　10,000　　（有価証券利息）　10,000 *

$$* \quad \underbrace{(500{,}000円}_{額面総額} - \underbrace{460{,}000円)}_{前T/B} \times \frac{12か月}{48か月} = 10{,}000円$$

7．固定資産の減価償却

各固定資産の減価償却費を計算します。なお、機械装置の減価償却費は、**圧縮記帳後の帳簿価額**をもとに計算します。

（減 価 償 却 費）　119,500　　（建物減価償却累計額）　27,000 *1
　　　　　　　　　　　　　　　　（備品減価償却累計額）　67,500 *2
　　　　　　　　　　　　　　　　（機械装置減価償却累計額）25,000 *3

*1　1,200,000円×0.9÷40年＝27,000円
*2　(360,000円－90,000円)×25％＝67,500円
*3　200％定率法の償却率（耐用年数5年）：1÷5年×200％＝0.4

$$\underbrace{(1{,}000{,}000円 - 250{,}000円)}_{圧縮後の帳簿価額} \times 0.4 \times \frac{1か月}{12か月} = 25{,}000円$$

LECTURE　200％定率法の償却率の算定方法

200％定率法	計算式
	定額法の償却率の200％（2倍）を定率法の償却率とする方法
	定額法償却率：1÷耐用年数 200％定率法の償却率：定額法償却率×2.0

8．ソフトウェアの償却

期首残高40,000円を残存年数4年で償却して、当期の償却額を算定します。

（ソフトウェア償却）　10,000 *　（ソフトウェア）　10,000

*　40,000円÷4年＝10,000円

9．費用の前払い

前期以前から継続して保険料を支払っているため、残高試算表欄の保険料36,000円は期首の再振替仕訳（8か月分）と当期支払分（12か月分）の合計20か月分を表します。このうち、次期の費用とすべき8か月分を前払保険料として処理します。

（前 払 保 険 料）	14,400 *	（保　　険　　料）	14,400

$$* \quad 前払保険料：36,000円 \times \frac{8か月}{20か月} = 14,400円$$

第4問のポイント

難易度 A　配点 20点　目標点 16点

個別原価計算における仕掛品勘定、製品勘定、売上原価勘定記入の問題です。2月に消費した原価要素を製造指図書別に集計して、勘定へ記入します。各製品が月初、月末において、製作中（仕掛品）、完成後引渡前（製品）、引渡（売却）済（売上原価）のどの状態にあるかの判断がポイントです。

解　答

●数字につき配点

仕　掛　品　　　　　　　（単位：円）

前　月　繰　越　（❷　178,000　）	当月完成高　（　2,928,800　）
直　接　材　料　費　（❷　1,843,200　）	次　月　繰　越　（　1,316,400　）
✓直　接　労　務　費　（❷　840,000　）	
直　接　経　費　（❷　40,000　）	
製　造　間　接　費　（❷　1,344,000　）	
（　　4,245,200　）	（　　4,245,200　）

製　　品　　　　　　　（単位：円）

前　月　繰　越　（❷　1,580,000　）	当月売上原価　（　3,441,000　）
✓当月完成高　（❷　2,928,800　）	次　月　繰　越　（　1,067,800　）
（　　4,508,800　）	（　　4,508,800　）

売　上　原　価　　　　　　　（単位：円）

✓当月売上原価　（❷　3,441,000　）	月　次　損　益　（　3,467,000　）
賃　率　差　異　（❷　20,000　）	
製造間接費配賦差異　（❷　6,000　）	
（　　3,467,000　）	（　　3,467,000　）

解 説

1. 仕掛品勘定

(1) 前月繰越

　問題資料より、製造指図書No.105について前月消費した原価178,000円です。

POINT

●No.104の原価は、前月中に完成して製品勘定へ振り替えられているため、仕掛品勘定には残っていません。各製品の状況をしっかり把握しましょう。

(2) 直接材料費

　直接材料消費額は、問題文の指示により実際払出価格（平均法）を用いて計算します。

$$\frac{@610円 \times 200kg + @642円 \times 3,000kg}{200kg + 3,000kg} = @640円$$

No.105：@640円× 　720kg＝460,800円 ⎫
No.201：@640円×1,200kg＝768,000円 ⎬ 計：直接材料費**1,843,200円**
No.202：@640円× 　960kg＝614,400円 ⎭

(3) 直接労務費（直接工賃金）

① 直接工賃金消費額は、問題文の指示により、予定消費賃率を用いて計算します。

$$\frac{10,800,000円（年間直接工賃金消費額予算）}{36,000時間（年間予定直接作業時間）} = @300円$$

No.105：@300円× 　550時間＝165,000円 ⎫
No.201：@300円×1,350時間＝405,000円 ⎬ 計：直接労務費**840,000円**
No.202：@300円× 　900時間＝270,000円 ⎭ （予定消費額）

② 原価差異

実際消費額：900,000円－105,000円＋65,000円＝860,000円
賃率差異：840,000円－860,000円＝△20,000円（不利差異）

(4) 直接経費（外注加工賃）

　外注加工賃40,000円（No.201に賦課）

(5) 製造間接費の配賦額

① 製造間接費配賦額は、問題文の指示により、予定配賦率を用いて計算します。

17

$$\frac{17,280,000円（年間製造間接費予算）}{36,000時間（年間予定直接作業時間）}=@480円$$

No.105：@480円× 550時間＝264,000円
No.201：@480円×1,350時間＝648,000円 } 計：製造間接費 1,344,000円
No.202：@480円× 900時間＝432,000円 （予定配賦額）

② 原価差異

実際発生額：1,350,000円

製造間接費配賦差異：1,344,000円－1,350,000円＝△6,000円（不利差異）

(6) 原価の集計

原 価 集 計 表

	No.105	No.201	No.202	合 計
月 初 仕 掛 品	178,000	—	—	178,000
直 接 材 料 費	460,800	768,000	614,400	1,843,200
直 接 労 務 費	165,000	405,000	270,000	840,000
直 接 経 費	—	40,000	—	40,000
製 造 間 接 費	264,000	648,000	432,000	1,344,000
合 計	1,067,800	1,861,000	1,316,400	4,245,200
当月末の状況	完成・未引渡	完成・引渡	未完成	

仕掛品勘定の「当月完成高」：

1,067,800円＋1,861,000円＝2,928,800円
（No.105）（No.201）

仕掛品勘定の「次月繰越」：

2月末に仕掛品であるNo.202の原価：1,316,400円

2．製品勘定

(1) 前月繰越

問題資料より、No.104の前月消費原価：1,580,000円

(2) 当月完成高（完成品原価）

仕掛品勘定から振り替えられたNo.105、No.201の原価

1,067,800円＋1,861,000円＝2,928,800円
（No.105）（No.201）

(3) 当月売上原価

当月中に引き渡したNo.104、No.201の原価

1,580,000円＋1,861,000円＝3,441,000円
（No.104）（No.201）

(4) 次月繰越（月末製品原価）
2月末に未引渡の製品No.105の原価：1,067,800円

3．売上原価勘定
借方の「当月売上原価」「賃率差異」「製造間接費配賦差異」は算出済みです。この合計額3,467,000円を貸方にも記入して「月次損益」へ振り替えます。

4．勘定連絡図（単位：円）

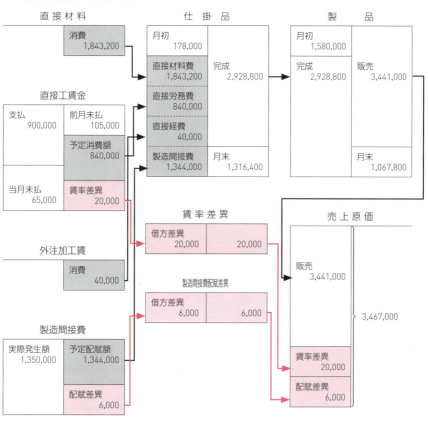

第5問のポイント

難易度 **A**　配点 **20点**　目標点 **16点**

CVP分析の応用問題です。
問題文の分量は少なく、簡単そうに見えますが、解きづらい問題も含まれています。分からない問題がある時は時間を使いすぎず、他の問題を解きましょう。

解答

●数字につき配点

問1	❹ 3,600,000	円
問2	❹ 4,400,000	円
問3	❹ 10	%
問4	❹ 32,000	円
問5	❹ 160,000	円

解説

問1　損益分岐点売上高

　損益分岐点売上高とは、営業利益が0円となる売上高のことです。固定費の合計額を貢献利益率で割って求めることができます。

　そこで、損益分岐点における売上高をS円として、直接原価計算による損益計算書を作成します。

損益計算書の営業利益を0とおいて、損益分岐点売上高を求めます。
0.4S－1,440,000円＝0
0.4S＝1,440,000円
　　S＝3,600,000円

POINT
●答えが出たら方程式に数値を入れて検算してみましょう。

問2　目標営業利益を達成する売上高

問1の式の営業利益0を、営業利益320,000円に置き換えて売上高を算定します。
0.4S－1,440,000円＝320,000円
0.4S＝1,440,000円＋320,000円
　　S＝4,400,000円

問3　安全余裕率

安全余裕率は売上高が損益分岐点売上高からどのくらい離れているかを示す比率のことです。売上高と損益分岐点売上高の差額を損益分岐点売上高で割って求めることができます。

$$安全余裕率(\%)：\frac{売上高－損益分岐点売上高}{売上高} \times 100$$

$$= \frac{4,000,000円－3,600,000円}{4,000,000円} \times 100$$

$$= 10\%$$

POINT
●安全余裕率を計算するためには、あらかじめ損益分岐点売上高を計算しておく必要があります。

問4　感度分析①

損益分岐点売上高を80,000円引き下げるための削減すべき固定費を計算するために、まず損益分岐点売上高3,520,000円（＝3,600,000円〈問1の損益分岐点売上高〉－80,000円）のときの固定費を求めます。その固定費と削減前の固定費1,440,000円の差額が削減すべき固定費の額となります。

(1) 損益分岐点売上高3,520,000円のときの固定費：
　　3,520,000円×0.4－固定費＝0
　　　　　　　　貢献利益率

　　固定費＝3,520,000円×0.4
　　　　　＝1,408,000円

(2) 削減すべき固定費：1,440,000円－1,408,000円＝**32,000円**

問5　感度分析②

売上高が400,000円増加するということは、売上高が10％（＝400,000円÷4,000,000円）増加するということです。まずはこのときの、営業利益を計算します。売上高が増加すると、変動費も同じ割合（10％）だけ増加します。なお、固定費は売上高が増加しても変わらない点に注意しながら、次のような損益計算書を作成します。

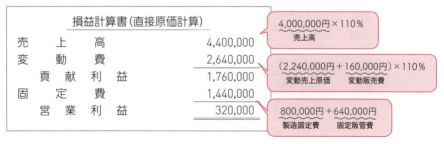

解答すべき金額は、営業利益の増加額なので、予想営業利益320,000円と当期営業利益160,000円との差額を求めます。

営業利益の増加額：320,000円－160,000円＝**160,000円**
　　　　　　　　　予想営業利益　当期営業利益
　　　　　　　　　　　　　　　　〈問題文のP/Lより〉

MEMO

第2回 予想問題 解答・解説

解き方

第2問の有価証券に関する取引は、資料の読み取りが難しい問題です。限られた試験時間を有効に活用するためには、第2問を最後に解くのがよいでしょう。

したがって、第1問→第3問→第4問→第5問→第2問の順番に解きましょう。なお、決算整理後残高試算表は、簡単に解答可能な箇所を拾い上げて点数を稼ぐとよいです。

第1問のポイント　難易度 A　配点 20点　目標点 16点

5問中4問は正解してほしい問題です。なお、4問目については受取配当金の金額を割り戻して求める必要があることや、源泉所得税は仮払法人税等勘定で処理する点に注意しましょう。

解答

仕訳一組につき4点

	借方科目	金額	貸方科目	金額
1	仕入	73,050	前払金 普通預金	9,000 64,050
2	のれん償却	705,000	のれん	705,000
3	差入保証金 支払家賃 支払手数料	1,000,000 500,000 60,000	普通預金	1,560,000
4	普通預金 仮払法人税等	360,000 90,000	受取配当金	450,000
5	当座預金 手形売却損	434,880 3,120	受取手形	438,000

解　説

1．外貨建取引（前払金の支払いがある場合）

① 前払金を支払ったとき

商品の輸入に先だって前払金を支払ったときは、前払金を支払ったときの為替相場で換算した金額で前払金を計上します。

（前　　払　　金）	9,000 *	（現　金　な　ど）	9,000

　＊　90ドル×100円＝9,000円

② 商品を輸入したとき

商品の輸入に先だって前払金を支払っている場合には、まずは、計上している**前払金**を減らします。そして、**外貨建ての輸入金額と前払金の金額との差額**を**輸入時の為替相場**で換算します。

なお、借方に計上する仕入は、**貸方の円換算額の合計額**を計上します。

（仕　　　　　入）	73,050 *3	（前　　払　　金）	9,000 *1
		（普　通　預　金）	64,050 *2

　＊1　90ドル×100円＝9,000円

　＊2　（700ドル－90ドル）×105円＝64,050円

　＊3　9,000円＋64,050円＝73,050円

2．のれんの償却

合併により受け入れた諸資産と諸負債の差額（時価純資産額）と、合併される会社の株主に新たに交付した株式の価額（時価）を比較して、時価純資産額の方が少ないときは、その差額を**のれん（無形固定資産）の増加**として処理します。

無形固定資産であるのれんは決算にあたり残存価額ゼロ、直接法により償却します。なお、償却期間は、問題文の指示により10年となります。

　のれん償却：7,050,000円÷10年＝705,000円

3．賃借契約にともなう費用

不動産を借りた際に生じる費用のうち、敷金は**差入保証金（資産）**、家賃は**支払家賃（費用）**、仲介手数料は**支払手数料（費用）**で処理します。

　差入保証金：500,000円×2か月＝1,000,000円

４．受取配当金（源泉所得税）

　保有している株式に対する配当金を受け取ったときは、**受取配当金（収益）の増加**として処理します。なお、受取配当金の金額については、源泉所得税を控除した残額である配当金の入金額360,000円を源泉所得税控除前の金額に割り戻して求めます。

　　受取配当金：360,000円÷（100％－20％）＝450,000円

POINT

●源泉所得税は配当金の20％なので、源泉所得税を控除した残りである入金額は配当金の80％となります。したがって、入金額を80％で割り戻せば受取配当金の金額を求めることができます。

　なお、源泉所得税は法人税の仮払いと考えて、**仮払法人税等（資産）の増加**として処理します。

　　仮払法人税等：450,000円×20％＝90,000円

５．手形の割引

　受け取った手形を取引銀行などに買い取ってもらい、満期日よりも前に現金化することを「手形の割引」といいます。手形を割り引いたときは、**受取手形（資産）の減少**として処理するとともに手形の割引料は**手形売却損（費用）**として処理します。

　なお、受取手形と手形売却損の差額である手取金は**当座預金（資産）の増加**として処理します。

　　手形売却損：$\underset{額面}{438,000円} \times \underset{利率}{4\%} \times \dfrac{65日}{365日} = 3,120円$

第2問のポイント　難易度 B　配点 20点　目標点 14点

有価証券に関する総合問題です。まずは問題文の取引を有価証券の保有目的別に分けて把握しましょう。そのうち、売買目的有価証券と有価証券利息が生じる取引については、勘定記入が必要となる点に気をつけながら問題文を読み進めましょう。

解答

●数字につき配点

問1

売買目的有価証券　7

日付		摘要	仕丁	借方	貸方	借または貸	残高
年	月 日						
X7	5 3	未 払 金	2	1,000,000		借	1,000,000
	9 8	現 金	9	260,000		〃	1,260,000
	10 31	普 通 預 金	11		105,000	〃	1,155,000 ❷
X8	3 31	有価証券評価益	20	55,000		〃	1,210,000 ❷
	〃	次 期 繰 越	✓		1,210,000		
				1,315,000	1,315,000		
X8	4 1	前 期 繰 越	✓	1,210,000		借	1,210,000 ❷

有 価 証 券 利 息　38

日付		摘要	仕丁	借方	貸方	借または貸	残高
年	月 日						
X7	7 1	当 座 預 金	5	18,000		借	18,000
	12 31	普 通 預 金	13		36,000	貸	18,000 ❷
X8	3 31	未収有価証券利息	20		9,000	〃	27,000
	〃	満期保有目的債券	〃		90,000	〃	117,000 ❷
	〃	損　　　益	〃	117,000			❷
				135,000	135,000		
X8	4 1	未収有価証券利息	1	9,000		借	9,000 ❷

27

問2

子会社株式	24,000,000	円		❷
満期保有目的債券	9,670,000	円		❷
その他有価証券評価差額金	75,000	円	（貸）	❷

解説

一連の取引［資料Ⅰ］

［資料Ⅰ］一連の取引について、仕訳をしていきます。なお、売買目的有価証券と有価証券利息に関する仕訳がでてきたら、答案用紙の勘定へ記入します。

⑴　売買目的有価証券の取得（X7年5月3日）

A社株式は、売買目的で保有しているとあるので、売買目的有価証券に該当します。売買目的有価証券を取得したときは、取得原価で売買目的有価証券勘定（資産）の借方に記入します。

　　（売買目的有価証券）　1,000,000＊　　（未　払　金）　1,000,000

＊　＠1,000円×1,000株＝1,000,000円

なお、売買目的有価証券勘定への記入は次のとおりです。本問の勘定は残高式のため、借方と貸方の金額を記入する欄の横に残高を記入する欄が設けられています。

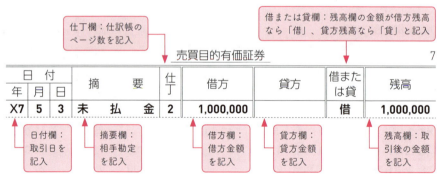

⑵　子会社株式の取得（X7年6月15日）

発行済株式の過半数を取得し、B社を子会社としているため、B社株式は子会社株式に該当します。子会社株式を取得したときは、取得原価で子会社株式勘定（資産）の借方に記入します。

　　（子 会 社 株 式）　24,000,000＊　　（普 通 預 金）　24,000,000

＊　＠2,000円×12,000株＝24,000,000円

(3) 満期保有目的債券の取得（X7年7月1日）

C社社債は、満期まで保有する意図で取得したものなので、満期保有目的債券に該当します。満期保有目的債券を取得したときは、満期保有目的債券勘定（資産）の借方に記入します。

利払日以外の日に公社債を売買した場合、買主は売主に、端数利息を支払います。そこで、端数利息18,000円を有価証券利息勘定の借方に計上します。

（満期保有目的債券）	9,580,000 *	（当　座　預　金）	9,598,000
（有 価 証 券 利 息）	18,000		

* $10,000,000円 \times \dfrac{95.80円}{100円} = 9,580,000円$

なお、有価証券利息勘定への記入は次のとおりです。

有 価 証 券 利 息　　　　　　　　　　38

日付			摘　　要	仕丁	借方	貸方	借または貸	残高
年	月	日						
X7	7	1	当 座 預 金	5	18,000		借	18,000

POINT
●有価証券利息は収益なので、通常は貸方残高ですが、端数利息を支払ったときに、他に有価証券利息の受け取りがなかった（または支払額が取引前の貸方残高を上回った）場合には借方残高となります。

(4) その他有価証券の取得（X7年8月4日）

D社株式は、売買目的有価証券、満期保有目的債券、子会社・関連会社株式のいずれにも該当しないので、その他有価証券になります。その他有価証券を取得したときは、その他有価証券勘定（資産）の借方に記入します。

（その他有価証券）	750,000 *	（現　　　　　金）	750,000

* @1,500円×500株＝750,000円

POINT
●売買目的有価証券、満期保有目的債券、子会社・関連会社株式のいずれにも該当しない有価証券は「その他有価証券」です。

(5)　売買目的有価証券の追加取得（X7年9月8日）

| （売買目的有価証券） | 260,000 | （現　　　　金） | 260,000 |

なお、売買目的有価証券勘定への記入は次のとおりです。

売買目的有価証券　　　　　　　　7

日　付		摘　　要	仕丁	借　方	貸　方	借または貸	残　高
年	月 日						
X7	5　3	未　払　金	2	1,000,000		借	1,000,000
	9　8	現　　　金	9	260,000		〃	1,260,000

(6)　売買目的有価証券の売却（X7年10月31日）　✓

　売買目的有価証券を売却したときは、売買目的有価証券勘定の貸方に記入して、売却価額と売却した売買目的有価証券の帳簿価額との差額を有価証券売却益（または有価証券売却損）として処理します。

　なお、本問では、同一銘柄の有価証券を異なる1株あたりの帳簿価額で複数回（5月3日と9月8日）に分けて購入しているため、売却した売買目的有価証券の帳簿価額は平均原価法によって計算した1株あたり帳簿価額を使用します。

| （普　通　預　金） | 110,000 | （売買目的有価証券） | 105,000 *1 |
| | | （有価証券売却益） | 5,000 *2 |

　＊1　1株あたり帳簿価額：$\dfrac{1,000,000円+260,000円}{1,000株+200株}$＝@1,050円

　　　　売却した売買目的有価証券の帳簿価額：@1,050円×100株＝105,000円

　＊2　売却損益：110,000円－105,000円＝5,000円（売却益）

　なお、売買目的有価証券勘定への記入は次のとおりです。

売買目的有価証券　　　　　　　　7

日　付		摘　　要	仕丁	借　方	貸　方	借または貸	残　高
年	月 日						
X7	5　3	未　払　金	2	1,000,000		借	1,000,000
	9　8	現　　　金	9	260,000		〃	1,260,000
	10　31	普　通　預　金	11		105,000	〃	1,155,000

POINT

●借または貸欄は、残高が借方残高なのか貸方残高なのかを記入する欄です。たとえば売買目的有価証券が減った取引なので売買目的有価証券勘定の貸方欄に金額を記入しても、売買目的有価証券勘定が借方残高ならば「借」と記入します。「貸」と記入しないように注意しましょう。

(7) 利払日（X7年12月31日）

満期保有目的債券に関する利息を受け取ったときは、**有価証券利息勘定（収益）**の**貸方**に記入します。

　（普 通 預 金）　36,000　　（有 価 証 券 利 息）　36,000 *

　* 10,000,000円×0.36％＝36,000円

なお、有価証券利息勘定への記入は次のとおりです。

有 価 証 券 利 息　　　38

日付		摘要	仕丁	借方	貸方	借または貸	残高
年	月 日						
X7	7 1	当 座 預 金	5	18,000		借	18,000
	12 31	普 通 預 金	13		36,000	貸	18,000

POINT
● 有価証券利息勘定の残高が、借方残高から貸方残高になったので、借または貸欄は「貸」になります。

(8) 決算整理仕訳（X8年3月31日）

① 未収有価証券利息の計上（C社社債）

有価証券利息の利払日は毎年12月31日なので、利払日の翌日（1月1日）から決算日（3月31日）までの3か月分の有価証券利息が未収となっています。そこで、3か月分の有価証券利息について、**有価証券利息勘定（収益）の貸方**に記入するとともに、未収有価証券利息勘定（資産）の借方に記入します。

　（未収有価証券利息）　9,000　　（有 価 証 券 利 息）　9,000 *

　* $10,000,000円 \times 0.36\% \times \dfrac{3か月}{12か月} = 9,000円$

なお、有価証券利息勘定への記入は次のとおりです。

有 価 証 券 利 息　　　38

日付		摘要	仕丁	借方	貸方	借または貸	残高
年	月 日						
X7	7 1	当 座 預 金	5	18,000		借	18,000
	12 31	普 通 預 金	13		36,000	貸	18,000
X8	3 31	未収有価証券利息	20		9,000	〃	27,000

② 有価証券の評価

　本問ではすべての有価証券に当期末の時価に関する情報が与えられていますが、有価証券の区分により評価替えの要否およびその方法が異なります。

〈A社株式〉

　売買目的有価証券は、期末において帳簿価額を時価に評価替えします。そして、時価と帳簿価額の差額を有価証券評価益（または有価証券評価損）として処理します。なお、決算日時点の売買目的有価証券の帳簿価額は10月31日の売却後の残高1,155,000円です。

| （売買目的有価証券） | 55,000 | （有価証券評価益） | 55,000 ＊ |

＊　@1,100円×1,100株－1,155,000円＝55,000円
　　　　　<u>当期末時価</u>

なお、売買目的有価証券勘定への記入は次のとおりです。

売買目的有価証券　　　　　　　　　　7

| 日　付 | | | 摘　　要 | 仕丁 | 借方 | 貸方 | 借または貸 | 残高 |
年	月	日						
X7	5	3	未　払　金	2	1,000,000		借	1,000,000
	9	8	現　　　金	9	260,000		〃	1,260,000
	10	31	普　通　預　金	11		105,000	〃	1,155,000
X8	3	31	有価証券評価益	20	55,000		〃	1,210,000

〈B社株式〉

　子会社株式は、期末における評価替えはありません。

仕　訳　な　し

問2　子会社株式：24,000,000円

〈C社社債〉

　満期保有目的債券について、額面金額と取得価額との差額が金利の調整と認められるため、償却原価法を適用し、満期保有目的債券の帳簿価額を調整します。C社社債は、額面金額の方が取得価額よりも高いため、満期保有目的債券を加算調整するとともに、相手勘定を有価証券利息とします。

| （満期保有目的債券） | 90,000 | （有価証券利息） | 90,000 ＊ |

＊　$(10,000,000円－9,580,000円) \times \dfrac{9か月}{42か月} = 90,000円$

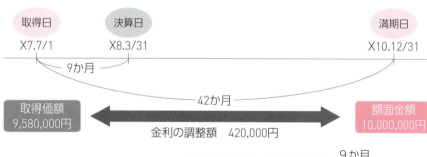

$$\therefore 当期の調整額：420,000円 \times \frac{9か月}{42か月} = 90,000円$$

問2　満期保有目的債券：9,580,000円 + 90,000円 = **9,670,000円**

POINT
- 調整額は金利相当のため、相手科目は有価証券利息となります。
問題を解くにあたっては、月数を誤らないよう、上記のようなタイムテーブルを下書きするとよいでしょう。

なお、有価証券利息勘定への記入は次のとおりです。

有 価 証 券 利 息　　　　　　　　38

日付 年	月	日	摘　要	仕丁	借方	貸方	借または貸	残高
X7	7	1	当 座 預 金	5	18,000		借	18,000
	12	31	普 通 預 金	13		36,000	貸	18,000
X8	3	31	未収有価証券利息	20		9,000	〃	27,000
	〃	〃	満期保有目的債券	〃		90,000	〃	117,000

〈D社株式〉

　その他有価証券は、期末において帳簿価額を時価に評価替えします。なお、その他有価証券の評価差額は損益とはせずに、その他有価証券評価差額金勘定（純資産）で処理します。また、税効果会計を適用するさいには、評価差額に法定実効税率を掛けた金額を繰延税金負債（評価差益の場合）とし、その金額を控除した残額をその他有価証券評価差額金とします。

　（その他有価証券）　100,000 *1　（繰 延 税 金 負 債）　25,000 *2
　　　　　　　　　　　　　　　　　　（その他有価証券評価差額金）　75,000 *3

＊1　@1,700円 × 500株 − 750,000円 = 100,000円（評価益）
　　　　当期末時価　　　　　帳簿価額

＊2　100,000円 × 25% = 25,000円

＊3　100,000円 − 25,000円 = **75,000円**…問2　その他有価証券評価差額金

POINT
● すぐに売却することを意図していないその他有価証券の評価差額は、2級で学習する全部純資産直入法の場合、損益計算書には反映させず、評価差額の合計額を貸借対照表の純資産の部に計上します。

(9) 損益勘定への振り替え（決算振替仕訳）

収益の勘定である有価証券利息勘定は、決算において損益勘定の貸方へ振り替えます。

| （有価証券利息） | 117,000 | （損　益） | 117,000 |

なお、有価証券利息勘定への記入は次のとおりです。

有 価 証 券 利 息　　　　　　　　　　　38

日付		摘要	仕丁	借方	貸方	借または貸	残高
年	月 日						
X7	7 1	当 座 預 金	5	18,000		借	18,000
	12 31	普 通 預 金	13		36,000	貸	18,000
X8	3 31	未収有価証券利息	20		9,000	〃	27,000
	〃	満期保有目的債券	〃		90,000	〃	117,000
	〃	損　　　　益	〃	117,000			

(10) 勘定の締め切り

売買目的有価証券勘定と有価証券利息勘定の締め切りをします。

① 売買目的有価証券勘定の締め切り

売買目的有価証券勘定は資産の勘定なので、貸方に次期繰越として残高を記入し、借方と貸方の合計金額を一致させて締め切ります。

売 買 目 的 有 価 証 券　　　　　　　　　　7

日付		摘要	仕丁	借方	貸方	借または貸	残高
年	月 日						
X7	5 3	未 払 金	2	1,000,000		借	1,000,000
	9 8	現 金	9	260,000		〃	1,260,000
	10 31	普 通 預 金	11		105,000	〃	1,155,000
X8	3 31	有価証券評価益	20	55,000		〃	1,210,000
	〃	次 期 繰 越	✓		1,210,000		
				1,315,000	1,315,000		

次期繰越は、仕訳帳から転記されたものではないことを示すために仕丁欄に✓（チェックマーク）を記入します。

② 有価証券利息勘定の締め切り

決算振替仕訳を行うと有価証券利息勘定の貸借が一致するので、貸借ともに合計額を同じ行に記入して締め切ります。

有価証券利息　38

日　付			摘　　要	仕丁	借方	貸方	借または貸	残高
年	月	日						
X7	7	1	当　座　預　金	5	18,000		借	18,000
	12	31	普　通　預　金	13		36,000	貸	18,000
X8	3	31	未収有価証券利息	20		9,000	〃	27,000
		〃	満期保有目的債券	〃		90,000	〃	117,000
		〃	損　　　　　益	〃	117,000			
					135,000	**135,000**		

⑪　売買目的有価証券勘定の開始記入

期首の日付で借方に前期繰越と記入し、残高を借方に戻します。

売買目的有価証券　7

日　付			摘　　要	仕丁	借方	貸方	借または貸	残高
年	月	日						
X7	5	3	未　払　金	2	1,000,000		借	1,000,000
	9	8	現　　　金	9	260,000		〃	1,260,000
	10	31	普　通　預　金	11		105,000	〃	1,155,000
X8	3	31	有価証券評価益	20	55,000		〃	1,210,000
		〃	次　期　繰　越	✓		1,210,000		
					1,315,000	1,315,000		
X8	**4**	**1**	**前　期　繰　越**	✓	**1,210,000**		**借**	**1,210,000**

> 前期繰越も、仕訳帳から転記されたものではないことを示すために仕丁欄に✓（チェックマーク）を記入します。

⑫　再振替仕訳（X8年4月1日）

前期末に計上していた未収有価証券利息を有価証券利益へ振り替えます。

（有 価 証 券 利 息）	9,000	（未収有価証券利息）	9,000

35

なお、有価証券利息勘定への記入は次のとおりです。

有 価 証 券 利 息

日付			摘　　　要	仕丁	借方	貸方	借または貸	残高
年	月	日						
X7	7	1	当 座 預 金	5	18,000		借	18,000
	12	31	普 通 預 金	13		36,000	貸	18,000
X8	3	31	未収有価証券利息	20		9,000	〃	27,000
	〃	〃	満期保有目的債券	〃		90,000	〃	117,000
	〃	〃	損　　　益	〃	117,000			
					135,000	135,000		
X8	4	1	未収有価証券利息	1	9,000		借	9,000

POINT
● 再振替仕訳で有価証券利息勘定が借方残高になっている点に注意しましょう。

LECTURE　有価証券の期末評価

有価証券の区分	期末における評価
売買目的有価証券	時価評価
満期保有目的債券	時価による評価替えなし ただし、額面金額と取得価額の差額が金利の調整と認められるときには償却原価法による評価
子会社株式・関連会社株式	時価による評価替えなし
その他有価証券	時価評価

LECTURE　償却原価法（定額法）

当期における満期保有目的債券の帳簿価額の調整額

$$= （額面金額 - 取得価額） \times \frac{当期の経過月数}{取得日から満期日までの月数}$$

第3問のポイント

難易度 **A** 配点 **20点** 目標点 **16点**

決算整理後残高試算表の作成に関する問題です。
基本的な問題なので解けなかった箇所は重点的に見なおしておきましょう。

解答

●数字につき配点

決算整理後残高試算表
×7年3月31日
(単位:円)

借方	勘定科目	貸方
128,600	現　金　預　金	
72,000	受　取　手　形	
❷ 62,400	売　　掛　　金	
❷ 37,200	繰　越　商　品	
2,880	前　払　保　険　料	
240,000	建　　　　　物	
72,000	備　　　　　品	
150,000	機　械　装　置	
94,000	満期保有目的債券	
6,000	ソフトウェア	
	貸　倒　引　当　金	4,032
	退職給付引当金	❷ 32,800
	建物減価償却累計額	59,400
	備品減価償却累計額	31,500
	機械装置減価償却累計額	❷ 5,000
	資　　本　　金	605,200
	利　益　準　備　金	12,000
	繰　越　利　益　剰　余　金	2,000
	売　　　　上	322,000
	有　価　証　券　利　息	❷ 3,000
	国庫補助金受贈益	50,000
❷ 155,168	仕　　　　　入	
20,000	給　　　　　料	
4,800	退　職　給　付　費　用	
❷ 4,320	保　　険　　料	
❷ 32	貸　倒　引　当　金　繰　入	
1,224	棚　卸　減　耗　損	
408	商　品　評　価　損	
❷ 23,900	減　価　償　却　費	
❷ 2,000	ソフトウェア償却	
50,000	機械装置圧縮損	
1,126,932		1,126,932

解　説

決算整理事項およびその他の修正事項を仕訳すると、次のようになります。

1．現金過不足の整理

期中、売掛金の回収額8,400円を4,800円と誤記していた後、その差額3,600円を現金過不足で処理しています。決算にあたって、原因が判明した場合には、この修正を行うことになります。

（現 金 過 不 足）	3,600	（売　　掛　　金）	3,600 *

*　8,400円－4,800円＝3,600円
売掛金：66,000円－3,600円＝62,400円
　　　　前T/B

2．機械装置の購入（圧縮記帳、未処理事項）

① 国庫補助金の受け入れ

（現 　金 　預 　金）	50,000	（国庫補助金受贈益）	50,000

② 機械装置の購入と圧縮記帳

（機 　械 　装 　置）	200,000	（現 　金 　預 　金）	200,000
（機械装置圧縮損）	50,000 *	（機 　械 　装 　置）	50,000

*　国庫補助金相当額
現金預金：278,600円＋50,000円－200,000円＝128,600円
　　　　　前T/B

機械装置：200,000円－50,000円＝150,000円

POINT

- 補助金などにより取得した有形固定資産について、その購入価額を一定額だけ減額（圧縮）し、減額（圧縮）後の帳簿価額を取得原価とします。
上記①、②の仕訳で、受贈益と圧縮損が同額計上され、利益に影響を与えることなく、機械装置の計上額が減額されます。

3．貸倒引当金の設定（差額補充法）

（貸倒引当金繰入）	32 *	（貸 倒 引 当 金）	32

* 見積額：$(72,000円 + 66,000円 - 3,600円) \times 3\% = 4,032円$
  受取手形　　　　　売掛金

  貸倒引当金残高：　　　　　　　　　　4,000円
  　　　　　　　　　　　　　　　　　　　32円

4．売上原価の計算および商品の期末評価

（仕 　　　　　入）	36,800	（繰 越 商 品）	36,800
（繰 越 商 品）	38,832	（仕 　　　　　入）	38,832
（棚 卸 減 耗 損）	1,224 *1	（繰 越 商 品）	1,224
（商 品 評 価 損）	408 *2	（繰 越 商 品）	408

* 1　$38,832円 - 37,608円 = 1,224円$
  帳簿棚卸高　実地棚卸高

* 2　$37,608円 - 37,200円 = 408円$
  実地棚卸高　正味売却価額

仕入：$157,200円 + 36,800円 - 38,832円 = 155,168円$
　　　前T/B

繰越商品：$36,800円 - 36,800円 + 38,832円 - 1,224円 - 408円 = 37,200円$
　　　　　前T/B

5．退職給付費用の計上

　毎月、年度見積額4,800円の12分の1を計上しているので、決算日においても1か月分の退職給付費用と、退職給付引当金を計上します。

（退 職 給 付 費 用）	400 *	（退職給付引当金）	400

* 　$4,800円 \times \dfrac{1か月}{12か月} = 400円$

退職給付費用：$4,400円 + 400円 = 4,800円$
　　　　　　　前T/B

退職給付引当金：$32,400円 + 400円 = 32,800円$
　　　　　　　　前T/B

6．満期保有目的債券の評価：償却原価法（定額法）

　決算整理前残高試算表の帳簿価額92,000円と額面総額100,000円との差額8,000円を残りの期間4年で償却します。

（満期保有目的債券）	2,000	（有 価 証 券 利 息）	2,000 ＊

$$* \quad (\underbrace{100,000円}_{額面総額} - \underbrace{92,000円}_{前T/B}) \times \frac{12か月}{48か月} = 2,000円$$

有価証券利息：$\underbrace{1,000円}_{前T/B} + 2,000円 = \boxed{3,000円}$

満期保有目的債券：$\underbrace{92,000円}_{前T/B} + 2,000円 = \boxed{94,000円}$

7．固定資産の減価償却

　各固定資産の減価償却費を計算します。なお、機械装置の減価償却費は、**圧縮記帳後の帳簿価額**をもとに計算します。

（減 価 償 却 費）	23,900	（建物減価償却累計額）	5,400	＊1
		（備品減価償却累計額）	13,500	＊2
		（機械装置減価償却累計額）	5,000	＊3

＊1　240,000円×0.9÷40年＝5,400円

＊2　（72,000円−18,000円）×25％＝13,500円

＊3　200％定率法の償却率（耐用年数5年）：1÷5年×200％＝0.4

$$(\underbrace{200,000円 - 50,000円}_{圧縮後の帳簿価額}) \times 0.4 \times \frac{1か月}{12か月} = 5,000円$$

建物減価償却累計額：$\underbrace{54,000円}_{前T/B} + 5,400円 = \boxed{59,400円}$

備品減価償却累計額：$\underbrace{18,000円}_{前T/B} + 13,500円 = \boxed{31,500円}$

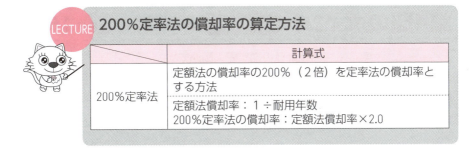

	計算式
200％定率法	定額法の償却率の200％（2倍）を定率法の償却率とする方法
	定額法償却率：1÷耐用年数 200％定率法の償却率：定額法償却率×2.0

8．ソフトウェアの償却

期首残高8,000円を残存年数4年で償却して、当期の償却額を算定します。

（ソフトウェア償却）　　2,000 ＊　（ソフトウェア）　　2,000

＊　8,000円÷4年＝2,000円
ソフトウェア：8,000円－2,000円＝6,000円
　　　　　　　前T/B

9．費用の前払い

前期以前から継続して保険料を支払っているため、決算整理前残高試算表の保険料7,200円は期首の再振替仕訳（8か月分）と当期支払分（12か月分）の合計20か月分を表します。このうち、次期の費用とすべき8か月分を前払保険料として処理します。

（前払保険料）　　2,880 ＊　（保　　険　　料）　　2,880

＊　前払保険料：$7,200円 \times \dfrac{8か月}{20か月} = 2,880円$

保険料：7,200円－2,880円＝4,320円
　　　　前T/B

第4問のポイント　難易度 A　配点 20点　目標点 16点

実際総合原価計算の勘定記入問題です。
加工費を予定配賦しているため原価差異が生じていることに注意してください。

解答

●数字につき配点

	加　工　費		（単位：千円）
間 接 材 料 費（	6,905）	予 定 配 賦 額（❹	31,480）
直 接 労 務 費（❹	9,210）	原 価 差 異（	215）
間 接 労 務 費（	5,280）		
間 接 経 費（	10,300）		
（❹	31,695）	（	31,695）

	仕　掛　品		（単位：千円）
月 初 有 高（	4,575）	当 月 完 成 高（❹	49,200）
直 接 材 料 費（	16,050）	月 末 有 高（	2,905）
加 工 費（	31,480）		
（	52,105）	（	52,105）

	製　　品		（単位：千円）
月 初 有 高（	8,470）	当 月 販 売 高（❹	42,910）
当 月 完 成 高（	49,200）	月 末 有 高（	14,760）
（	57,670）	（	57,670）

解 説

以下のような勘定連絡図、ボックス図を用いて解くとわかりやすいです。

1. **総合原価計算の勘定連絡図（単位：千円）**

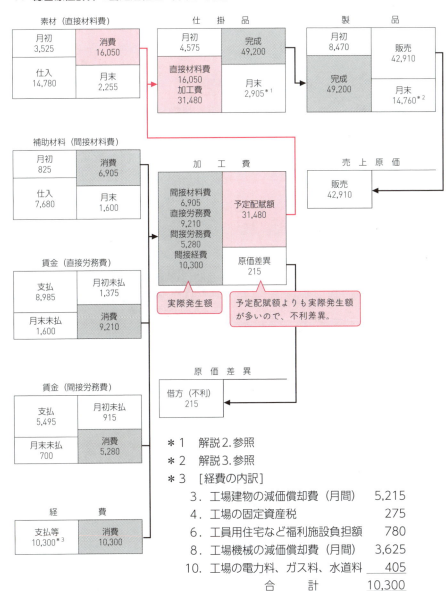

*1　解説2.参照
*2　解説3.参照
*3　［経費の内訳］
　　3．工場建物の減価償却費（月間）　5,215
　　4．工場の固定資産税　　　　　　　 275
　　6．工員用住宅など福利施設負担額　 780
　　8．工場機械の減価償却費（月間）　3,625
　　10．工場の電力料、ガス料、水道料　 405
　　　　　　　合　　計　　　　　　10,300

POINT
●[資料]の5．広告宣伝費、7．本社職員給料、9．本社建物の減価償却費（月間）、12．その他の販売費及び一般管理費は販売費及び一般管理費になるため、製造原価として集計しません。

2．完成品原価の計算（平均法）

直接材料費 仕掛品

| 月初 600個 2,655千円 | 完成 4,000個 17,200千円 |
| 当月投入 3,750個 16,050千円 | 月末 350個 1,505千円 |

加工費 仕掛品（加工換算量で按分）

| 月初 600個×40%＝240個 1,920千円 | 完成 4,000個 32,000千円 |
| 当月投入（差引） 3,935個 31,480千円 | 月末 350個×50%＝175個 1,400千円 |

月末仕掛品原価：
$$\frac{2,655千円+16,050千円}{4,000個+350個}\times 350個=1,505千円$$

月末仕掛品原価：
$$\frac{1,920千円+31,480千円}{4,000個+175個}\times 175個=1,400千円$$

完成品原価：
2,655千円＋16,050千円－1,505千円
＝17,200千円

完成品原価：
1,920千円＋31,480千円－1,400千円
＝32,000千円

POINT
●加工費については予定配賦していることに注意してください。

月末仕掛品原価：1,505千円＋1,400千円＝**2,905千円**
完成品総合原価：17,200千円＋32,000千円＝**49,200千円**

3．売上原価の計算（先入先出法）

* 8,470千円＋49,200千円－14,760千円＝42,910千円

●加工費を予定配賦している場合、加工費の実際発生額の集計は原価差異を求めるため（原価管理のため）に行っています。製品原価を求めるための加工費は予定配賦された額なので仕掛品勘定、製品勘定に計上される（含まれる）加工費は予定配賦額となります。

第5問のポイント　難易度 A　配点 20点　目標点 15点

直接原価計算と全部原価計算を比較させる問題です。直接原価計算と全部原価計算では、製造固定費の取り扱いが大きく異なります。この点を理解していれば、短時間で満点をねらえる問題です。

解答

●数字につき配点

問1　全部原価計算による損益計算書

（単位：円）

	第1期	第2期	第3期
売上高	(4,400,000)	(4,400,000)	(4,400,000)
売上原価	(1,650,000)	(1,595,000)	(1,705,000)
売上総利益	(2,750,000)	(2,805,000)	(2,695,000)
販売費及び一般管理費	(110,000)	(110,000)	(110,000)
営業利益	(❺ 2,640,000)	(❺ 2,695,000)	(❺ 2,585,000)

問2　直接原価計算を採用した場合の第3期の営業利益　¥ 2,640,000 ❺

1. 全部原価計算による損益計算書

全部原価計算は、固定製造間接費を製品原価として集計して、販売した製品の分のみ売上原価として、その期の費用に含めます。

(単位：円)

	第1期	第2期	第3期
売 上 高[*1]	4,400,000	4,400,000	4,400,000
売 上 原 価[*2]	1,650,000	1,595,000	1,705,000
売 上 総 利 益	2,750,000	2,805,000	2,695,000
販売費及び一般管理費[*3]	110,000	110,000	110,000
営 業 利 益	2,640,000	2,695,000	2,585,000

* 1　22,000円/個×200個＝4,400,000円
* 2　第1期：6,600円/個×200個＋330,000円＝1,650,000円
　　　　　　　変動費　　　　　固定製造間接費

　　　第2期：6,600円/個×200個＋330,000円－55,000円[*4]〈期末在庫分〉＝1,595,000円
　　　　　　　変動費　　　　　固定製造間接費

　　　第3期：6,600円/個×200個＋55,000円〈期首在庫分〉＋330,000円＝1,705,000円
　　　　　　　変動費　　　　　　　　　　　　　　　　　固定製造間接費

* 3　販売費及び一般管理費（固定費）
* 4　$330,000円 \times \dfrac{40個〈期末在庫〉}{200個〈販売量〉＋40個〈期末在庫〉} ＝55,000円$

POINT
● 全部原価計算では、固定製造間接費が、期首や期末の製品および仕掛品に含まれるため、毎期の販売量が同じであっても、営業利益が異なってきます。

2．直接原価計算による損益計算書

直接原価計算とは、製品の原価を変動製造原価だけで計算する方法です。したがって、固定製造間接費は、製品原価に含めずに、発生額を全額その期の費用とします。

			第1期	第2期	第3期
売　　上　　高	*1		4,400,000	4,400,000	4,400,000
変　　動　　費	*2		1,320,000	1,320,000	1,320,000
貢　献　利　益			3,080,000	3,080,000	3,080,000
固　　定　　費	*3		440,000	440,000	440,000
営　業　利　益			2,640,000	2,640,000	2,640,000 …問2

* 1　22,000円/個×200個＝4,400,000円
* 2　6,600円/個×200個＝1,320,000円
* 3　330,000円＋110,000円＝440,000円
　　製造間接費　　販売費及び一般
　　（固定費）　　管理費(固定費)

POINT

●直接原価計算では、固定製造間接費は全額、発生した期の費用として損益計算書に計上されます。したがって、毎期の販売量が同じであれば各期の営業利益は同じ金額になります。

LECTURE　直接原価計算と全部原価計算の営業利益

直接原価計算と全部原価計算の営業利益は、期首や期末の製品および仕掛品に含まれる固定製造間接費の金額分だけ異なります。

なお、直接原価計算の営業利益を全部原価計算の営業利益に修正するための算式は以下のとおりです。

全部原価計算の営業利益	＝	直接原価計算の営業利益	＋	期末仕掛品・製品に含まれる固定製造原価	－	期首仕掛品・製品に含まれる固定製造原価

48

MEMO

第3回 予想問題 解答・解説

解き方

第1問の仕訳問題を解いたら工業簿記を解き確実に点数を積み上げていきましょう。工業簿記は8割以上確保しないと厳しいです。商業簿記ですが、第2問は連結会計が問われています。解きなれていないと得点を稼ぎにくいため最後に解きましょう。

第1問のポイント　難易度 A　配点 20点　目標点 16点

5問中4問は正解してほしい問題です。1問目の固定資産の除却は固定資産に処分価値があるため、貯蔵品として処理する点に注意しましょう。

解答

仕訳一組につき4点

	借方科目	金額	貸方科目	金額
1	備品減価償却累計額 貯蔵品 固定資産除却損	2,880,000 200,000 120,000	備品	3,200,000
2	繰延税金資産	20,000	法人税等調整額	20,000
3	研究開発費	2,200,000	普通預金	2,200,000
4	電子記録債権 受取手形	450,000 490,000	売掛金	940,000
5	支払リース料	45,500	未払リース料	45,500

解 説

1. 固定資産の除却（処分価値がある場合）

固定資産を除却したときは、固定資産（本問では備品）の帳簿価額を減らす処理をします。本問は、間接法で記帳しているので、**備品の取得原価と減価償却累計額を減らす**処理をします。

また、除却した固定資産に処分価値がある場合には、その金額を**貯蔵品（資産）の増加**として処理します。

なお、固定資産の帳簿価額320,000円（＝3,200,000円－2,880,000円）と処分価値200,000円の差額は、**固定資産除却損（費用）**として処理します。

POINT
● 本問の備品は、前期末に耐用年数を経過しており、減価償却は終えています。そのため、除却にあたって減価償却費を計上する必要はありません。

2. 税効果会計（減価償却費）

会計上と税務上の減価償却費の差異は将来減算一時差異です。したがって税効果会計を適用し、**繰延税金資産（資産）**を計上します。なお、相手勘定は**法人税等調整額**とします。

　　会計上の減価償却費：1,000,000円÷4年＝250,000円
　　税法上の減価償却費：1,000,000円÷5年＝200,000円
　　　　損金不算入額（将来減算一時差異）：　50,000円
　　繰延税金資産：50,000円×40％＝20,000円

3. 研究開発費

研究や開発に関する費用は、すべて**研究開発費（費用）**として処理します。備品の取得であっても備品（資産）の増加としては処理しません。

　　研究開発費：700,000円＋1,500,000円＝2,200,000円

POINT
● 研究開発に従事している従業員の給料や特定の研究開発にのみ使用する目的で購入した固定資産に対する支出のように、研究開発目的のみにかかった支出はすべて研究開発費（費用）として処理します。給料勘定や備品勘定ではない点に注意しましょう。

４．電子記録債権の発生と約束手形の裏書き

売掛金が決済されたときは、売掛金を減らします。また、電子記録債権の発生記録を行ったときは、**電子記録債権（資産）** を増やします。また、他社が振り出した約束手形を裏書譲渡されたときは、**受取手形（資産）** を増やします。

受取手形：940,000円－450,000円＝490,000円

５．オペレーティング・リース取引（未払計上）

リース料の支払日と決算日が異なる場合、決算において**支払リース料**の未払計上の処理を行います。

未払リース料：78,000円 × $\dfrac{7か月}{12か月}$ ＝45,500円

第2問のポイント　難易度 B　配点 20点　目標点 12点

連結財務諸表を作成する問題です。連結財務諸表作成の流れをイメージしながら連結修正仕訳をしていきましょう。また、連結修正仕訳によく登場する利益剰余金や非支配株主持分などの勘定科目については集計漏れにも気をつけましょう。

解　答

●数字につき配点

連結損益計算書
自×5年4月1日　至×6年3月31日　　（単位：千円）

Ⅰ．売　上　高	（ ❷	8,700 ）
Ⅱ．売　上　原　価	（ ❷	6,550 ）
売　上　総　利　益	（	2,150 ）
Ⅲ．販売費及び一般管理費	（	310 ）
（うち、「のれん償却」額）	（ ❷	20 ）
営　業　利　益	（	1,840 ）
Ⅳ．営　業　外　収　益	（ ❷	700 ）
当　期　純　利　益	（	2,540 ）
非支配株主に帰属する当期純利益	（ ❷	260 ）
親会社株主に帰属する当期純利益	（ ❷	2,280 ）

連結貸借対照表
×6年3月31日　　（単位：千円）

資　産	金　額	負債・純資産	金　額
諸　資　産	（ 　　5,100 ）	諸　負　債	（ 　　1,470 ）
売　掛　金	（ 　　3,400 ）	買　掛　金	（ ❷　2,500 ）
商　　　品	（ ❷　3,600 ）	貸　倒　引　当　金	（ 　　　170 ）
土　　　地	（ 　　　800 ）	資　本　金	（ 　　4,500 ）
の　れ　ん	（ ❷　　160 ）	利　益　剰　余　金	（ 　　3,460 ）
		非支配株主持分	（ ❷　　960 ）
	（ 　13,060 ）		（ 　13,060 ）

解説

1. 連結第1年度に行う連結修正仕訳
（仕訳の単位：千円）

(1) 開始仕訳

支配獲得時の子会社の貸借対照表（資料Ⅱ）にもとづいて、投資と資本の相殺消去を行います。

（資本金 当期首残高）	3,000	（S 社 株 式）	3,000
（利益剰余金 当期首残高）	500	（非支配株主持分 当期首残高）	700 *1
（の れ ん）	200 *2		

* 1　(3,000千円＋500千円)×20％＝700千円
* 2　貸借差額

POINT
● S社株式（親会社の投資）と子会社の純資産のうち親会社に帰属する部分（{3,000千円＋500千円}×80％＝2,800千円）の金額が異なるため、のれんが生じます。

(2) 連結修正仕訳

① のれんの償却

投資と資本の相殺消去によって、のれんが生じた場合、定額法によって償却します。

| （のれん償却） | 20 * | （の れ ん） | 20 |
| (★) | | | |

* 200千円÷10年＝20千円

② 子会社の当期純損益の振り替え

連結第1年度の子会社の当期純利益のうち、非支配株主持分に相当する部分を非支配株主持分に振り替えます。

| （非支配株主に帰属する 当期純損益） | 160 * | （非支配株主持分 当期変動額） | 160 |
| (★) | | | |

* 800千円×20％＝160千円

③ 子会社の配当金の修正

子会社が行った配当のうち、親会社持分に相当する部分は、親会社の受取配当金

を取り消します。また、非支配株主持分に相当する部分は、非支配株主持分の減少として処理します。

| （受　取　配　当　金）
（★） | 240 *1 | （剰　余　金　の　配　当）
（★） | 300 |
| （非支配株主持分）
（当 期 変 動 額） | 60 *2 | | |

*1　300千円×80％＝240千円
　　　S社配当金

*2　300千円×20％＝60千円
　　　S社配当金

2．連結第2年度に行う連結修正仕訳

(1)　開始仕訳

「1．連結第1年度に行う連結修正仕訳」のうち、損益項目と剰余金の配当（★）は「利益剰余金当期首残高」に、非支配株主持分当期変動額は、「非支配株主持分当期首残高」に含めて再度開始仕訳をします。

（資　　本　　金） （当 期 首 残 高）	3,000	（S　社　株　式）	3,000
（利　益　剰　余　金） （当 期 首 残 高）	620 *1	（非支配株主持分） （当 期 首 残 高）	800 *2
（の　　れ　　ん）	180 *3		

*1　500千円＋20千円＋160千円＋240千円－300千円＝620千円
　　　　　　のれん償却　非支配株主に帰属　受取配当金　剰余金の配当
　　　　　　　　　　　　する当期純損益

*2　700千円＋160千円－60千円＝800千円
　　　　　　　　　純損益の振り替え　配当金の修正

*3　200千円－20千円＝180千円
　　　　　　　　のれん償却

(2)　連結修正仕訳

① のれんの償却

| （の　れ　ん　償　却）
販売費及び一般管理費 | 20 * | （の　　れ　　ん） | 20 |

*　200千円÷10年＝20千円

② 子会社の当期純損益の振り替え

（非支配株主に帰属する 当 期 純 損 益）	300 *	（非支配株主持分 当 期 変 動 額）	300

＊　1,500千円×20％＝300千円

POINT

●非支配株主に帰属する当期純損益が借方残高の場合、非支配株主にとっては利益の増加ですが、親会社にとっては、取り分が減るため利益の減少となります。したがって、損益計算書上では、当期純利益の控除項目として扱います。

③ 子会社の配当金の修正

（受 取 配 当 金） 営業外収益	400 *1	（剰 余 金 の 配 当）	500
（非支配株主持分 当 期 変 動 額）	100 *2		

＊1　500千円×80％＝400千円
　　　S社配当金

＊2　500千円×20％＝100千円
　　　S社配当金

④ 売上高と売上原価の相殺消去

親子会社間で行われた内部取引は、相殺消去します。

（売　　上　　高）	1,200	（売　上　原　価）	1,200

⑤ 債権債務の相殺、貸倒引当金の修正

（買　　掛　　金）	1,200	（売　　掛　　金）	1,200
（貸 倒 引 当 金）	60 *	（貸倒引当金繰入） 販売費及び一般管理費	60

＊　1,200千円×5％＝60千円
　　　当期末P社売掛金
　　　（対S社）

POINT

●債権債務が相殺消去された場合には、その債権に対して設定した貸倒引当金も修正する必要があります。

⑥　未実現利益の消去

　　期末商品棚卸高のうち、親会社から仕入れた商品については、加算されている利益を消去します。

（売　上　原　価）	200	（商　　　　　品）	200 ＊

　　＊　　1,000千円×0.25÷1.25＝200千円

⑦　土地に含まれる未実現利益の消去

　　子会社から購入した土地については、加算されている利益を消去します。また、子会社から購入した土地の未実現利益を消去した場合、消去した未実現利益について、非支配株主にも負担させます。

（土 地 売 却 益） 特別利益	200 ＊1	（土　　　　　地）	200
（非支配株主持分） （当 期 変 動 額）	40 ＊2	（非支配株主に帰属） （する 当 期 純 損 益）	40

　　＊1　　1,000千円－800千円＝200千円

　　＊2　　200千円×20％＝40千円

3．連結財務諸表の作成

　　当期のＰ社とＳ社の個別財務諸表を合算したあとに、連結第2年度の連結修正仕訳を加減して、連結財務諸表の金額を求めます。

［連結損益計算書］

　　売上高：6,200千円＋3,700千円－1,200千円＝8,700千円

　　売上原価：4,960千円＋2,590千円＋200千円－1,200千円＝6,550千円

　　販売費及び一般管理費：240千円＋110千円＋20千円－60千円＝310千円

　　営業外収益：800千円＋300千円－400千円＝700千円

　　特別利益：200千円－200千円＝0円

　　非支配株主に帰属する当期純利益：300千円－40千円＝260千円

［連結貸借対照表］

　　諸資産：1,500千円＋3,600千円＝5,100千円

　　売掛金：2,400千円＋2,200千円－1,200千円＝3,400千円

　　商品：2,000千円＋1,800千円－200千円＝3,600千円

　　土地：1,000千円－200千円＝800千円

　　のれん：180千円－20千円＝160千円

　　諸負債：780千円＋690千円＝1,470千円

　　買掛金：1,900千円＋1,800千円－1,200千円＝2,500千円

　　貸倒引当金：120千円＋110千円－60千円＝170千円

　　資本金：4,500千円＋3,000千円－3,000千円＝4,500千円

利益剰余金：2,600千円＋2,000千円－620千円－20千円－300千円－400千円
　　　　　　＋500千円－1,200千円＋1,200千円＋60千円－200千円－200千円
　　　　　　＋40千円＝3,460千円
非支配株主持分：800千円＋300千円－100千円－40千円＝960千円

POINT

●利益剰余金には、連結第２年度の連結修正仕訳で生じた損益項目も加減する必要がある点に注意しましょう。

第3問のポイント　難易度 B　配点 20点　目標点 14点

損益計算書の作成問題です。まず、未処理事項を処理してから、決算整理仕訳を行いましょう。損益項目だけに着目して解答するのが速く解くコツです。問題文をよく読み着実に点数を積み重ねていきましょう。

解　答

●数字につき配点

損　益　計　算　書
自×7年4月1日　至×8年3月31日
(単位：円)

I	売　上　高				(2,704,000)	❷
II	売　上　原　価					
	1	期首商品棚卸高	(	268,800)		
	2	当期商品仕入高	(	1,476,000)		
		合　計	(	1,744,800)		
	3	期末商品棚卸高	(	470,400)		
		差　引	(	1,274,400)		
	4	(商品評価損)	(	23,200)	(1,297,600)	❷
		売上総利益			(1,406,400)	
III	販売費及び一般管理費					
	1	給　料	(	568,000)		
	2	退職給付費用	(	51,200)		
	3	貸倒引当金繰入	(	69,800)	❷	
	4	減価償却費	(	118,200)	❷	
	5	保　険　料	(	36,000)	❷	
	6	雑　費	(	7,200)	(850,400)	
		営業利益			(556,000)	
IV	営業外収益					
	1	受取家賃	(	115,200)		
	2	受取利息	(	6,000)		
	3	有価証券評価益	(	14,400)		
	4	受取配当金	(	6,400)	(142,000)	
V	営業外費用					
	1	支払利息	(	6,400)	❷	
	2	貸倒引当金繰入	(	12,000)		
	3	為替差損	(	800)	❷	
	4	棚卸減耗損	(	11,200)	❷ (30,400)	
		経常利益			(667,600)	
VI	特別損失					
	1	固定資産売却損			(5,200)	
		税引前当期純利益			(662,400)	
		法人税、住民税及び事業税	(	272,040)		
		法人税等調整額	(△	7,080)	(264,960)	❷
		当期純利益			(397,440)	❷

解説

決算整理事項等の仕訳は以下のようになります。

1. 売上の計上基準（検収基準）

検収基準では、先方の検収作業が完了したときに、売上を計上します。なお、出荷した商品は80,000円分ですが、そのうち40,000円が返品されるため、売上として計上するのは、40,000円のみとなります。

（売　掛　金）	40,000 *	（売　　　　上）	40,000

* 80,000円 − 40,000円 = 40,000円

●売上の計上基準には、他に引渡基準や出荷基準などがあります。問題に基準が明記されている場合、それに従って売上の処理を行います。それぞれの基準の違いをおさえておきましょう。

2. 為替予約（振当処理、取引発生後）

取引発生後に為替予約を付したときは、為替予約の設定対象である外貨建債権債務を為替予約時の先物為替相場で換算替えします。これにともなう換算差額はすべて為替差損益とします。

（為 替 差 損 益）	800 *	（買　掛　金）	800

* （101円 − 100円）× 800ドル = 800円（買掛金の増加）
　　為替予約時の　取引時の
　　先物為替相場　直物為替相場

3. 貸倒引当金

(1) 売上債権

（貸倒引当金繰入）	69,800 *	（貸 倒 引 当 金）	69,800

* 一括評価設定額：(374,800円 + 515,200円 + 40,000円 − 160,000円) × 2% = 15,400円
　　　　　　　　　前T/B受取手形　前T/B売掛金　　1.　　個別評価分

　個別評価設定額：160,000円 × 40%　　　　　　　　　　　　　　　　= 64,000円
　設 定 額 合 計：　　　　　　　　　　　　　　　　　　　　　　　　79,400円
　貸倒引当金残高：　　　　　　　　　　　　　　　　　　　　　　　　 9,600円
　貸倒引当金繰入（販売費及び一般管理費）：　　　　　　　　　　　　69,800円

(2) 営業外債権（貸付金）

（貸倒引当金繰入）	12,000 *	（貸 倒 引 当 金）	12,000

＊ 貸倒引当金繰入（営業外費用）：400,000円×3％＝12,000円

POINT

●損益計算書上、売上債権に関する貸倒引当金繰入は「販売費及び一般管理費」に、貸付金などの営業外債権に関する貸倒引当金繰入は「営業外費用」に計上します。

4．売上原価の計算と期末商品の評価

（仕 入）	268,800	（繰 越 商 品）	268,800
（繰 越 商 品）	470,400 *1	（仕 入）	470,400
（棚 卸 減 耗 損）	11,200 *2	（繰 越 商 品）	11,200
（商 品 評 価 損）	23,200 *3	（繰 越 商 品）	23,200
（仕 入）	23,200	（商 品 評 価 損）	23,200

〈商品X〉

原価@400円

＊1　期末商品帳簿棚卸高
@400円×600個＝240,000円

＊3　商品評価損
（@400円−@360円）×580個
＝23,200円

正味売却価額
@360円

貸借対照表の商品の金額
@360円×580個
＝208,800円

＊2　棚卸減耗損
@400円
×（600個−580個）
＝8,000円

実地580個　　帳簿600個

〈商品Y〉

原価@640円

＊1　期末商品帳簿棚卸高
@640円×360個＝230,400円

貸借対照表の商品の金額
@640円×355個
＝227,200円

＊2　棚卸減耗損
@640円
×（360個−355個）
＝3,200円

実地355個　　帳簿360個

61

＊1　期末商品帳簿棚卸高：240,000円＋230,400円＝470,400円

＊2　棚卸減耗損：8,000円＋3,200円＝11,200円

＊3　商品評価損：23,200円（商品Yは正味売却価額@672円＞原価@640円のため、商品評価損の計上はありません）

POINT

●本問における、〔資料Ⅱ〕4.の期末商品棚卸高に関する資料は、「〔資料Ⅱ〕1.に係る事項を反映した後の数値である」という記載があるので、品違いによる返品分を帳簿数量や実地数量に別途加算するといった処理は必要ありません。

5．売買目的有価証券の期末評価

（売買目的有価証券）	14,400	（有価証券評価損益）	14,400 ＊

＊　$\underset{時価}{220,000円}－\underset{前T/B}{205,600円}＝14,400円$

6．減価償却

（減 価 償 却 費）	118,200	（建物減価償却累計額）	43,200 ＊1
		（備品減価償却累計額）	75,000 ＊2

＊1　1,440,000円×0.9÷30年＝43,200円

＊2　200％定率法（耐用年数8年）の償却率：1÷8年×200％＝0.25
（400,000円－100,000円）×0.25＝75,000円

減価償却費：43,200円＋75,000円＝118,200円

7．売上割戻引当金の設定

（売　　　　　上）	16,000	（売上割戻引当金）	16,000

売上高：$\underset{前T/B}{2,680,000円}＋\underset{1.}{40,000円}－16,000円＝2,704,000円$

POINT

●売上割戻引当金の繰入額は、損益計算書上、原則として売上高から直接控除します（仕訳上は、いったん「売上割戻引当金繰入」を計上することもあります）。

8．退職給付引当金の設定

（退 職 給 付 費 用）	51,200	（退 職 給 付 引 当 金）	51,200

9．費用の前払い

（前 払 保 険 料）	24,000 *	（保　　険　　料）	24,000

$*\quad 60,000円 \times \dfrac{8か月}{20か月} = 24,000円$

保険料：$\underset{前T/B}{60,000円} - 24,000円 = 36,000円$

10．支払利息の未払い

（支　払　利　息）	6,400 *	（未　払　利　息）	6,400

$*\quad 320,000円 \times 3\％ \times \dfrac{8か月}{12か月} = 6,400円$

11．法人税、住民税及び事業税の計上

（法人税, 住民税及び事業税）	272,040 *1	（仮 払 法 人 税 等）	105,600
		（未 払 法 人 税 等）	166,440 *2

＊1　$680,100円 \times 40\％ = 272,040円$

＊2　貸借差額

12．税効果会計

　将来減算一時差異の増加分17,700円（＝197,700円－180,000円）に法定実効税率を掛けた金額だけ繰延税金資産を追加計上します。なお、相手勘定は法人税等調整額とします。

（繰 延 税 金 資 産）	7,080 *	（法 人 税 等 調 整 額）	7,080

$*\quad （197,700円 - 180,000円） \times 40\％ = 7,080円$

第4問のポイント　難易度 A　配点 20点　目標点 16点

原価の分類と、製造原価報告書（C/R）、損益計算書（P/L）の作成問題です。直接費と間接費、製造原価と販売費、一般管理費の分類ができるかどうかがポイントです。また、本問の月次C/Rは、製造間接費実際発生額の集計を行わず、予定配賦額を計上するだけの形式になっています。最初に答案用紙を確認して、解答に必要な金額を把握するようにしましょう。

解　答

●数字につき配点

月次製造原価報告書　　　　　　　（単位：円）

Ⅰ．直 接 材 料 費	（ **250,000**	）
Ⅱ．直 接 労 務 費	（ **252,000**	）
Ⅲ．直 接 経 費	（ 40,000	）
Ⅳ．製造間接費配賦額	310,000	
当月総製造費用	（ 852,000	）
月初仕掛品棚卸高	128,000	
合　　計	（ 980,000	）
月末仕掛品棚卸高	144,000	
当月製品製造原価	（ **836,000**	）

月次損益計算書　　　　　　　　（単位：円）

Ⅰ．売　　上　　高			1,910,000	
Ⅱ．売　上　原　価				
月初製品棚卸高	320,000			
当月製品製造原価	（ 836,000	）		
合　　計	（ 1,156,000	）		
月末製品棚卸高	330,000			
差　　引	（ 826,000	）		
製造間接費配賦差異	（ 4,000	）	（ **830,000**	）
売上総利益			（ 1,080,000	）
Ⅲ．販売費及び一般管理費				
販　　売　　費	451,400			
一 般 管 理 費	（ 328,600	）	（ 780,000	）
営　業　利　益			（ **300,000**	）

解説

1. 月次製造原価報告書

(1) 直接材料費

問題資料の中で、直接材料となるのは主要材料と買入部品です。それ以外は間接材料です。

主要材料消費額：$\underbrace{10,000円}_{月初}+\underbrace{231,000円}_{当月仕入}-\underbrace{17,000円}_{月末}=224,000円$

買入部品消費額：$\underbrace{30,000円}_{当月仕入}-\underbrace{4,000円}_{月末}=26,000円$

直接材料費：224,000円＋26,000円＝250,000円

POINT
●材料費、労務費、経費について、直接費と間接費の分類を覚えておきましょう。種類の少ない直接費を押さえておくと楽です。

(2) 直接労務費

直接労務費となるのは、直接工の直接作業賃金のみです。本問では、直接工賃金のうち43,000円を間接労務費とする旨の指示があるので、これを除いた金額が直接作業賃金と推測できます。

$\underbrace{291,000円}_{当月支払}-\underbrace{5,000円}_{月初未払}+\underbrace{9,000円}_{月末未払}-\underbrace{43,000円}_{間接労務費}=252,000円$

(3) 直接経費

外注加工賃と特許権使用料が直接経費です。
36,000円＋4,000円＝40,000円

(4) 製造間接費（予定配賦額）

予定配賦額310,000円は製造原価報告書に記入済みです。

POINT
●答案用紙で製造原価報告書の形式を確かめてから、解答しましょう。本問では製造間接費について予定配賦額を記入する形になっています。

(5) 月初仕掛品、月末仕掛品、当月製品製造原価

　仕掛品の金額は製造原価報告書に記入済みです。加減算して当月製品製造原価を算出したら、同額を月次損益計算書にも移記します。

2．月次損益計算書

(1) 製造間接費（実際発生額）

① 間接材料費

<u>2,000円</u>＋<u>2,200円</u>＝4,200円
工場消耗品　消耗工具器具備品

② 間接労務費

直接工賃金のうち間接労務費：	43,000円
間　接　工　賃　金：64,000円－2,800円＋4,000円＝	65,200円
工　場　事　務　員　給　料：22,200円－1,600円＋2,200円＝	22,800円
そ　の　他　の　間　接　労　務　費：	51,000円
合　　　　　計	182,000円

③ 間接経費

材　料　棚　卸　減　耗　費：	800円
機械減価償却費（月額）：504,000円÷12月＝	42,000円
建物減価償却費(工場分、月額)：278,400円÷12月＝	23,200円
水　道　光　熱　費　（工　場　分）：	7,200円
そ　の　他　の　間　接　経　費：	54,600円
合　　　　　計	127,800円

POINT

● 本問では問題文に指示がついていますが、材料棚卸減耗費は間接経費として計上します。製造間接費の実際発生額を集計するときに、集計漏れとなりやすいので、発生を確認したら金額をメモしておきましょう。

④ 製造間接費配賦差異

実際発生額：①＋②＋③＝314,000円

<u>310,000円</u>－<u>314,000円</u>＝△4,000円（借方差異）
予定配賦額　　実際発生額

(2) 売上高、月初製品、月末製品、売上総利益

　売上高、月初製品、月末製品は損益計算書に記入済みなので、加減算して売上総利益を求めます。

(3) 販売費

　損益計算書に451,400円が記入済みです。

66

(4) 一般管理費

本社事務員給料：　　　　　　　　　22,600円
建物減価償却費（本社分）：580,800円÷12月＝ 48,400円
水道光熱費（本社分）：　　　　　　　10,200円
その他の一般管理費：　　　　　　　247,400円
　　合　　計　　　　　　　　　　　328,600円

(5) 営業利益

上記の金額を加減算して営業利益を求めます。

POINT
●通常、最終数値である利益の金額を正答するのは難しいのですが、本問では、費用の計上箇所を間違っても、営業利益の金額は正答する可能性があります。

3．勘定連絡図 （単位：円）

第5問のポイント 難易度 A 配点 20点 目標点 16点

パーシャル・プランを用いた標準原価計算の問題です。はじめの原価標準を求める段階で間違えてしまうとその後もいもづる式に間違えてしまうため、原価標準は慎重に求めましょう。

解答

●数字につき配点

仕 掛 品

前 月 繰 越	(	1,008,000	製　　　　品		38,610,000
材　　　料		7,999,200	次 月 繰 越 (❹		1,998,000)
賃　　　金		17,998,200	価 格 差 異		727,200
製 造 間 接 費		14,940,000	数 量 差 異 (❹		72,000)
賃 率 差 異 (❹		181,800)	時 間 差 異 (		180,000)
予 算 差 異 (❹		36,000)	操 業 度 差 異 (		432,000)
			変 動 費 能 率 差 異		36,000
			固 定 費 能 率 差 異 (❹		108,000)
	(	42,163,200)		(	42,163,200)

解説

1. 生産データの整理（パーシャル・プラン）

直接材料費 仕掛品

月初 [標準原価] 300個	完成品 [標準原価] 5,850個
当月投入 [実際原価] 6,000個	月末 [標準原価] 450個

直接労務費 製造間接費 仕掛品

月初 [標準原価] 300個×40％＝120個	完成品 [標準原価] 5,850個
当月投入 [実際原価] （差引）6,000個	月末 [標準原価] 450個×60％＝270個

> **POINT**
>
> ● 直接材料費はすべて始点投入されているため数量で計算し、直接労務費・製造間接費は加工進捗度を加味した完成品換算数量で計算します。

2．原価標準の算出

標準原価カード

	標準単価	標準消費量	
直接材料費	@600円[*1]	× 2kg	=1,200円[*2]
	標準賃率	標準直接作業時間	
直接労務費	@3,000円[*7]	× 1時間	=3,000円[*6]
	標準配賦率	標準直接作業時間	
製造間接費	@2,400円[*3]	× 1時間	=2,400円[*4]
製品1個あたり標準原価			6,600円[*5]

原価標準
製品1個あたり
の標準原価

* 1 標準単価を算定

① 実際消費量の算定

実際消費額を実際単価で割って、実際消費量を求めます。

$$\underset{\text{実際消費額}}{7,999,200円} \div \underset{\text{実際単価}}{660円/kg} = 12,120kg$$

② 標準単価の算定

実際消費額から価格差異（借方差異）を差し引いた金額を実際消費量で割って標準単価を求めます。

$$(\underset{\text{実際消費額}}{7,999,200円} - \underset{\substack{\text{価格差異（借方差異）}\\\text{仕掛品勘定より}}}{727,200円}) \div \underset{\text{実際消費量}}{12,120kg} = \underset{\text{標準単価}}{600円/kg}$$

> **POINT**
>
> ● 実際消費額（実際直接材料費）から価格差異を差し引いた金額は、標準消費額（標準直接材料費）と数量差異の合計額になります。そして、標準消費額（標準直接材料費）と数量差異の合計額は、標準単価に実際消費量を掛けた金額と同額になります。したがって、実際消費額（実際直接材料費）から価格差異を差し引いた金額を実際消費量で割ると標準単価の金額となります。

＊2 　直接材料費原価標準：<u>600円/kg</u>×<u>2kg</u>＝1,200円/個
　　　　　　　　　　　　標準単価　標準消費量

＊3 　標準配賦率の算定
　　変動費率と固定費率を算定し、両者を合算して標準配賦率を求めます。
　①　変動費率の算定
　　　変動費能率差異から変動費率を推定します。
　　　なお、変動費能率差異は、標準配賦率×（標準操業度－実際操業度）という計
　算式なので、まずは標準操業度と実際操業度を求めます。
　　　標準操業度＝標準直接作業時間：<u>6,000個</u>×<u>1時間/個</u>＝6,000時間
　　　　　　　　　　　　　　　　　当月投入量　標準直接作業時間

　　　実際操業度＝実際直接作業時間：<u>17,998,200円</u>÷<u>2,970円</u>＝6,060時間
　　　　　　　　　　　　　　　　　　実際消費額　　実際賃率

　　次に、標準配賦率を求めます。
　　変動費能率差異＝標準配賦率×（標準操業度－実際操業度）
　　標準配賦率＝変動費能率差異÷（標準操業度－実際操業度）
　　変動費率：<u>36,000円</u>÷（6,060時間－6,000時間）＝600円/時間
　　　　　　　仕掛品勘定より

　②　固定費率の算定
　　　月間固定費予算を月間基準操業度で割って固定費率を求めます。
　　　固定費率：<u>11,340,000円</u>÷<u>6,300時間</u>＝1,800円/時間
　　　　　　　　月間固定費予算　　月間基準操業度

　③　標準配賦率
　　　<u>600円/時間</u>＋<u>1,800円/時間</u>＝2,400円/時間
　　　　変動費率　　　固定費率

＊4 　製造間接費原価標準：<u>2,400円/時間</u>×<u>1時間/個</u>＝2,400円/個
　　　　　　　　　　　　　標準配賦率　　標準直接作業時間

＊5 　製品1個あたり標準原価の算定
　　　完成品原価を完成品数量で割って製品1個あたり標準原価を求めます。
　　　製品1個あたり標準原価：<u>38,610,000円</u>÷<u>5,850個</u>＝6,600円/個
　　　　　　　　　　　　　　　完成品原価　　完成品数量
　　　　　　　　　　　　　　　仕掛品勘定より

＊6 　直接労務費原価標準：<u>6,600円/個</u>－（<u>1,200円/個</u>＋<u>2,400円/個</u>）＝3,000円/個
　　　　　　　　　　　　　製品1個あたり　直接材料費　製造間接費
　　　　　　　　　　　　　標準原価　　　　原価標準　　原価標準

＊7 　標準賃率：<u>3,000円/個</u>÷<u>1時間/個</u>＝3,000円/時間
　　　　　　　　直接労務費原価標準　標準直接作業時間

3．月初仕掛品原価と月末仕掛品原価

(1) 月初仕掛品原価

1,200円/個×300個 + (3,000円/個 + 2,400円/個)×120個 = 1,008,000円
直接材料費　月初棚　　直接労務費　　製造間接費　　月初棚卸
原価標準　　卸数量　　原価標準　　　原価標準　　　換算数量

(2) 月末仕掛品原価

1,200円/個×450個 + (3,000円/個 + 2,400円/個)×270個 = 1,998,000円
直接材料費　月末棚　　直接労務費　　製造間接費　　月末棚卸
原価標準　　卸数量　　原価標準　　　原価標準　　　換算数量

4．原価差異の分析

(1) 直接材料費

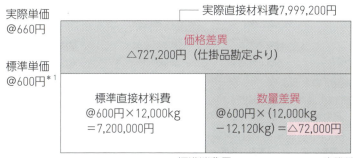

* 1　解説2の*1より
* 2　6,000個×2kg/個 = 12,000kg
　　　投入数量　標準消費量

(2) 直接労務費

実際賃率
@2,970円

実際直接労務費 17,998,200円

賃率差異
(@3,000円 − @2,970円) × 6,060時間 = 181,800円

標準賃率
@3,000円*1

標準直接労務費
@3,000円×6,000時間
= 18,000,000円

時間差異
@3,000円×(6,000時間
− 6,060時間) = △180,000円

標準直接作業時間　　　実際直接作業時間
6,000時間*2　　　　　6,060時間*2

* 1　解説2の*7より
* 2　解説2の*3より

(3) 製造間接費

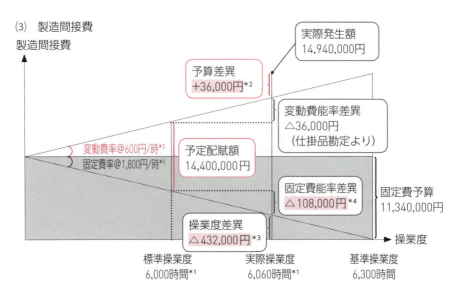

* 1　解説2の*3より
* 2　(600円/時間×6,060時間+11,340,000円)−14,940,000円=+36,000円(貸方)
　　　変動費率　　実際操業度　　　固定費予算　　　実際発生額
* 3　1,800円/時間×(6,060時間−6,300時間)=△432,000円(借方)
　　　固定費率　　　実際操業度　基準操業度
* 4　1,800円/時間×(6,000時間−6,060時間)=△108,000円(借方)
　　　固定費率　　　標準操業度　実際操業度

> **LECTURE　標準原価計算の勘定記入**
>
> ● 2級で問われる標準原価計算における仕掛品勘定の記入方法には主にパーシャル・プランとシングル・プランの2つがあります。
> パーシャル・プラン：仕掛品勘定の当月製造費用を実際原価で記入するため、仕掛品勘定で原価差異を把握
> シングル・プラン：仕掛品勘定の当月製造費用を標準原価で記入するため、原価差異は、各原価要素の勘定で把握

解答解説

● 新傾向対策問題

新傾向対策問題　解答・解説

問題1のポイント　難易度 A　配点 20点　目標点 16点

本問はサービス業の場合における損益計算書の作成問題です。売上総利益の計算までに特徴があります。通常の損益計算書と比較をして覚えましょう。

解答

●数字につき配点

損益計算書
自×6年4月1日　至×7年3月31日　（単位：千円）

Ⅰ 役務収益				(5,960,160)❷
Ⅱ 役務原価				
報酬		(4,337,400)❷		
その他		(67,200)	(4,404,600)	
売上総利益			(1,555,560)	
Ⅲ 販売費及び一般管理費				
1 給料	(480,000)			
2 旅費交通費	(4,000)			
3 水道光熱費	(5,200)			
4 通信費	(20,960)			
5 支払家賃	(281,600)❷			
6 賞与引当金繰入	(204,800)❷			
7 貸倒損失	(1,600)			
8 貸倒引当金繰入	(5,112)❷			
9 減価償却費	(36,800)❷			
10（ソフトウェア）償却	(15,200)❷			
11 退職給付費用	(11,200)❷	(1,066,472)		
営業利益		(489,088)		
Ⅳ 営業外収益				
1（受取利息）		(512)		
Ⅴ 営業外費用				
1（支払利息）		(4,960)		
経常利益		(484,640)		
Ⅵ 特別利益				
1（投資有価証券売却益）		(12,800)		
Ⅶ 特別損失				
1（ソフトウェア除却損）		(16,800)❷		
税引前当期純利益		(480,640)		
法人税、住民税及び事業税	(192,896)			
法人税等調整額	(△ 640)	(192,256)❷		
当期純利益		(288,384)		

決算整理仕訳は次のとおりです（仕訳の単位：千円）。

1．貸倒れの処理

（貸 倒 引 当 金）	960	（売 掛 金）	2,560
（貸 倒 損 失）	1,600		

2．役務原価の仕掛品処理

役務収益（売上）を計上する前に支出した役務原価となる費用は、いったん仕掛品で処理し、役務収益が計上されたときに仕掛品から役務原価へ振り替えます。

（役務原価・報酬）	2,240	（仕 掛 品）	2,240
（仕 掛 品）	2,560	（役務原価・報酬）	2,560

3．役務収益、役務原価の追加計上

勤務報告書の提出漏れにより、未処理となっていた役務収益と役務原価を追加計上します。そこで、勤務総時間に1時間あたり給与を掛けて役務原価を求めます。また、事業の内容において①の形態では1時間あたり給与は顧客への請求額の75％とあるので、役務原価を75％で割り戻すことで役務収益を求めます。

（役務原価・報酬）	120 *1	（未 払 金）	120
（売 掛 金）	160 *2	（役 務 収 益）	160

＊1　1,200円×100時間＝120千円
＊2　120千円÷75％＝160千円

POINT
● スタッフの給与は損益計算書上では「役務原価・報酬」に計上される点に注意しましょう。

4．貸倒引当金の設定

（貸倒引当金繰入）	5,112 *	（貸 倒 引 当 金）	5,112

＊　(1,184,800千円－2,560千円＋160千円)×0.5％＝5,912千円
　　5,912千円－(1,760千円－960千円)＝5,112千円

5．経過勘定の処理

（支　払　家　賃）	20,800	（前　払　費　用）	20,800
（前　払　費　用）	27,200	（支　払　家　賃）	27,200
（未　払　費　用）	640	（水　道　光　熱　費）	640
（水　道　光　熱　費）	720	（未　払　費　用）	720

6．有形固定資産の減価償却

（減　価　償　却　費）	36,800 *	（備品減価償却累計額）	36,800

＊　294,400千円÷8年＝36,800千円

7．ソフトウェアの処理

(1) 期首残高のソフトウェア

　期首残高のソフトウェアは、取得後8年を経過しているため、残存耐用年数は2年となります。そこで、残存耐用年数にもとづいて除却時までの償却額を求めるとともに、除却時の帳簿価額をソフトウェア除却損として計上します。

（ソフトウェア償却）	12,000 *1	（ソ　フ　ト　ウ　ェ　ア）	28,800
（ソフトウェア除却損）	16,800 *2		

＊1　$28,800千円 \div 2年 \times \dfrac{10か月}{12か月} = 12,000千円$

＊2　$\underset{期首残高}{28,800千円} - \underset{当期償却額}{12,000千円} = 16,800千円$

(2) 当期取得分のソフトウェア

（ソフトウェア償却）	3,200 *	（ソ　フ　ト　ウ　ェ　ア）	3,200

＊　$192,000千円 \div 10年 \times \dfrac{2か月}{12か月} = 3,200千円$

8．退職給付引当金、賞与引当金

（退　職　給　付　費　用）	11,200	（退　職　給　付　引　当　金）	11,200
（賞　与　引　当　金　繰　入）	28,800 *	（賞　与　引　当　金）	28,800

＊　$\underset{翌期支給見込額}{204,800千円} - \underset{既計上額}{16,000千円 \times 11回} = 28,800千円$

9．法人税等

　課税所得の40％相当額が192,896千円なのに対して、前T/Bに計上されている法人税、住民税及び事業税が80,000千円であるため、不足分を追加計上します。

（法人税,住民税及び事業税）	112,896 ＊	（未 払 法 人 税 等）	112,896

＊　課税所得：482,240千円×40％＝192,896千円
　　追加計上額：192,896千円－80,000千円＝112,896千円
　　　　　　　　　　　　　　　既計上法人税等

10．税効果会計

　将来減算一時差異の増加分1,600千円（＝4,800千円－3,200千円）に法定実効税率を掛けた金額だけ繰延税金資産を追加計上します。なお、相手勘定は法人税等調整額とします。

（繰 延 税 金 資 産）	640 ＊	（法人税等調整額）	640

＊　（4,800千円－3,200千円）×40％＝640千円

問題2のポイント　難易度 B　配点 20点　目標点 14点

本問は製造業会計に関する総合問題です。本問は、商業簿記と工業簿記の知識が要求されます。したがって、工業簿記を一度学習されたあと、再度、商業簿記に戻ってから本問を解答してください。より理解が深まり、解答することができます。また、月中取引や決算整理等に関する仕訳も重要となります。一つひとつ、丁寧に解答することを意識しましょう。

解　答

●数字につき配点

貸　借　対　照　表
×9年3月31日
(単位：円)

資産の部			負債の部		
I 流　動　資　産			I 流　動　負　債		
現　金　預　金		(55,288,800)	支　払　手　形		1,596,000
受　取　手　形		(10,035,000)	買　掛　金		(2,856,000)
売　掛　金		(7,671,000)	未払法人税等		(580,900)
材　　　　料		❷ 144,000)	(製品保証)引当金		❷ 15,000)
仕　掛　品		❷ 180,000)	流動負債合計		(5,047,900)
製　　　　品		(99,000)	II 固　定　負　債		
短　期　貸　付　金		(270,000)	長　期　借　入　金		2,400,000
貸　倒　引　当　金	△❷ 182,460)		(退職給付)引当金		❷ 4,500,000)
流動資産合計		(73,505,340)	固定負債合計		(6,900,000)
II 固　定　資　産			負債の部合計		(11,947,900)
建　　物 (4,320,000)			純資産の部		
減価償却累計額 (396,000)		(3,924,000)	資　本　金		39,076,200
機　械　装　置 (3,240,000)			利　益　準　備　金		7,854,000
減価償却累計額 (1,503,600)		❷ 1,736,400)	繰越利益剰余金		❷ 20,287,640※)
固定資産合計		(5,660,400)	純資産の部合計		(67,217,840)
資産の部合計		(79,165,740)	負債・純資産合計		(79,165,740)

区分式損益計算書に表示される利益

①売上総利益	❷ 4,087,800 円
②営業利益	❷ 2,558,760 円
③経常利益	2,502,360 円
④当期純利益	❷ 1,546,460 円

※ 繰越利益剰余金：
　18,741,180円 ＋ 1,546,460円 ＝ 20,287,640円
　残高試算表　　　当期純利益
　繰越利益剰余金

解 説 ▶

　[資料Ⅰ]の2月末現在の残高試算表に、3月中の取引を加減して決算整理前の残高を計算します。その後、決算整理等に関する事項を反映させて、貸借対照表の作成と区分式損益計算書に表示される利益の金額の算定を行います。

1．3月の取引

⑴　材料の購入、消費

　① 材料の購入

　　　材料を仕入れたときは、**材料の増加**として処理します。なお、代金は掛けとしているため、**買掛金の増加**として処理します。

（材　　　　　料）	270,000	（買　　掛　　金）	270,000

　② 材料の消費

　　　材料のうち、直接材料費は**材料勘定**から**仕掛品勘定**へ振り替えます。一方、間接材料費は**材料勘定**から**製造間接費勘定**へ振り替えます。

（仕　　掛　　品）	210,000	（材　　　　　料）	270,000
（製　造　間　接　費）	60,000		

⑵　賃金の支払い、消費

　① 賃金の支払い

　　　賃金（直接工直接作業賃金）を支払ったときは、**賃金の増加**として処理します。

（賃　　　　　金）	240,000	（現　　　　　金）	240,000
		現金預金	

　② 賃金の消費

　　　直接工直接作業賃金は、直接労務費となるため、**賃金勘定**から**仕掛品勘定**へ振り替えます。なお、本問では、月初・月末未払がないため、支払額と消費額が一致します。

（仕　　掛　　品）	240,000	（賃　　　　　金）	240,000

⑶　製造間接費の予定配賦

　本問は製造間接費について予定配賦を行っているため、製造間接費の予定配賦額を**製造間接費勘定**から**仕掛品勘定**へ振り替えます。

（仕　　掛　　品）	270,000	（製　造　間　接　費）	270,000

⑷ 製造間接費の支払い（間接材料費と以下の事項以外）

間接材料費と決算整理事項以外の製造間接費の実際発生額を**製造間接費勘定**に計上します。

（製 造 間 接 費）	97,500	（現 　　　　　 金）	97,500
		現金預金	

⑸ 製品の完成

製品が完成したときは、当月完成品総合原価を**仕掛品勘定**から**製品勘定**へ振り替えます。

（製 　　　　 品）	690,000	（仕 　 掛 　 品）	690,000

⑹ 製品の売上

① 売上原価の計上

3月に販売した製品の原価を**製品勘定**から**売上原価勘定**へ振り替えます。

（売 　 上 　 原 　 価）	660,000	（製 　　　　 品）	660,000

② 売上高の計上

製品を販売したときは**売上の増加**として処理します。また、代金は掛けとしているため**売掛金の増加**として処理します。

（売 　 掛 　 金）	960,000	（売 　　　　 上）	960,000

POINT

● 材料費や労務費は製品との関連によって、直接費と間接費に分類されます。たとえば、材料を消費したとき、その材料費が直接材料費の場合は、材料から仕掛品に振り替えます。また、その材料費が間接材料費の場合、材料から製造間接費に振り替えます。

2．棚卸減耗

⑴ 材料の棚卸減耗

① 棚卸減耗損の計上

材料の帳簿残高（3月の取引処理後の帳簿残高）と材料実際有高の差額を**棚卸減耗損**として処理します。

（棚 卸 減 耗 損）	300	（材 　　　　 料）	300 ＊

＊ 材料帳簿残高：144,300円＋270,000円－270,000円＝144,300円
　　　　　　　　残高試算表　　　 1.⑴　　　 1.⑴

材料棚卸減耗損：144,300円－144,000円＝300円

80

② 棚卸減耗損の振り替え

棚卸減耗損について、**棚卸減耗損勘定**から**製造間接費勘定**へ振り替えます。

(製 造 間 接 費)	300	(棚 卸 減 耗 損) 300

POINT

●材料の正常な棚卸減耗により生じた棚卸減耗損は、間接経費に分類されるため、製造間接費に振り替えます。

⑵ 製品の棚卸減耗

製品の帳簿残高（3月の取引処理後の帳簿残高）と製品の実際有高の差額を棚卸減耗損として処理します。なお、本問では、製品の棚卸減耗については売上原価に賦課するとあるため、借方は**売上原価**とします。

(売 上 原 価)	6,000	(製 品) 6,000 *

* 製品帳簿残高：$\underset{\text{残高試算表}}{75,000円}+\underset{1.(5)}{690,000円}-\underset{1.(6)}{660,000円}=105,000円$

製品棚卸減耗損：105,000円－99,000円＝6,000円

3．固定資産の減価償却
⑴ 減価償却費の計上

減価償却費の月割額（1か月分）を計上します。

(減 価 償 却 費)	45,600	(建物減価償却累計額)	12,000
		(機械装置減価償却累計額)	33,600

⑵ 減価償却費の振り替え

減価償却費のうち、製造活動用に関する分は**製造間接費勘定**へ振り替えます。また、販売・一般管理活動用に関する分は**販売費及び一般管理費勘定**へ振り替えます。

(製 造 間 接 費)	41,400 *	(減 価 償 却 費)	45,600
(販売費及び一般管理費)	4,200		

* 7,800円＋33,600円＝41,400円

POINT

●減価償却費について、製造活動分と販売・一般管理活動分がある場合、製造活動分については、間接経費に分類されるため、製造間接費に振り替えます。また、販売・一般管理活動分については、販売費及び一般管理費に振り替えます。

4．貸倒引当金の設定

(1) 売上債権

（貸倒引当金繰入） 販売費及び一般管理費	42,060	（貸 倒 引 当 金）	42,060 *

* 期末売上債権：10,035,000円＋6,711,000円＋960,000円＝17,706,000円
  残高試算表の受取手形・売掛金　　1.(6)

  貸 倒 引 当 金：17,706,000円×1％＝177,060円

  貸倒引当金繰入：177,060円－135,000円＝42,060円

(2) 営業外債権

（貸倒引当金繰入） 営業外費用	5,400	（貸 倒 引 当 金）	5,400 *

* 期末営業外債権：270,000円
  残高試算表の
  短期貸付金

  貸 倒 引 当 金：270,000円×2％＝5,400円

  貸倒引当金繰入：5,400円－0円＝5,400円

5．退職給付引当金の設定

(1) 退職給付引当金の計上

退職給付引当金について月割額（1か月分）を計上します。

（退 職 給 付 費 用）	120,000	（退職給付引当金）	120,000 *

* 72,000円＋48,000円＝120,000円

(2) 退職給付費用の振り替え

退職給付費用のうち、製造活動に携わる従業員分は**製造間接費勘定**へ振り替えます。また、製造活動以外に携わる従業員分は**販売費及び一般管理費勘定**へ振り替えます。

（製 造 間 接 費）	72,000	（退 職 給 付 費 用）	120,000
（販売費及び一般管理費）	48,000		

POINT
● 退職給付費用について、製造活動に携わる従業員のものについては、間接労務費に分類され、製造間接費に振り替えます。

6．製品保証引当金の設定
(1) 製品保証引当金の設定と戻入れ

| (製品保証引当金繰入) | 15,000 | (製品保証引当金) | 15,000 |
| (製品保証引当金) | 18,000 | (製品保証引当金戻入) | 18,000 |

(2) 繰入れと戻入れの相殺

| (製品保証引当金戻入) | 15,000 | (製品保証引当金繰入) | 15,000 |

7．製造間接費配賦差異の把握と振り替え
(1) 原価差異の把握

製造間接費の予定配賦額と実際発生額の差異（製造間接費配賦差異）を**製造間接費勘定**から**原価差異勘定**へ振り替えます。

| (原 価 差 異) | 1,200 * | (製 造 間 接 費) | 1,200 |
| 製造間接費配賦差異 | | | |

* 製造間接費の予定配賦額：270,000
  　　　　　　　　　　　　1.(3)

  製造間接費の実際発生額：
  　60,000円＋97,500円＋300円＋41,400円＋72,000円＝271,200円
  　　1.(1)　　　1.(4)　　 2.(1)　　3.(2)　　5.(2)

  原価差異：270,000円－271,200円＝△1,200円（不利差異・借方差異）

(2) 原価差異の振り替え

原価差異は売上原価に賦課するとあるため、**原価差異勘定**から**売上原価勘定**へ振り替えます。

| (売 上 原 価) | 1,200 | (原 価 差 異) | 1,200 * |
| | | 製造間接費配賦差異 | |

* △1,200円（不利差異・借方差異）

POINT

●製造間接費の実際発生額が予定配賦額よりも多い場合、不利差異（借方差異）となります。また、製造間接費の実際発生額が予定配賦額よりも少ない場合、有利差異（貸方差異）となります。なお、原価差異は、決算において、売上原価に振り替えます。

8．決算整理後の損益計算書の金額

(1) 売上高

$\underset{\text{残高試算表}}{10,590,000円}+\underset{1.(6)}{960,000円}=11,550,000円$

(2) 売上原価

$\underset{\text{残高試算表}}{6,795,000円}+\underset{1.(6)}{660,000円}+\underset{2.(2)}{6,000円}+\underset{7.(2)}{1,200円}=7,462,200円$

(3) 売上総利益

$\underset{(1)\text{売上高}}{11,550,000円}-\underset{(2)\text{売上原価}}{7,462,200円}=4,087,800円$

(4) 販売費及び一般管理費

$\underset{\text{残高試算表}}{1,434,780円}+\underset{3.}{4,200円}+\underset{4.(1)}{42,060円}+\underset{5.(2)}{48,000円}=1,529,040円$

(5) 営業利益

$\underset{(3)\text{売上総利益}}{4,087,800円}-\underset{(4)\text{販売費及び一般管理費}}{1,529,040円}=2,558,760円$

(6) 営業外収益

$\underset{6.(1)}{18,000円}-\underset{6.(2)}{15,000円}=3,000円$

(7) 営業外費用

$\underset{\substack{\text{残高試算表の}\\\text{支払利息＋手形売却損}}}{48,000円}+6,000円+\underset{4.(2)}{5,400円}=59,400円$

(8) 経常利益

$\underset{(5)\text{営業利益}}{2,558,760円}+\underset{(6)\text{営業外収益}}{3,000円}-\underset{(7)\text{営業外費用}}{59,400円}=2,502,360円$

(9) 特別利益

$\underset{\substack{\text{残高試算表の}\\\text{固定資産売却益}}}{75,000円}$

(10) 特別損失

0円

⑾ **税引前当期純利益**

2,502,360円＋75,000円－ 0円 ＝2,577,360円
　⑻経常利益　　　⑼特別利益　⑽特別損失

⑿ **法人税、住民税及び事業税**

2,577,360円×40％＝1,030,944円→1,030,900円（100円未満切捨て）

| （法人税、住民税及び事業税） | 1,030,900 | （仮 払 法 人 税 等） | 450,000 |
| | | （未 払 法 人 税 等） | 580,900 |

⒀ **当期純利益**

2,577,360円－1,030,900円＝1,546,460円
　⑾税引前　　　　⑿法人税、住民
　当期純利益　　　税及び事業税

85

問題3のポイント　難易度 B　配点 10点　目標点 6点

有価証券の決算整理等に関する○×問題です。普段の勉強を進めていくなかで、計算パターンを覚えるだけでなく用語などを意識しておくとよいでしょう。

解　答

各2点

| ① | × | ② | × | ③ | × | ④ | × | ⑤ | ○ |

解　説

1．売買目的有価証券

売買目的有価証券は、時価をもって貸借対照表価額として、評価差額は有価証券評価損益とします。ただし、翌期における評価差額の処理については、切放方式と洗替方式のどちらの方法も認められています。

よって、正解は「×」となります。

2．子会社株式

子会社株式は会社の支配を目的として長期間保有されるものなので、時価の変動を認識する必要がありません。そのため、取得原価をもって貸借対照表価額とします。

よって、正解は「×」となります。

3．満期保有目的債券

満期保有目的債券は、満期日まで保有することを目的とするため、時価の変動を認識する必要がありません。そのため、取得原価をもって貸借対照表価額とします。ただし、公社債は債券金額より低い価額（または高い価額）で取得した場合において、その差額が金利の調整であるときは、償却原価を貸借対照表価額とします。なお、償却原価を期末時価に改めて評価替えするといった処理はおこないません。

よって、正解は「×」となります。

4．その他有価証券①

その他有価証券は、評価差額の会計処理は、**洗替方式**により、翌期首に**再振替処理**が行われるため、期中の帳簿価額は当初の取得原価となります。

よって、正解は「×」となります。

5．その他有価証券②

　その他有価証券は、時価をもって貸借対照表価額としますが、評価差額は収益や費用として処理しないで、その他有価証券評価差額金として、純資産に直入します。

　よって、正解は「○」となります。

LECTURE　その他有価証券の評価差額の会計処理

①　取得原価 ＜ 時価の場合 ⇒「評価差益」の処理

当 期 末 (決算整理)	(その他有価証券)　　××　　(その他有価証券評価差額金)　　×× 　　　　　　　　　　　　　　　　B/S純資産の部に計上
翌 期 首 (再 振 替)	(その他有価証券評価差額金)　××　　(その他有価証券)　　××

②　取得原価 ＞ 時価の場合 ⇒「評価差損」の処理

当 期 末 (決算整理)	(その他有価証券評価差額金)　××　　(その他有価証券)　　×× B/S純資産の部に計上
翌 期 首 (再 振 替)	(その他有価証券)　　××　　(その他有価証券評価差額金)　　××

問題4のポイント　難易度 B　配点 10点　目標点 6点

会計処理の○×問題です。本試験ではわからなくてもとりあえず○×を解答しておき、時間が余ったらもう一度確認をするようにしましょう。

解　答

各2点

| ① | × | ② | × | ③ | ○ | ④ | × | ⑤ | × |

解　説

1．期末商品の評価

商品は**収益性が低下したとき**のみ、正味売却価額に評価替えします。そのため、正味売却価額が原価を上回っているときは、原価のまま評価し、商品評価益を計上するという処理は行いません。

よって、正解は「×」となります。

2．損益計算書における表示

固定資産売却損益や火災損失などのように、その期だけ特別（臨時的）に発生したものについては、報告式損益計算書において「特別**利益**」「特別**損失**」の区分に表示します。内容は、収益または費用ですが、損益計算書の表示区分において、見出しとして使用する用語です。

よって、正解は「×」となります。

3．研究開発費

特定の研究開発にのみ使用され、他に転用できないような機械装置等を購入した場合の支出額は、固定資産に計上しないで、研究開発費として当期の費用とします。

よって、正解は「○」となります。

4．株式の発行

会社が株式を発行して調達した資金は、その**払込金額を全額資本金として計上することが原則**ですが、**払込金額の一部を資本金とせずに資本準備金とすることも容認**されています。

よって、正解は「×」となります。

資本金の計上額

原則	払込金額の全額（1株の払込金額×発行株式数）
容認	払込金額の2分の1以上

5．リース取引

　オペレーティング・リース取引は、通常の賃貸借取引に係る方法と同様に処理を行います。そのため、リース契約時には通常、リース取引に関する仕訳は行いません。なお、問題文の処理方法は、ファイナンス・リース取引に関するものです。
　よって、正解は「×」となります。

問題5のポイント　難易度 A　配点 16点　目標点 14点

用語の穴埋め問題です。計算問題であれば難なく答えられる事柄でも、改めて問われると動揺してしまうかもしれません。普段の計算過程を思い出しながら解答しましょう。

解答

各2点

①	受取配当金	②	営業外収益	③	現金過不足
④	雑損	⑤	営業外費用	⑥	流動資産
⑦	固定資産	⑧	未収収益		

解説

1. 株式配当金領収証の処理

株式配当金領収証を受け取ったときは、貸方科目は**受取配当金勘定**で処理します。なお、受取配当金は損益計算書の**営業外収益**の区分に表示します。また、株式配当金領収証は通貨代用証券であるため、借方科目は現金勘定で処理します。

　　　(現　　　　　金)　××　(受 取 配 当 金)　××

2. 現金過不足の処理（期中・期末）

期中において現金の実際有高が帳簿残高より不足していることがわかったときは、不足分だけ現金を減少させます。このとき、借方科目は不一致の原因が判明するまで**現金過不足勘定**で処理します。

　　　(現 金 過 不 足)　××　(現　　　　　金)　××

また、期末において現金の実際有高が帳簿残高より不足していることが判明し、かつ不一致の原因が不明であるときは、不足分だけ現金を減少させます。このとき、借方科目は**雑損勘定**で処理します。なお、雑損は損益計算書の**営業外費用**の区分に表示します。

　　　(雑　　　　　損)　××　(現　　　　　金)　××

3．定期預金

定期預金は、一年基準により、決算日の翌日から起算して満期日まで1年以内のものは貸借対照表の**流動資産**の区分に、満期日まで1年を超えるものは貸借対照表の**固定資産**の区分に表示します。また、預金利息を翌期以降に全額受け取る場合は、期末において当期経過期間に対応する金額を月割計算にて**未収収益勘定**を用いて計上します。

| （未 収 収 益） | ×× | （受 取 利 息） | ×× |

LECTURE 現金の範囲

簿記上の現金として扱うもの	
通　　貨	紙幣・硬貨（外国通貨を含む）
通貨代用証券	他人振出の小切手
	郵便為替証書
	送金小切手
	支払日の到来した公社債の利札
	配当金領収証

この他にも、預金手形、振替貯金払出証書などがあります。

問題6のポイント　難易度 A　配点 22点　目標点 16点

用語の穴埋め問題です。普段の勉強を進めていくなかで、計算パターンを覚えるだけでなく用語を意識して問題を解くとよいでしょう。

解答

各2点

①	親会社	②	子会社	③	連結財務諸表
④	非支配株主持分	⑤	純資産	⑥	定率法
⑦	実績率	⑧	取得原価	⑨	税抜方式
⑩	照合	⑪	株主資本等変動		

解説

1．親会社と子会社

　他の企業の株主総会など意思決定機関を支配している会社を**親会社**といい、支配されている当該会社を**子会社**といいます。「意思決定機関を支配している」とは、親会社が他の企業の議決権（株式等）の過半数（50％超）を所有している場合などをいいます。

　連結財務諸表に対して親会社または子会社が単体で作成する通常の財務諸表を個別財務諸表といいます。連結財務諸表は、この個別財務諸表をもとに、親会社・子会社間の取引額等の調整（連結修正仕訳）をして作成します。

2．部分所有の場合の連結

　非支配株主持分は、親会社（支配会社）以外の株主の持分を表し、連結貸借対照表の**純資産**の部に計上します。

LECTURE 投資と資本の相殺消去

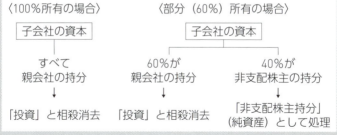

3．定率法による減価償却

固定資産の取得原価から減価償却累計額を控除した額に毎期一定の償却率を乗じて減価償却費を計算する方法は、**定率法**です。

LECTURE 固定資産の減価償却

4．貸倒引当金の設定（一括評価）

期末における貸倒れの見積もりは、基本的には売上債権およびその他金銭債権の期末残高に対し、過去の実績等にもとづいて算定した**実績率**を乗じることにより行います。これを一括評価といいます。

5．子会社株式の期末処理

子会社株式は、会社の支配を目的として長期間所有されることから、基本的に時価の変動を認識する必要がありません。貸借対照表には**取得原価**で計上します。

6．消費税（税抜方式）

消費税の会計処理について、原則として消費税の支払額や受取額を、仮払消費税勘定や仮受消費税勘定を用いて、区分して記帳します。これを**税抜方式**といいます。なお、消費税額を区分しないで記帳する税込方式による処理を行うこともできます。

7．本店勘定と支店勘定

　本支店会計において、内部取引による債権・債務の記帳に用いられる、本店側の支店勘定と、支店側の本店勘定は、相互に照合して一致を確認（一致していない場合、連絡未達等未記帳が存在）することから**照合**勘定と呼ばれます。

8．株主資本等変動計算書

　株主資本等変動計算書とは、株主資本等（純資産）の変動を表す財務諸表で、貸借対照表の純資産の部について、項目ごとに、当期首残高、当期変動額、当期末残高を記載します。

LECTURE　株主資本等変動計算書への記載

- 当期首残高
  前期末における貸借対照表の純資産の金額を記入
- 当期変動額
  一定の項目に区別した期中における純資産の変動を記入
- 当期末残高
  当期首残高に当期変動額の合計を加算または減算し、当期末における純資産の金額を記入

問題7のポイント 難易度 B 配点 22点 目標点 14点

課税所得の算定方法についての用語の穴埋め問題です。あまり見慣れない問題かもしれませんが、会計処理を思い浮かべながら考えていきましょう。

解答

各2点

①	収 益	②	費 用	③	益 金
④	損 金	⑤	益 金 算 入	⑥	加 算
⑦	損 金 算 入	⑧	減 算	⑨	益 金 不 算 入
⑩	損 金 不 算 入	⑪	実 効 税 率		

解説

1．課税所得の算定方法

税引前当期純利益（会計上の利益）と、課税所得（税法上の利益）は、それぞれ次の算式により表すことができます。

税引前当期純利益（会計上の利益）＝ **収益** － **費用**
課　税　所　得（税法上の利益）＝ **益金** － **損金**

会計上の「収益・費用」と、税法上の「益金・損金」は、ほぼ同じ内容ですが、認識時点およびその範囲の違い等により若干の差異があり、その結果、税引前当期純利益（会計上の利益）と課税所得（税法上の利益）にも差額が生じます。

2．損金（益金）不算入と損金（益金）算入

法人税等の算定は課税所得をもとにして行いますが、会計上の計算をあらためてやり直すのではなく、税引前当期純利益に対して、税法上の差異部分を加算または減算して、課税所得の金額を算定します。

税引前当期純利益に**加算**する調整項目	**益金算入**	会計上は収益としていないが、税法上は益金となるもの
	損金不算入	会計上は費用としたが、税法上は損金とならないもの
税引前当期純利益より**減算**する調整項目	**益金不算入**	会計上は収益としたが、税法上は益金とならないもの
	損金算入	会計上は費用としていないが、税法上は損金となるもの

課税所得＝税引前当期純利益＋益金算入額＋損金不算入額－益金不算入額－損金算入額

3．法人税等の計算

課税所得に**実効税率**を掛けて法人税等の金額を算定します。

法人税等＝課税所得×実効税率

LECTURE **課税所得の算定方法**

法人税、住民税及び事業税＝課税所得×実効税率

課税所得＝税引前当期純利益＋加算調整－減算調整

		例示
加算調整	損金不算入額	・貸倒引当金の繰入限度超過額 ・減価償却費の償却限度超過額　など
	益金算入額	・売上計上漏れ　など
減算調整	損金算入額	・貸倒損失認定損（前期に設定した貸倒引当金の取り崩し）　など
	益金不算入額	・受取配当等の益金不算入額　など

MEMO

スッキリとけるシリーズ

2020年度版
スッキリとける　日商簿記2級　過去＋予想問題集

2020年4月3日　　初　版　第1刷発行
2020年10月14日　　　　　　第2刷発行

監　　修　　滝　澤　な　な　み
編　著　者　　TAC出版　開発グループ
発　行　者　　多　田　敏　男
発　行　所　　TAC株式会社　出版事業部
　　　　　　　　　　　　　　　（TAC出版）
〒101-8383
東京都千代田区神田三崎町3-2-18
電　話　03（5276）9492（営業）
FAX　03（5276）9674
https://shuppan.tac-school.co.jp

イラスト　　佐　藤　雅　則
組　　版　　株式会社　グ　ラ　フ　ト
印　　刷　　株式会社　ワコープラネット
製　　本　　東京美術紙工協業組合

© TAC 2020　　　Printed in Japan　　　　　ISBN 978-4-8132-8602-8
N.D.C. 336
落丁・乱丁本はお取り替えいたします。

本書は，「著作権法」によって，著作権等の権利が保護されている著作物です。本書の全部または一部につき，無断で転載，複写されると，著作権等の権利侵害となります。上記のような使い方をされる場合，および本書を使用して講義・セミナー等を実施する場合には，小社宛許諾を求めてください。

各種本試験の実施の延期，中止を理由とした本書の返品はお受けいたしません。返金もいたしかねますので，あらかじめご了承くださいますようお願い申し上げます。

簿記検定講座のご案内

選べる学習メディアでご自身に合うスタイルでご受講ください!

通学講座
3級コース 3・2級コース 2級コース 1級コース 1級上級・アドバンスコース

教室講座 （通って学ぶ）
定期的な日程で通学する学習スタイル。常に講師と接することができるという教室講座の最大のメリットがありますので、疑問点はその日のうちに解決できます。また、勉強仲間との情報交換も積極的に行えるのが特徴です。

ビデオブース（個別DVD）講座 （通って学ぶ／予約制）
ご自身のスケジュールに合わせて、TACのビデオブースで学習するスタイル。日程を自由に設定できるため、忙しい社会人に人気の講座です。

直前期教室出席制度
直前期以降、教室受講に振り替えることができます。

無料体験入学	ご自身の目で、耳で体験し納得してご入学いただくために、無料体験入学をご用意しました。
無料講座説明会	もっとTACのことを知りたいという方は、無料講座説明会にご参加ください。

予約不要※
無　料
※ビデオブース（個別DVD）講座は要予約

通信講座
3級コース 3・2級コース 2級コース 1級コース 1級上級・アドバンスコース

Web通信講座 （スマホやタブレットにも対応／見て学ぶ）
教室講座の生講義をブロードバンドを利用し動画で配信します。ご自身のペースに合わせて、24時間いつでも何度でも繰り返し受講することができます。
※Web通信講座の配信期間は、本試験日の属する月の末日までとなります。

WEB SCHOOL ホームページ
URL https://portal.tac-school.co.jp/
※お申込み前に、左記のサイトにて必ず動作環境をご確認ください。

DVD通信講座 （見て学ぶ）
講義を収録したデジタル映像をご自宅にお届けします。講義の臨場感をクリアな画像でご自宅にて再現することができます。
※DVD-Rメディア対応のDVDプレーヤーでのみ受講が可能です。
パソコン・ゲーム機での動作保証はいたしておりません。

Webでも無料配信中!（スマホ・タブレット／パソコン）
「TAC動画チャンネル」
● 講座説明会
● 1回目の講義（前半分）が視聴できます
※収録内容変更のため、配信してされない期間が生じる場合がございます。

資料通信講座 （1級のみ）
テキスト・添削問題を中心として学習します。

詳しくは、TACホームページ
「TAC動画チャンネル」をクリック!

TAC動画チャンネル　簿記　[検索]
https://www.tac-school.co.jp/kouza_boki/tacchannel.html

コースの詳細は、簿記検定講座パンフレット・TACホームページをご覧ください。

パンフレットのご請求・お問い合わせは、TACカスタマーセンターまで

通話無料 0120-509-117 ゴウカク イイナ
受付時間 月〜金 9:30〜19:00
　　　　 土・日・祝 9:30〜18:00
※携帯電話からもご利用になれます。

TAC簿記検定講座ホームページ　[TAC 簿記]　[検 索]
https://www.tac-school.co.jp/kouza_boki/

簿記検定講座

お手持ちの教材がそのまま使用可能!
【テキストなしコース】のご案内

TAC簿記検定講座のカリキュラムは市販の教材を使用しておりますので、こちらのテキストを使ってそのまま受講することができます。独学では分かりにくかった論点や本試験対策も、TAC講師の詳しい解説で理解度も120%UP!本試験合格に必要なアウトプット力が身につきます。独学との差を体感してください。

左記の各メディアが【テキストなしコース】でお得に受講可能!

こんな人にオススメ!
- テキストにした書き込みをそのまま活かしたい!
- これ以上テキストを増やしたくない!
- とにかく受講料を安く抑えたい!

※お申込前に必ずお手持ちのテキストのバージョンをご確認ください。場合によっては最新のものに買い直していただくことがございます。詳細はお問い合わせください。

お手持ちの教材をフル活用!!

合格テキスト

合格トレーニング

会計業界への就職・転職支援サービス

TACの100%出資子会社であるTACプロフェッションバンク（TPB）は、会計・税務分野に特化した転職エージェントです。勉強された知識とご希望に合ったお仕事を一緒に探しませんか？ 相談だけでも大歓迎です！ どうぞお気軽にご利用ください。

人材コンサルタントが無料でサポート

Step1 相談受付　完全予約制です。HPからご登録いただくか、各オフィスまでお電話ください。

Step2 面談　ご経験やご希望をお聞かせください。あなたの将来について一緒に考えましょう。

Step3 情報提供　ご希望に適うお仕事があれば、その場でご紹介します。強制はいたしませんのでご安心ください。

正社員で働く
- 安定した収入を得たい
- キャリアプランについて相談したい
- 面接日程や入社時期などの調整をしてほしい
- 今就職すべきか、勉強を優先すべきか迷っている
- 職場の雰囲気など、求人票でわからない情報がほしい

TACキャリアエージェント
https://tacnavi.com/

派遣で働く（関東のみ）
- 勉強を優先して働きたい
- 将来のために実務経験を積んでおきたい
- まずは色々な職場や職種を経験したい
- 家庭との両立を第一に考えたい
- 就業環境を確認してから正社員で働きたい

TACの経理・会計派遣
https://tacnavi.com/haken/

※ご経験やご希望内容によってはご支援が難しい場合がございます。予めご了承ください。　※面談時間は原則お一人様30分とさせていただきます。

自分のペースでじっくりチョイス

正社員・アルバイトで働く
- 自分の好きなタイミングで就職活動をしたい
- どんな求人案件があるのか見たい
- 企業からのスカウトを待ちたい
- WEB上で応募管理をしたい

Webで

TACキャリアナビ
https://tacnavi.com/kyujin/

就職・転職・派遣就労の強制は一切いたしません。会計業界への就職・転職を希望される方への無料支援サービスです。どうぞお気軽にお問い合わせください。

 TACプロフェッションバンク

■ 有料職業紹介事業　許可番号13-ユ-010678
■ 一般労働者派遣事業　許可番号（派）13-010932

東京オフィス
〒101-0051
東京都千代田区神田神保町1-103 東京パークタワー2F
TEL.03-3518-6775

大阪オフィス
〒530-0013
大阪府大阪市北区茶屋町6-20 吉田茶屋町ビル5F
TEL.06-6371-5851

名古屋 登録会場
〒450-0002
愛知県名古屋市中村区名駅1-2-4 名鉄バスターミナルビル10F
TEL.0120-757-655

2020年2月現在

TAC出版 書籍のご案内

TAC出版では、資格の学校TAC各講座の定評ある執筆陣による資格試験の参考書をはじめ、資格取得者の開業法や仕事術、実務書、ビジネス書、一般書などを発行しています！

TAC出版の書籍
*一部書籍は、早稲田経営出版のブランドにて刊行しております。

資格・検定試験の受験対策書籍

- 日商簿記検定
- 建設業経理士
- 全経簿記上級
- 税理士
- 公認会計士
- 社会保険労務士
- 中小企業診断士
- 証券アナリスト
- ファイナンシャルプランナー(FP)
- 証券外務員
- 貸金業務取扱主任者
- 不動産鑑定士
- 宅地建物取引士
- マンション管理士
- 管理業務主任者
- 司法書士
- 行政書士
- 司法試験
- 弁理士
- 公務員試験(大卒程度・高卒者)
- 情報処理試験
- 介護福祉士
- ケアマネジャー
- 社会福祉士　ほか

実務書・ビジネス書

- 会計実務、税法、税務、経理
- 総務、労務、人事
- ビジネススキル、マナー、就職、自己啓発
- 資格取得者の開業法、仕事術、営業術
- 翻訳書 (T's BUSINESS DESIGN)

一般書・エンタメ書

- エッセイ、コラム
- スポーツ
- 旅行ガイド (おとな旅プレミアム)
- 翻訳小説 (BLOOM COLLECTION)

(2018年5月現在)

書籍のご購入は

1 全国の書店、大学生協、ネット書店で

2 TAC各校の書籍コーナーで

資格の学校TACの校舎は全国に展開!
校舎のご確認はホームページにて

資格の学校TAC ホームページ
https://www.tac-school.co.jp

3 TAC出版書籍販売サイトで

24時間
ご注文
受付中

https://bookstore.tac-school.co.jp/

- 新刊情報を いち早くチェック!
- たっぷり読める 立ち読み機能
- 学習お役立ちの 特設ページも充実!

TAC出版書籍販売サイト「サイバーブックストア」では、TAC出版および早稲田経営出版から刊行されている、すべての最新書籍をお取り扱いしています。
また、無料の会員登録をしていただくことで、会員様限定キャンペーンのほか、送料無料サービス、メールマガジン配信サービス、マイページのご利用など、うれしい特典がたくさん受けられます。

サイバーブックストア会員は、特典がいっぱい!（一部抜粋）

 通常、1万円（税込）未満のご注文につきましては、送料・手数料として500円（全国一律・税込）頂戴しておりますが、1冊から無料となります。

 専用の「マイページ」は、「購入履歴・配送状況の確認」のほか、「ほしいものリスト」や「マイフォルダ」など、便利な機能が満載です。

 メールマガジンでは、キャンペーンやおすすめ書籍、新刊情報のほか、「電子ブック版 TACNEWS（ダイジェスト版）」をお届けします。

 書籍の発売を、販売開始当日にメールにてお知らせします。これなら買い忘れの心配もありません。

日商簿記検定試験対策書籍のご案内

TAC出版の日商簿記検定試験対策書籍は、学習の各段階に対応していますので、あなたの
ステップに応じて、合格に向けてご活用ください！

3タイプのインプット教材

①

簿記を専門的な知識に
していきたい方向け

● **満点合格を目指し
次の級への土台を築く**
「合格テキスト」&「合格トレーニング」
- 大判のB5判、3級～1級累計300万部超の、信頼の定番テキスト&トレーニング！TACの教室でも使用している公式テキストです。
- 出題論点はすべて網羅しているので、簿記をきちんと学んでいきたい方にぴったりです！
◆3級 □2級 商簿、2級 工簿 ■1級 商・会 各3点、1級 工・原 各3点

②

スタンダードにメリハリ
つけて学びたい方向け

● **教室講義のような
わかりやすさでしっかり学べる**
「簿記の教科書」&「簿記の問題集」 滝澤 ななみ 著
- A5判、4色オールカラーのテキスト&模擬試験つき問題集！
- 豊富な図解と実例つきのわかりやすい説明で、もうモヤモヤしない!!
◆3級 □2級 商簿、2級 工簿 ■1級 商・会 各3点、1級 工・原 各3点

DVDの併用で、
さらに理解が
深まります！

『簿記の教科書DVD』
- 「簿記の教科書」3、2級の準拠DVD。わかりやすい解説で、合格力が短時間で身につきます。
◆3級 □2級 商簿、2級 工簿

③

気軽に始めて、早く全体像を
つかみたい方向け

● **初学者でも楽しく続けられる！**
「スッキリわかる」
【テキスト／問題集一体型】
滝澤 ななみ 著（1級は商・会のみ）
- 小型のA5判によるテキスト／問題集一体型。これ一冊でOKの、圧倒的に人気の教材です。
- 豊富なイラストとわかりやすいレイアウト！かわいいキャラの「ゴエモン」と一緒に楽しく学べます。
◆3級 □2級 商簿、2級 工簿 ■1級 商・会 4点、1級 工・原 4点

シリーズ待望の問題集が誕生！
「スッキリとける過去＋予想問題集」
滝澤 ななみ 監修　TAC出版開発グループ 編著
- 過去問題6回分＋予想問題3回分を掲載
- 話題の新傾向対策問題で問題演習も短時間でスッキリ終わる！
◆3級 □2級

DVDの併用で、
さらに理解が
深まります！

『スッキリわかる 講義DVD』
- 「スッキリわかる」3、2級の準拠DVD。超短時間でも要点はのがさず解説。3級10時間、2級14時間＋10時間で合格へひとっとび。
◆3級 □2級 商簿、2級 工簿

TAC出版

コンセプト問題集

● 得点力をつける!
『みんなが欲しかった! やさしすぎる解き方の本』
B5判　滝澤 ななみ 著
● 授業で解き方を教わっているような新感覚問題集。再受験にも有効。
◆3級　□2級

本試験対策問題集

● 実施回別の定番過去問題集
『合格するための過去問題集』
B5判
● 直近12回分(1級は14回分)の過去問を実施回別に収載。ていねいな「解答への道」、各問対策が充実。
◆3級　□2級　■1級

● 知識のヌケをなくす!
『網羅型完全予想問題集』
A4判
● オリジナル予想問題(3級10回分、2級12回分、1級8回分)で本試験の重要出題パターンを網羅。3級・2級はやさしい問題から段階的に収載。
● 実力養成にも直前の本試験対策にも有効。
◆3級　□2級　■1級

直前予想

『第○回をあてる TAC直前予想』
A4判
● TAC講師陣による4回分の予想問題で最終仕上げ。
● 年3回(1級は年2回)、各試験に向けて発行します。
◆3級　□2級　■1級

あなたに合った合格メソッドをもう一冊!

仕訳　『究極の仕訳集』
B6変型判
● 悩む仕訳をスッキリ整理。ハンディサイズ、一問一答式で基本の仕訳を一気に覚える。
◆3級　□2級

仕訳　『究極の計算と仕訳集』
B6変型判　境 浩一朗 著
● 1級商会で覚えるべき計算と仕訳がすべてつまった1冊!
■1級 商・会

理論　『究極の会計学理論集』
B6変型判
● 会計学の理論問題を論点別に整理、手軽なサイズが便利です。
■1級 商・会、全経上級

電卓　『カンタン電卓操作術』
A5変型判　TAC電卓研究会 編
● 実践的な電卓の操作方法について、丁寧に説明します!

・2020年3月現在　・刊行内容、表紙等は変更することがあります　・とくに記述がある商品以外は、TAC簿記検定講座編です

書籍の正誤についてのお問合わせ

万一誤りと疑われる箇所がございましたら、以下の方法にてご確認いただきますよう、お願いいたします。

なお、正誤のお問合わせ以外の書籍内容に関する解説・受験指導等は、**一切行っておりません。**
そのようなお問合わせにつきましては、お答えいたしかねますので、あらかじめご了承ください。

1 正誤表の確認方法

TAC出版書籍販売サイト「Cyber Book Store」の
トップページ内「正誤表」コーナーにて、正誤表をご確認ください。

URL:https://bookstore.tac-school.co.jp/

2 正誤のお問合わせ方法

正誤表がない場合、あるいは該当箇所が掲載されていない場合は、書名、発行年月日、お客様のお名前、ご連絡先を明記の上、下記の方法でお問合わせください。
なお、回答までに1週間前後を要する場合もございます。あらかじめご了承ください。

文書にて問合わせる

● 郵送先　〒101-8383 東京都千代田区神田三崎町3-2-18
　　　　　TAC株式会社 出版事業部 正誤問合わせ係

FAXにて問合わせる

● FAX番号　**03-5276-9674**

e-mailにて問合わせる

● お問合わせ先アドレス　**syuppan-h@tac-school.co.jp**

お電話でのお問合わせは、お受けできません。

各種本試験の実施の延期、中止を理由とした本書の返品はお受けいたしません。返金もいたしかねますので、あらかじめご了承くださいますようお願い申し上げます。

(2020年4月現在)

スッキリとける過去+予想問題集
日商簿記2級

別冊 ## 問題用紙

◁別冊ご利用時の注意▷

この色紙を残したまま冊子をていねいに抜き取り、留め具をはずさない状態で、
ご利用ください。また、抜き取りのさいの損傷についてのお取替えはご遠慮願います。

日本商工会議所掲載許可済─禁無断転載

スッキリとける過去＋予想問題集
日商簿記２級

別冊

問題用紙

第149回 過去問題 問題

解答 P2　答案用紙 P2　制限時間 2時間

商業簿記

第1問
20点

　　下記の各取引について仕訳しなさい。ただし、勘定科目は、次の中から最も適当と思われるものを選び、正確に記入すること。

当 座 預 金	電 子 記 録 債 権	売買目的有価証券	建 　 　 物
リ ー ス 資 産	満期保有目的債券	別 段 預 金	営業外受取手形
営業外支払手形	電 子 記 録 債 務	修 繕 引 当 金	リ ー ス 債 務
仮 受 金	預 り 金	資 本 金	株式申込証拠金
資 本 準 備 金	その他資本剰余金	修 繕 積 立 金	繰越利益剰余金
修繕引当金戻入	有 価 証 券 利 息	修 繕 費	修繕引当金繰入
支払リース料	支 払 利 息	電子記録債権売却損	手 形 売 却 損

1. 電子記録債権￥300,000を割り引くために、取引銀行を通じて電子債権記録機関に当該債権の譲渡記録の請求を行い、取引銀行から割引料￥2,800を差し引いた手取金が当座預金の口座に振り込まれた。

2. ×年6月19日、満期保有目的の有価証券として、他社が発行する額面総額￥1,000,000の社債（利率は年0.365％、利払日は3月末と9月末）を額面￥100につき￥98.80で購入し、代金は直近の利払日の翌日から売買日当日までの期間にかかわる端数利息とともに小切手を振り出して支払った。なお、端数利息の金額については、1年を365日として日割計算する。

3. 建物の修繕工事を行い、代金￥900,000は小切手を振り出して支払った。なお、工事代金の20％は改良のための支出と判断された。また、この修繕工事に備えて、前期に￥600,000の引当金を設定している。

4. 新株800株（1株の払込金額は￥28,000）を発行して増資を行うことになり、払い込まれた800株分の申込証拠金は別段預金に預け入れていたが、株式の払込期日となったので、申込証拠金を資本金に充当し、別段預金を当座預金に預け替えた。なお、資本金には会社法が規定する最低額を組み入れることとする。

5. ×年4月1日、リース会社からコピー機をリースする契約を結び、リース取引を開始した。リース期間は5年、リース料は年間￥60,000（毎年3月末払い）、リースするコピー機の見積現金購入価額は￥260,000である。なお、決算日は3月31日（1年決算）である。また、このリース取引はファイナンス・リース取引であり、利子抜き法で会計処理を行う。

次の輸入関連取引と商品販売取引（平成×1年1月1日から12月31日までの会計期間）の[資料1]、[資料2]および[注意事項]にもとづいて、(1)答案用紙に示された総勘定元帳の買掛金、商品および機械装置の各勘定の記入を示し、(2)損益に関する勘定のうち、①当期の売上高、②当期の為替差損、および③当期の為替差益の金額を答えなさい。

[資料1] 輸入関連取引

取引日	摘　要	内　　　　　容
1月1日	前期繰越	輸入商品X　数量2,000個　@¥1,000 買掛金（ドル建て）¥3,150,000　前期末の為替相場1ドル¥105
2月28日	買掛金支払	期首の買掛金（ドル建て）を普通預金から全額支払い。 支払時の為替相場1ドル¥110
4月30日	輸　入	商品X 3,000個を@10ドルで、3か月後払いの条件で輸入。 輸入時の為替相場1ドル¥108
7月31日	買掛金支払	4月30日に計上した買掛金（ドル建て）を普通預金から全額支払い。 支払時の為替相場1ドル¥112
11月1日	輸　入	自社で使用する機械装置Y（購入価額51,000ドル）を、3か月後払いの条件で輸入。 輸入時の為替相場1ドル¥114
11月1日	輸　入	商品X 2,000個を@11ドルで、3か月後払いの条件で輸入。 輸入時の為替相場1ドル¥114
12月31日	決　算	決算日の為替相場が1ドル¥120となった。
12月31日	決　算	実地棚卸を行ったところ、商品Xの実地棚卸数量は、950個であった。
12月31日	決　算	輸入した機械装置の減価償却費を2か月分計上。

[資料2] 商品販売取引

取引日	得意先名	数　　量	販売単価
1月31日	A商会	1,000個	@¥1,800
5月15日	B商会	1,000	@¥2,000
6月30日	C商会	1,000	@¥2,050
11月15日	D商会	1,500	@¥2,200
12月1日	E商会	1,500	@¥2,250

[注意事項]
1．当社は、棚卸資産の払出単価の決定方法として移動平均法を採用している。
2．当社は、商品売買の記帳に関して、「販売のつど売上原価に振り替える方法」を採用している。
3．実地棚卸の結果生ずる棚卸減耗損は、独立の項目として表示している。
4．機械装置の減価償却は、耐用年数10年、残存価額ゼロの定額法により行い、記帳方法は、直接法による。
5．決算にあたり、各勘定を英米式決算法にもとづき、締め切る。

第3問 (20点)

品川商事株式会社は、東京の本店のほかに、埼玉県に支店を有している。次の[資料]にもとづき、第7期（2×29年4月1日～2×30年3月31日）の**本店の損益勘定**を完成しなさい。ただし、本問では、「法人税、住民税及び事業税」と税効果会計を考慮しないこととする。

[資 料]

(A) 残高試算表（本店・支店）

残 高 試 算 表
2×30年3月31日

借　　　方	本　店	支　店	貸　　　方	本　店	支　店
現 金 預 金	3,526,000	1,312,800	買　掛　金	827,000	548,000
売　掛　金	1,098,000	865,000	借　入　金	1,400,000	—
繰 越 商 品	717,000	483,000	貸 倒 引 当 金	10,300	6,200
備　　　品	600,000	350,000	備品減価償却累計額	240,000	70,000
の れ ん	840,000	—	本　　　店	—	1,745,000
満期保有目的債券	991,000	—	資　本　金	4,000,000	—
その他有価証券	725,000	—	利 益 準 備 金	700,000	—
支　　　店	1,736,000	—	繰越利益剰余金	1,100,000	—
仕　　　入	3,850,000	1,441,000	売　　　上	7,700,000	3,300,000
支 払 家 賃	780,000	550,000	受 取 手 数 料	48,700	1,800
給　　　料	830,000	610,000	有価証券利息	12,000	—
広 告 宣 伝 費	319,000	59,200	有価証券売却益	10,000	—
支 払 利 息	56,000	—	受 取 配 当 金	20,000	—
	16,068,000	5,671,000		16,068,000	5,671,000

(B) 未処理事項等

(1) 本店の売掛金¥60,000が回収され、本店で開設している当社名義の当座預金口座に入金されていたが、銀行からの連絡が本店に届いていなかった。

(2) 2×30年3月1日、本店は営業用の車両¥2,000,000を購入し、代金の支払いを翌月末とする条件にしていたが、取得の会計処理が行われていなかった。

(3) 本店が支店へ現金¥67,000を送付していたが、支店は誤って¥76,000と記帳していた。

(4) 本店が支店へ商品¥110,000（仕入価額）を移送したにもかかわらず、本店・支店ともその会計処理が行われていなかった。

(C) 決算整理事項等

(1) 商品の期末棚卸高は次のとおりである。売上原価を仕入勘定で計算する。ただし、棚卸減耗損および商品評価損は、外部報告用の損益計算書では売上原価に含めて表示するものの、総勘定元帳においては、棚卸減耗損および商品評価損を仕入勘定に振り替えず独立の費用として処理する。

① 本　店（上記（B）(4)処理後）
原　　価：@¥756　　正味売却価額：@¥736
帳簿棚卸数量：1,000個　　実地棚卸数量：970個

② 支　店（上記（B）(4)処理後）
原　　価：@¥540　　正味売却価額：@¥550
帳簿棚卸数量：800個　　実地棚卸数量：785個

4

(2) 本店・支店とも売上債権残高の1％にあたる貸倒引当金を差額補充法により設定する。

(3) 有形固定資産の減価償却

① 備　　　　　品：本店・支店とも、残存価額ゼロ、耐用年数5年の定額法

② 車両運搬具：総利用可能距離150,000km　当期の利用距離3,000km、残存価額ゼロ
　　　　　　　　生産高比例法

(4) 満期保有目的債券は、2×28年4月1日に、期間10年の額面¥1,000,000の国債（利払日：毎年3月および9月末日、利率年1.2％）を発行と同時に¥990,000で取得したものである。額面額と取得価額との差額は金利の調整と認められるため、定額法による償却原価法（月割計算）を適用している。

(5) その他有価証券の期末時点の時価は¥784,000である。

(6) 経過勘定項目（本店・支店）

① 本　店：給料の未払分　¥70,000　　支払家賃の前払分　¥60,000

② 支　店：給料の未払分　¥50,000　　支払家賃の未払分　¥50,000

(7) 本店および支店の商品売買取引に係る消費税（税率10％）に関して、本店が税込方式にて一括して申告・納付している。なお、本問では商品売買以外の取引に係る消費税を考慮しないこととする。

(8) のれんは、2×26年4月1日に同業他社を買収した際に生じたものである。発生年度から10年間にわたり、毎期均等額ずつ償却している。

(9) 本店が支払った広告宣伝費のうち、支店は¥60,000を負担することとなった。

(10) 支店で算出された損益（各自算定）が本店に報告された。

工業簿記

次の[資料]にもとづいて、答案用紙の仕掛品勘定と損益計算書を完成しなさい。なお、当社では、直接原価計算による損益計算書を作成している。

[資料]
1. 棚卸資産有高

	期首有高	期末有高
原　　　　料	480,000円	415,000円
仕　掛　品(※)	585,000円	640,000円
製　　　品(※)	710,000円	625,000円

（※）変動製造原価のみで計算されている。

2. 賃金・給料未払高

	期首未払高	期末未払高
直 接 工 賃 金	220,000円	205,000円
間 接 工 賃 金	55,000円	48,000円
工場従業員給料	85,000円	80,000円

3. 原料当期仕入高　　3,880,000円

4. 賃金・給料当期支払高
　　直 接 工 賃 金　　1,640,000円
　　間 接 工 賃 金　　510,000円
　　工場従業員給料　　720,000円

5. 製造経費当期発生高
　　電　力　料　　187,000円
　　保　険　料　　210,000円
　　減 価 償 却 費　　264,000円
　　そ　の　他　　185,000円

6. 販売費・一般管理費
　　変 動 販 売 費　　655,000円
　　固 定 販 売 費　　406,000円
　　一 般 管 理 費　　475,000円

7. その他
（1）直接工は直接作業のみに従事している。
（2）変動製造間接費は直接労務費の40%を予定配賦している。配賦差異は変動売上原価に賦課する。
（3）間接工賃金は変動費、工場従業員給料は固定費である。
（4）製造経費のうち電力料のみが変動費である。
（5）一般管理費はすべて固定費である。

第5問
20点

　当社は製品Ａを製造し、製品原価の計算は累加法による工程別総合原価計算を採用している。次の［資料］にもとづいて、第１工程月末仕掛品の原料費と加工費、第２工程月末仕掛品の前工程費と加工費、第２工程完成品総合原価を計算しなさい。なお、原価投入額を完成品総合原価と月末仕掛品原価に配分する方法は、第１工程は平均法、第２工程は先入先出法を用いること。

　第１工程の途中で発生する正常仕損品に処分価額はなく、この正常仕損の処理は度外視法による。第２工程の終点で発生する正常仕損品は210,000円の処分価額があり、第２工程の正常仕損費は完成品に負担させること。

［資　料］

	第１工程		第２工程	
月 初 仕 掛 品	400 個(50%)		800 個(75%)	
当 月 投 入	8,000		7,600	
合 　 計	8,400 個		8,400 個	
正 常 仕 損 品	200		200	
月 末 仕 掛 品	600 　(50%)		1,000 　(40%)	
完 　 成 　 品	7,600 個		7,200 個	

＊原料はすべて第１工程の始点で投入し、（　　）内は加工費の進捗度である。

	第１工程		第２工程	
月初仕掛品原価				
原 料 費(前工程費)	86,000 円		416,400 円	
加 　 工 　 費	175,000		241,600	
小 　 計	261,000 円		658,000 円	
当月製造費用				
原 料 費(前工程費)	1,800,000 円		（　？　）円	
加 　 工 　 費	3,380,000		4,608,000	
小 　 計	5,180,000 円		（　？　）円	
投入額合計	5,441,000 円		（　？　）円	

＊上記資料の（？）は各自計算すること。

7

第150回 過去問題 問題

解答 P28　答案用紙 P8　制限時間 2時間

商業簿記

第1問
20点

下記の各取引について仕訳しなさい。ただし、勘定科目は、次の中から最も適当と思われるものを選び、正確に記入すること。

貯 蔵 品	備 品	別 途 積 立 金	未 払 法 人 税 等
当 座 預 金	売 上	ソフトウェア	の れ ん
支 払 手 数 料	支 払 利 息	商 品	機 械 装 置
営 業 外 支 払 手 形	構 築 物	租 税 公 課	現 金
未 払 金	普 通 預 金	建 物	役 務 収 益
仕 掛 品	クレジット売掛金	売 掛 金	利 益 準 備 金
繰越利益剰余金	役 務 原 価	買 掛 金	仮 払 法 人 税 等
仮 払 消 費 税	固 定 資 産 除 却 損	その他資本剰余金	給 料
仮 受 消 費 税	資 本 準 備 金	受 取 手 形	長 期 前 払 費 用

1．顧客に対するサービス提供が完了したため、契約額¥300,000（支払いは翌月末）を収益に計上した。これにともない、それまでに仕掛品に計上されていた諸費用¥150,000と追加で発生した外注費¥70,000（支払いは翌月25日）との合計額を原価に計上した。

2．製造ラインの増設工事が完成し、機械装置に¥2,000,000、構築物に¥400,000を計上した。この工事については、毎月末に支払期日が到来する額面¥110,000の約束手形24枚を振り出して相手先に交付した。なお、約束手形に含まれる利息相当額については資産勘定で処理することとした。

3．同業他社の事業の一部を譲り受けることになり、譲渡代金¥4,500,000を普通預金口座から相手先口座に振り込んだ。この取引により譲り受けた資産の評価額は、商品¥800,000、建物¥1,800,000、備品¥600,000であり、引き受けた負債はなかった。

4．商品を¥250,000で顧客に販売し、このうち消費税込みで¥55,000を現金で受取り、残額をクレジット払いの条件とした。信販会社へのクレジット手数料（クレジット販売代金の5％）も販売時に計上した。なお、消費税の税率は10％とし、税抜方式で処理するが、クレジット手数料には消費税は課税されない。

5．繰越利益剰余金が¥2,000,000の借方残高となっていたため、株主総会の決議によって、資本準備金¥3,000,000と、利益準備金¥2,500,000を取り崩すこととした。利益準備金の取崩額は、繰越利益剰余金とした。

第2問
20点

次の固定資産に関連する取引（平成29年4月1日から平成30年3月31日までの会計期間）の〔資料〕にもとづいて、問1～問3に答えなさい。ただし、減価償却に係る記帳は直接法によることとし、決算にあたっては英米式決算法にもとづき締め切ること。

8

[資料] 固定資産関連取引

取引日	摘　要	内　　　　容
４月１日	前　期　繰　越	建物（取得：平成20年４月１日　取得価額：¥36,000,000　残存価額：ゼロ　耐用年数：50年）
同　上	リース取引開始	自動車のリース契約を締結し、ただちに引渡しを受け、使用を開始した。 ・年間リース料：¥480,000（後払い） ・見積現金購入価額：¥2,000,000 ・リース期間：５年 ・減価償却：残存価額ゼロ　定額法 ・リース取引の会計処理：ファイナンス・リース取引に該当し、利子込み法を適用する
６月７日	国庫補助金受入	機械装置の購入に先立ち、国から補助金¥3,000,000が交付され、同額が当社の普通預金口座に振り込まれた。
７月28日	修繕工事完了	建物の修繕工事が完了し、工事代金¥700,000は小切手を工事業者に振り出した。なお、前期末に修繕引当金¥420,000を設定している。
９月１日	機械装置購入	機械装置（残存価額：ゼロ　200％定率法（償却率0.400））¥6,000,000を購入し、ただちに使用を開始した。代金のうち、¥1,200,000は現金で支払い、残額は小切手を振り出して支払った。
９月２日	圧縮記帳処理	上記機械装置に関し、６月７日に受け取った国庫補助金に係る圧縮記帳を直接控除方式にて行った。
12月１日	土　地　購　入	子会社（当社の持株割合75％）から土地（子会社の帳簿価額：¥9,000,000）を¥14,000,000で購入した。代金は後日２回に分けて支払うこととした。
２月１日	土地代金一部支払	上記の土地代金のうち¥7,000,000を子会社に小切手を振り出した。
３月31日	リース料支払	上記のリース取引につき、年間のリース料を普通預金から振り込んだ。
同　上	決算整理手続	決算に際して、固定資産の減価償却を行う。ただし、期中に取得した機械装置については月割計算にて減価償却費を算定すること。

問１　総勘定元帳における建物勘定、機械装置勘定およびリース資産勘定への記入を行いなさい。

問２　上記機械装置の会計上の耐用年数は５年であるが、税法上は８年（償却率0.250）である。そのため、税効果会計を適用した場合に必要となる仕訳を示しなさい。法人税、住民税および事業税の実効税率は30％である。なお、勘定科目は下記の中から最も適当と思われるものを選ぶこと。

問３　平成30年３月期の連結財務諸表を作成するにあたり、親子会社間における土地の売買取引に係る連結修正仕訳を、(1)未実現損益の消去と(2)債権債務の相殺消去に分けて示しなさい。なお、勘定科目は次の中から最も適当と思われるものを選ぶこと。

未　収　入　金	土　　　　　地	繰　延　税　金　資　産
未　払　金	非　支　配　株　主　持　分	固　定　資　産　売　却　益
法　人　税　等　調　整　額	非支配株主に帰属する当期純利益	親会社株主に帰属する当期純利益

次に示した東京商事株式会社の〔資料Ⅰ〕、〔資料Ⅱ〕および〔資料Ⅲ〕にもとづいて、答案用紙の貸借対照表を完成しなさい。なお、会計期間は平成29年4月1日から平成30年3月31日までの1年間である。

〔資料Ⅰ〕 決算整理前残高試算表

決算整理前残高試算表
平成30年3月31日　　　　（単位：円）

借　　方	勘　定　科　目	貸　　方
150,000	現　　　　　　金	
780,000	当　座　預　金	
220,000	受　取　手　形	
410,000	売　　掛　　金	
	貸　倒　引　当　金	7,000
30,000	繰　越　商　品	
67,000	仮　払　法　人　税　等	
3,000,000	建　　　　　　物	
	建物減価償却累計額	800,000
600,000	備　　　　　　品	
	備品減価償却累計額	216,000
1,200,000	建　設　仮　勘　定	
788,000	満期保有目的債券	
	支　払　手　形	190,000
	買　　掛　　金	380,000
	長　期　借　入　金	800,000
	退職給付引当金	260,000
	資　　本　　金	3,800,000
	利　益　準　備　金	60,450
	繰　越　利　益　剰　余　金	100,000
	売　　　　　　上	8,800,000
	有　価　証　券　利　息	4,000
7,700,000	仕　　　　　　入	
468,000	給　　　　　　料	
4,450	支　払　利　息	
15,417,450		15,417,450

[資料Ⅱ] 未処理事項

1．前期に貸倒れ処理していた売掛金の一部¥6,000が当期に回収され、当座預金の口座に振り込まれていたが、この取引は未記帳である。

2．手形¥50,000を取引銀行で割り引き、割引料¥200を差し引いた手取額は当座預金としていたが、この取引は未記帳である。

3．建設仮勘定は建物の建設工事（工事代金総額¥1,800,000）にかかわるものであるが、工事はすでに完了し、当期の3月1日に引渡しを受けていた。なお、工事代金の残額¥600,000については、建物の引渡しの際に小切手を振り出して支払ったが、この取引も未記帳である。

[資料Ⅲ] 決算整理事項

1．受取手形と売掛金の期末残高に対して2％の貸倒れを見積もる。貸倒引当金は差額補充法によって設定する。

2．商品の期末棚卸高は次のとおりである。

　　　帳簿棚卸高：数量352個、帳簿価額@¥90

　　　実地棚卸高：数量350個、正味売却価額@¥85

3．有形固定資産の減価償却は次の要領で行う。

　　　建物：耐用年数は30年、残存価額はゼロとして、定額法を用いて計算する。

　　　備品：耐用年数は10年、残存価額はゼロとして、200％定率法を用いて計算する。

　　　なお、当期に新たに取得した建物についても、耐用年数は30年、残存価額はゼロとして、定額法を用いて月割で計算する。

4．満期保有目的債券は、当期の4月1日に他社が発行した社債（額面総額¥800,000、利率年0.5％、利払日は9月末と3月末の年2回、償還期間は5年）を発行と同時に取得したものである。額面総額と取得価額の差額は金利の調整を表しているので、償却原価法（定額法）により評価する。

5．退職給付引当金の当期繰入額は¥92,500である。

6．長期借入金は、当期の9月1日に借入期間4年、利率年1.2％、利払いは年1回（8月末）の条件で借り入れたものである。決算にあたって、借入利息の未払分を月割計算で計上する。

7．法人税、住民税および事業税について決算整理を行い、当期の納税額¥125,000を計上する。なお、仮払法人税等¥67,000は中間納付にかかわるものである。

11

工業簿記

下記の一連の取引について仕訳しなさい。ただし、勘定科目は、次の中から最も適当と思われるものを選ぶこと。

| 材　　　　料 | 材　料　副　費 | 買　掛　金 | 賃　金・給　料 |
| 賃　率　差　異 | 仕　掛　品 | 製　造　間　接　費 | |

(1) 当月、素材800kg（購入代価2,000円/kg）、買入部品3,000個（購入代価100円/個）、工場消耗品100,000円（購入代価）を掛けで購入した。なお、購入に際しては、購入代価の10％を材料副費として予定配賦している。

(2) 当月、素材1,500,000円、買入部品120,000円、工場消耗品80,000円を消費した。

(3) 当月の賃金の消費額を計上する。直接工の作業時間報告書によれば、直接作業時間は740時間、間接作業時間は40時間であった。当工場において適用される直接工の予定賃率は、1時間当たり1,400円である。また、間接工については、前月賃金未払高100,000円、当月賃金支払高350,000円、当月賃金未払高80,000円であった。

(4) 予定賃率にもとづく消費賃金と実際消費賃金との差異を賃率差異勘定に振り替える。なお、直接工については、前月賃金未払高60,000円、当月賃金支払高1,120,000円、当月賃金未払高80,000円であった。

(5) 当月の直接作業時間にもとづき予定配賦率を適用して、製造間接費を各製造指図書に配賦する。なお、当工場の年間の固定製造間接費予算は8,100,000円、年間の変動製造間接費予算は5,400,000円であり、年間の予定総直接作業時間は9,000時間である。

ニッショウ産業は、全国にカフェチェーンを展開している。現在、大門駅前店の11月の利益計画を作成している。10月の利益計画では、売上高は3,500,000円であり、変動費と固定費は次の[資料]のとおりであった。11月の利益計画は、変動費率と固定費額について10月と同じ条件で作成する。下記の問に答えなさい。

[資料]

変　動　費			固　定　費		
食　材　費		805,000円	正 社 員 給 料		650,000円
アルバイト給料		420,000円	水 道 光 熱 費		515,000円
そ　の　他		70,000円	支 払 家 賃		440,000円
			そ　の　他		285,000円

問1　変動費率を計算しなさい。
問2　損益分岐点売上高を計算しなさい。
問3　目標営業利益630,000円を達成するために必要な売上高を計算しなさい。
問4　11月の売上高は3,750,000円と予想されている。11月の利益計画における貢献利益と営業利益を計算しなさい。
問5　これまで水道光熱費をすべて固定費としてきたが、精査してみると変動費部分もあることがわかった。過去6か月の売上高と水道光熱費の実績データは以下のとおりであった。高低点法により、売上高に対する水道光熱費の変動費率（％）を計算しなさい。

	4月	5月	6月	7月	8月	9月
売　上　高	3,525,000円	3,900,100円	3,345,000円	3,809,000円	4,095,000円	3,742,000円
水道光熱費	512,200円	525,000円	509,000円	521,500円	527,000円	516,600円

第151回 過去問題

問 題

解答 P50　答案用紙 P14　制限時間 2時間

商業簿記

第1問
20点

下記の各取引について仕訳しなさい。ただし、勘定科目は、次の中から最も適当と思われるものを選び、正確に記入すること。

現　　　　金	当　座　預　金	営業外受取手形	売　掛　金
売買目的有価証券	仮払法人税等	商　　　　品	繰　越　商　品
車　　　　両	車両減価償却累計額	備　　　　品	備品減価償却累計額
子　会　社　株　式	関連会社株式	その他有価証券	繰延税金資産
買　掛　金	未払法人税等	繰延税金負債	貸倒引当金
その他有価証券評価差額金	売　　　　上	売　上　割　引	有価証券評価益
固定資産売却益	還付法人税等	仕　　　　入	減価償却費
有価証券評価損	固定資産売却損	法人税,住民税及び事業税	追徴法人税等
法人税等調整額	損　　　　益	本　　　　店	支　　　　店

1. 京都に支店を開設することになり、本店から現金¥8,500,000、商品（原価：¥6,100,000、売価：¥9,700,000）およびトラック（取得価額：¥3,800,000、減価償却累計額：¥760,000）が移管された。支店独立会計制度を導入したときの支店側の仕訳を答えなさい。ただし、当社は商品売買の記帳を「販売のつど売上原価勘定に振り替える方法」、有形固定資産の減価償却に係る記帳を間接法によっている。

2. 決算に際して、長期投資目的で1株当たり¥1,000にて取得していた山陽重工業株式会社の株式10,000株を時価評価（決算時の時価：1株当たり¥1,200）し、全部純資産直入法を適用する。ただし、法定実効税率30％とする税効果会計を適用する。なお、山陽重工業株式会社は当社の子会社にも関連会社にも該当しない。

3. 得意先に「当社の規定に従い、一定数量以上の商品を注文した大口の顧客に対し、代金の0.5％相当額の支払いを免除する」という連絡を入れ、当社の当座預金口座から得意先の預金口座に¥19,000を振り込んだ。

4. 過年度に納付した法人税に関して、税務当局から追徴の指摘を受け、追加で¥360,000を支払うようにとの通知が届いたため、負債の計上を行った。

5. 平成26年4月1日に¥600,000で取得した備品（耐用年数10年）を、平成30年12月31日に¥119,000で売却し、代金は相手先振出の約束手形を受け取った。当社の決算日は3月末日であり、減価償却は200％定率法、記帳を間接法によっている。売却した年度の減価償却費は月割計算で算定すること。

第2問 20点

次に示した広島商事株式会社の［資料］にもとづいて、答案用紙の株主資本等変動計算書（単位：千円）について、（　）に適切な金額を記入して完成しなさい。金額が負の値のときは、金額の前に△を付して示すこと。なお、会計期間は平成29年4月1日から平成30年3月31日までの1年間である。

［資　料］
1. 平成29年3月31日の決算にあたって作成した貸借対照表において、純資産の部の各項目の残高は次のとおりであった。なお、この時点における発行済株式総数は50,000株である。
　　資　本　金　¥20,000,000　　資本準備金　¥1,600,000　　その他資本剰余金　¥500,000
　　利益準備金　¥   400,000　　別途積立金　¥ 220,000　　繰越利益剰余金　　¥1,200,000
2. 平成29年6月28日、定時株主総会を開催し、剰余金の配当および処分を次のように決定した。
　① 株主への配当金について、その他資本剰余金を財源として1株につき¥5、繰越利益剰余金を財源として1株につき¥15の配当を行う。
　② 上記の配当に関連して、会社法が定める金額を資本準備金および利益準備金として積み立てる。
　③ 繰越利益剰余金を処分し、別途積立金として¥80,000を積み立てる。
3. 平成29年9月1日、新株1,000株を1株につき¥500で発行して増資を行い、全額の払込みを受け、払込金は当座預金とした。なお、会社法が定める最低限度額を資本金とした。
4. 平成30年2月1日、岡山物産株式会社を吸収合併し、同社の諸資産（時価総額¥9,000,000）と諸負債（時価総額¥5,000,000）を引き継ぐとともに、合併の対価として新株8,000株（1株当たりの時価は¥550）を発行し、同社の株主に交付した。なお、新株の発行にともなう純資産（株主資本）の増加額のうち、¥3,000,000は資本金とし、残額はその他資本剰余金として計上した。
5. 平成30年3月31日、決算を行い、当期純利益¥980,000を計上した。

第3問 (20点) 次の資料にもとづいて、X4年度（X3年4月1日からX4年3月31日まで）の連結精算表（連結貸借対照表と連結損益計算書の部分）を作成しなさい。

[資　料]
1．P社は親会社であり、子会社であるS1社とS2社の概要は、次のとおりであった。
(1) S1社は、P社がX0年3月31日にS1社の発行済株式総数（5,000株）の80％を170,000千円で取得して支配を獲得し、それ以降P社はS1社を連結子会社として連結財務諸表を作成している。X0年3月31日のS1社の純資産の部は、次のとおりであった。

　　資　本　金　　120,000千円
　　資本剰余金　　 30,000千円
　　利益剰余金　　 30,000千円

　S1社は支配獲得後に配当を行っておらず、また、のれんは20年にわたり定額法で償却を行っている。
　S1社は、P社から機器を仕入れ、西日本地域で販売しているが、これ以外にS1社が独自に仕入れて販売を行っている商品もある。

(2) S2社は、P社の100％所有子会社として、資本金100,000千円で、当期の期首（X3年4月1日）に設立され、P社およびS1社の販売した機器の据付け工事の役務を提供するとともに、単発又は長期の契約にもとづき、保守サービスを提供している。S2社は、P社から建物を賃借しており、その賃借料は、販売費及び一般管理費に計上されている。

2．連結会社（P社、S1社およびS2社）間の債権債務残高および取引高は、次のとおりであった。

P社からS1社
　売　　掛　　金　　160,000千円
　貸　　付　　金　　100,000千円
　未　収　入　金　　　8,000千円
　売　　上　　高　　660,000千円
　受　取　利　息　　　1,500千円

S1社からP社
　買　　掛　　金　　160,000千円
　借　　入　　金　　100,000千円
　未　　払　　金　　　8,000千円
　仕　入(売上原価)　660,000千円
　支　払　利　息　　　1,500千円

P社からS2社
　据付費(売上原価)　96,000千円
　未　収　収　益　　　 500千円
　買　　掛　　金　　25,000千円
　貸　　付　　金　　40,000千円
　賃貸資産受取家賃　 2,700千円
　受　取　利　息　　 1,700千円

S2社からP社
　役　務　収　益　　96,000千円
　未　払　費　用　　　　 0千円
　売　　掛　　金　　25,000千円
　借　　入　　金　　40,000千円
　支　払　家　賃　　 2,700千円
　支　払　利　息　　 1,200千円

　なお、S2社では支払利息を支払時に計上していたため、P社に対する既経過の未払利息500千円が未計上となっていた。

S1社からS2社		S2社からS1社	
据付費(売上原価)	84,000千円	役務収益	84,000千円
買掛金	12,000千円	売掛金	12,000千円

3．×3年度末と×4年度末にS1社が保有する商品のうちP社から仕入れた商品は、それぞれ120,000千円と150,000千円であった。P社がS1社に対して販売する商品の売上総利益率は、2年度とも30％であった。

4．P社がS2社から受け取っている賃貸料は、建物の減価償却費に20％を加算したものとなっている。連結財務諸表の作成上で消去仕訳を行った結果によって、費用収益の対応が適切でなくなる場合には、該当する費用を適切な科目に振り替える。

5．P社は×4年度中に土地（帳簿価額126,300千円）を、S2社に対して134,000千円で売却した。

工業簿記

当工場には、2つの製造部門（第一製造部と第二製造部）と1つの補助部門（修繕部）があり、製造間接費について部門別計算を行っている。補助部門費は製造部門に予定配賦し、製造部門費は製品に予定配賦している。修繕部費の配賦基準は修繕時間、第一製造部費と第二製造部費の配賦基準は機械稼働時間である。次の［資料］にもとづいて、下記の問に答えなさい。

［資 料］
1．年間予算部門別配賦表

（単位：円）

費　目	合　計	製　造　部　門 第一製造部	製　造　部　門 第二製造部	補　助　部　門 修　繕　部
部　門　費	88,000,000	45,600,000	36,800,000	5,600,000
修　繕　部　費	5,600,000	?	?	
製　造　部　門　費	88,000,000	?	?	

（注）？は各自計算すること。

2．年間予定修繕時間
　　第一製造部　　　600 時間　　　　　第二製造部　　　800 時間

3．年間予定機械稼働時間
　　第一製造部　　　8,000 時間　　　　第二製造部　　　20,000 時間

4．当月の実際機械稼働時間
　　第一製造部　　　690 時間　　　　　第二製造部　　　1,720 時間

5．当月の実際修繕時間
　　修繕部費は予定配賦率に実際修繕時間を乗じて、第一製造部と第二製造部に配賦する。
　　第一製造部　　　52 時間　　　　　　第二製造部　　　72 時間

6．当月の実際部門費（補助部門費配賦前）
　　第一製造部　　3,957,000 円　　　　第二製造部　　3,238,000 円
　　修　繕　部　　　502,200 円

問1　修繕部費の予定配賦率を計算しなさい。
問2　第一製造部費と第二製造部費の予定配賦率を計算しなさい。
問3　当月の第一製造部費と第二製造部費の予定配賦額を計算しなさい。
問4　当月の修繕部費の配賦差異を計算しなさい。借方差異か貸方差異かを明示すること。
問5　当月の第一製造部費の配賦差異を計算しなさい。借方差異か貸方差異かを明示すること。

A社は、同一工程で等級製品X、Yを連続生産している。製品原価の計算方法は、1か月の完成品総合原価を製品1枚当たりの重量によって定められた等価係数に完成品量を乗じた積数の比で各等級製品に按分する方法を採用している。次の[資料]にもとづいて、下記の問に答えなさい。なお、原価投入額合計を完成品総合原価と月末仕掛品原価に配分する方法には先入先出法を用い、正常仕損は工程の途中で発生したので、度外視法によること。この仕損品の処分価額はゼロである。

[資料]

1．生産データ

月初仕掛品	1,000	枚 (50%)
当月投入	10,000	
合　計	11,000	枚
正常仕損品	1,000	
月末仕掛品	2,000	(50%)
完　成　品	8,000	枚

（注）完成品は、Xが6,000枚、Yが2,000枚である。また、材料は工程の始点で投入し、（　）内は加工費の進捗度である。

2．原価データ

月初仕掛品原価
　直接材料費　　　700,000 円
　加　工　費　　　900,000
　小　計　　　　1,600,000 円
当月製造費用
　直接材料費　　7,200,000 円
　加　工　費　　13,600,000
　小　計　　　20,800,000 円
　　　　　　　22,400,000 円

3．製品1枚当たりの重量（単位：g）
　X　300
　Y　100

問1　積数の比である等価比率の計算表を完成しなさい。
問2　当月の月末仕掛品原価を計算しなさい。
問3　当月の完成品総合原価を計算しなさい。
問4　等級製品Xの完成品単位原価を計算しなさい。
問5　等級製品Yの完成品単位原価を計算しなさい。

第152回 過去問題

解答 P76　答案用紙 P20　制限時間 2時間

問　題

商業簿記

第1問 20点

下記の各取引について仕訳しなさい。ただし、勘定科目は、次の中から最も適当と思われるものを選び、正確に記入すること。

現　　　　金	当　座　預　金	売　　掛　　金	売買目的有価証券
営業外受取手形	備　　　　品	満期保有目的債券	買　　掛　　金
営業外支払手形	商品保証引当金	売上割戻引当金	返品調整引当金
資　　本　　金	資　本　準　備　金	その他資本剰余金	繰越利益剰余金
売　　　　上	商品保証引当金戻入	売上割戻引当金戻入	返品調整引当金戻入
有　価　証　券　利　息	有価証券売却益	仕　　　　入	商品保証引当金繰入
売上割戻引当金繰入	返品調整引当金繰入	支　払　利　息	有価証券売却損
創　　立　　費	開　　業　　費	株　式　交　付　費	為　替　差　損　益

1. ×年12月1日、売買目的で保有している額面総額¥1,000,000の社債(利率年0.365％、利払日は3月末と9月末の年2回)を額面¥100につき¥98.90の価額(裸相場)で売却し、売却代金は売買日までの端数利息とともに現金で受け取った。なお、この社債は×年9月1日に額面¥100につき¥98.80の価額(裸相場)で買い入れたものであり、端数利息は1年を365日として日割で計算する。
2. ×年4月1日、商品陳列棚を分割払いで購入し、代金として毎月末に支払期日が順次到来する額面¥150,000の約束手形10枚を振り出して交付した。なお、商品陳列棚の現金購入価額は¥1,440,000である。
3. ×年3月31日、決算にあたり、前年度に販売した商品に付した品質保証期限が経過したため、この保証のために設定した引当金の残高¥36,000を取り崩すとともに、当期に品質保証付きで販売した商品の保証費用を当期の売上高¥18,500,000の1％と見積もり、洗替法により引当金を設定する。
4. ×年8月1日、1か月前の7月1日の輸入取引によって生じた外貨建ての買掛金40,000ドル(決済日は×年9月30日)について、1ドル¥110で40,000ドルを購入する為替予約を取引銀行と契約し、振当処理を行うこととし、為替予約による円換算額との差額はすべて当期の損益として処理する。なお、輸入取引が行われた×年7月1日の為替相場(直物為替相場)は1ドル¥108であり、また本日(×年8月1日)の為替相場(直物為替相場)は1ドル¥109である。
5. (1) 会社の設立にあたり、発行可能株式総数10,000株のうち2,500株を1株当たり¥40,000で発行し、その全額について引受けと払込みを受け、払込金は当座預金とした。なお、会社法が認める最低限度額を資本金として計上する。
   (2) 上記(1)の会社の設立準備のために発起人が立て替えていた諸費用¥300,000を現金で支払った。

第2問 20点

下記の[資料Ⅰ]および[資料Ⅱ]にもとづいて、次の各問に答えなさい。

問1　答案用紙の当座預金勘定調整表を完成させなさい。

問2　[資料Ⅰ]の(2)(3)(4)、および[資料Ⅱ]の(1)(2)(4)に関する決算に必要な整理仕訳を、答案用紙の該当欄に示しなさい。ただし、勘定科目は、次の中から最も適当と思われるものを選び、正確に記入すること。

現　　　　金	当 座 預 金	普 通 預 金	仮 払 金	受 取 手 形
仮払法人税等	不 渡 手 形	消 耗 品 費	広 告 宣 伝 費	通 信 費
為 替 差 損 益	受 取 配 当 金	支 払 配 当 金	借 入 金	買 掛 金

[資料Ⅰ]

　3月31日現在の現金勘定および当座預金勘定の内容と、3月中の当座預金出納帳の記入は次のとおりであった。

（単位：円）

	帳簿残高	銀行残高（または実査残高）
現　　　　　金	1,575,650	1,703,650
当 座 預 金	3,070,000	2,786,000

当 座 預 金 出 納 帳　　　（単位：円）

月	日	摘　　　　要	小切手No.	預　入	引　　出	残　　高
3	1	前　月　繰　越				1,500,000
	20	買　掛　金　支　払	1001		800,000	700,000
	25	売　掛　金　振　込　入　金		1,200,000		1,900,000
	28	広　告　宣　伝　費　支　払	1002		200,000	1,700,000
	30	消　耗　品　費　支　払	1003		150,000	1,550,000
	31	受　取　手　形　取　立（2通）		1,400,000		2,950,000
	31	小　切　手　入　金		120,000		3,070,000

当座預金取引について、次の事項が判明した。

⑴　小切手No.1002とNo.1003は3月31日までに銀行に呈示されていなかった。

⑵　受取手形の取立依頼分2通のうち、1通¥500,000は不渡りとなっており、入金処理が銀行で行われなかった。

⑶　3月31日に電話料金¥14,000の自動引落しが行われていた。

⑷　小切手入金の¥120,000は、実際には銀行に預け入れられていなかった。（[資料Ⅱ] の⑶参照）

[資料Ⅱ]

　現金残高について、金庫の内容を実査したところ、次のものが入っていた。

金 庫 内 実 査 表　　（単位：円）

摘　　　　要	金　　額
日本銀行券及び硬貨	525,650
米国ドル紙幣　100ドル札50枚、50ドル札90枚	950,000
出張旅費仮払い額の従業員からの受取書	100,000
小切手	120,000
12月決算会社の配当金領収証	8,000
合　　　　計	1,703,650

上記の内容について、以下の事実が判明している。

⑴　米国ドル紙幣は円貨による取得価額であり、3月31日の為替レートは、1ドル¥110であった。

⑵　旅費仮払い額は、出金の会計処理が行われておらず、また、3月31日時点で従業員が出張から戻っていないため、旅費精算も行われていない。

⑶　小切手¥120,000は、当座預金口座に入金の会計処理を行ったが、銀行への持参を失念したため、金庫の中にそのまま残っていた。

⑷　配当金領収証（源泉所得税20％控除後の金額である）については、会計処理が行われていない。

21

第3問 20点

改 次に示した商品売買業を営む株式会社鹿児島商会の［資料1］から［資料3］にもとづいて、答案用紙の貸借対照表を完成させなさい。会計期間は20×8年4月1日より20×9年3月31日までの1年間である。本問では貸倒引当金、減価償却、およびその他有価証券の3項目に関してのみ税効果会計を適用する。法定実効税率は前期・当期とも25%であり、将来においても税率は変わらないと見込まれている。なお、繰延税金資産は全額回収可能性があるものとする。

[資料1] 決算整理前残高試算表

決算整理前残高試算表　　　（単位：円）

借　方	勘定科目	貸　方
5,532,000	現　金　預　金	
9,960,000	売　　掛　　金	
	貸　倒　引　当　金	12,000
8,400,000	繰　越　商　品	
7,580,000	仮　払　消　費　税	
720,000	仮　払　法　人　税　等	
15,000,000	建　　　　　物	
	建物減価償却累計額	5,000,000
7,200,000	備　　　　　品	
6,800,000	その他有価証券	
3,000,000	長　期　貸　付　金	
25,000	繰　延　税　金　資　産	
	買　　掛　　金	7,736,000
	仮　受　消　費　税	9,100,000
	資　　本　　金	30,000,000
	繰　越　利　益　剰　余　金	5,192,000
75,000	その他有価証券評価差額金	
	売　　　　　上	91,000,000
	受取利息及び受取配当金	300,000
67,500,000	仕　　　　　入	
11,748,000	給　　　　　料	
900,000	販　　売　　費	
300,000	減　価　償　却　費	
3,600,000	火　災　未　決　算	
148,340,000		148,340,000

［資料２］　決算にあたっての修正事項

1．期中に火災に遭ったが保険を付していたため、焼失した資産の帳簿価額（減価償却費計上済）を火災未決算勘定に振り替える処理を行っていた。決算の直前に保険会社から20×9年４月末日に保険金¥1,540,000が当社の普通預金口座に入金されることが決定したとの連絡が入った。

2．売掛金¥740,000が決算日に回収され当社の当座預金口座に入金されていたが、その連絡が届いていなかったので未処理である。

［資料３］　決算整理事項等

1．期末商品帳簿棚卸高は¥8,900,000である。甲商品には商品評価損¥170,000、乙商品には棚卸減耗損¥230,000が生じている。いずれも売上原価に算入する。

2．売上債権の期末残高につき、「1,000分の10」を差額補充法により貸倒引当金として設定する。なお、当該引当金に係る税効果は生じていない。

3．建物、備品とも残存価額ゼロ、定額法にて減価償却を行う。建物の耐用年数は30年、備品の耐用年数は６年である。ただし、備品は当期首に購入したものであり、税務上の法定耐用年数が８年であることから、減価償却費損金算入限度超過額に係る税効果会計を適用する。

4．消費税の処理（税抜方式）を行う。

5．長期貸付金は、20×8年10月１日に期間５年、年利率４％、利払日は毎年３月31日と９月30日の年２回の条件で他社に貸し付けたものである。貸付金につき15％の貸倒引当金を計上する。ただし、これに対する貸倒引当金繰入について損金算入が全額とも認められなかったため、税効果会計を適用する。

6．その他有価証券の金額は、丙社株式の前期末の時価である。前期末に当該株式を全部純資産直入法にもとづき時価評価した差額について、期首に戻し入れる洗替処理を行っていなかった。そのため、決算整理前残高試算表の繰延税金資産は、前期末に当該株式に対して税効果会計を適用した際に生じたものであり、これ以外に期首時点における税効果会計の適用対象はなかった。当期末の丙社株式の時価は¥7,700,000である。

7．法人税、住民税及び事業税に¥2,054,000を計上する。なお、仮払法人税等は中間納付によるものである。

8．繰延税金資産と繰延税金負債を相殺し、その純額を固定資産または固定負債として貸借対照表に表示する。

工業簿記

第4問 (20点)

X社は実際個別原価計算を採用し、製造間接費の計算は部門別計算を行っている。製造部門費の配賦基準は直接作業時間である。次の［資料］にもとづいて、下記の問に答えなさい。

［資 料］
(1) 補助部門費の配賦に関する月次予算データ

配賦基準	合 計	組立部門	切削部門	修繕部門	工場事務部門	材料倉庫部門
従 業 員 数	120人	50人	50人	5人	10人	5人
修 繕 時 間	150時間	75時間	50時間	―	12時間	13時間
材料運搬回数	200回	120回	60回	20回	―	―

(2) 月次直接作業時間データ

	組立部門	切削部門
予定直接作業時間	8,000時間	6,000時間
実際直接作業時間	7,800時間	5,900時間

問1 直接配賦法によって、答案用紙の月次予算部門別配賦表を完成しなさい。なお、［資料］から適切なデータのみ選んで使用すること。

問2 問1の月次予算部門別配賦表にもとづいて、組立部門費と切削部門費の予定配賦額と実際配賦額の当月の差額を製造間接費配賦差異勘定に振り替える仕訳をしなさい。なお、計算したところ、当月の組立部門費の実際配賦率は1時間あたり310円、切削部門費の実際配賦率は1時間あたり325円であった。勘定科目は次の中から最も適当と思われるものを選び、正確に記入すること。

組立部門費　切削部門費　製　品　仕　掛　品　製造間接費配賦差異

株式会社ガトーニッショウでは、2種類の洋菓子（製品Xと製品Y）を製造している。原価計算方式としては標準原価計算を採用している。加工費の配賦基準は直接作業時間であり、予算直接作業時間を基準操業度としている。現在、2019年5月の予算と実績に関するデータを入手し、実績検討会議に向けた報告書を作成している。次の［資料］にもとづいて、下記の問に答えなさい。

［資　料］
1．原価標準（製品1個当たりの標準原価）
 (1) 製品X
    原　料　費　　6円/g　×100g　　　600円
    加　工　費　1,500円/時間×0.4時間　600円
    　　　　　　　　　　　合計　1,200円

 (2) 製品Y
    原　料　費　　8円/g　×150g　　1,200円
    加　工　費　1,500円/時間×0.6時間　900円
    　　　　　　　　　　　合計　2,100円

2．2019年5月予算

	製品X	製品Y
生産量	2,000個	1,500個
変動加工費	400円/時間	400円/時間
固定加工費	880,000円	990,000円

※加工費予算は変動予算を用いている。

3．2019年5月実績

	製品X	製品Y
生産量	2,200個	1,500個
原料費	1,410,000円	1,759,400円
原料消費量	225,600 g	231,500 g
加工費	1,241,500円	1,372,000円
直接作業時間	910時間	920時間

※月初・月末に仕掛品は存在しない。

問1　予算生産量にもとづく製品Xの標準原価（予算原価）を計算しなさい。
問2　実際生産量にもとづく製品Xの標準原価を計算しなさい。
問3　製品Yの標準原価差異を分析し、
　(1) 原料費差異を価格差異と数量差異に分けなさい。
　(2) 加工費差異を予算差異、能率差異、操業度差異に分けなさい。なお、能率差異は変動費と固定費の両方からなる。

第153回 過去問題　問題

解答 P102　答案用紙 P26　制限時間 2時間

商業簿記

第1問
20点

下記の各取引について仕訳しなさい。ただし、勘定科目は、次の中から最も適当と思われるものを選び、正確に記入すること。

現　　　　金	仕　　　　入	固定資産圧縮損	貸倒引当金
売　掛　金	未払配当金	電子記録債務	給　　　料
減価償却費	支払手形	当座預金	機械装置
クレジット売掛金	備　　　品	買　掛　金	利益準備金
消耗品費	国庫補助金受贈益	別途積立金	研究開発費
貸倒損失	繰越利益剰余金	売　　　上	備品減価償却累計額
普通預金	電子記録債権	資　本　金	受取手形

1. 特定の研究開発の目的で備品¥500,000と実験用の薬剤¥70,000を購入し、代金は小切手を振り出して支払うとともに、この研究プロジェクトにのみ従事している客員研究員A氏に対する今月分の業務委託費¥300,000を当社の普通預金口座からA氏の指定する預金口座に振り込んだ。

2. 得意先東西商事株式会社が倒産し、同社に対する売掛金¥600,000が回収不能となった。同社に対する売掛金のうち、¥400,000は前期の販売から生じたものであり、残額は当期の販売から生じたものである。なお、貸倒引当金の残高は¥320,000であり、設定金額は適切と認められる。

3. (1) 最新式のレジスター25台（@¥144,000）の導入にあたり、去る5月7日に国から¥1,800,000の補助金を得て、補助金の受領については適切に会計処理済みである。本日（6月1日）、上記のレジスターを予定どおり購入し、小切手を振り出して支払った。そのうえで、補助金に関する圧縮記帳を直接控除方式にて行った。なお、備品勘定は圧縮記帳した事実を示すように記入すること。

　(2) 本日決算日（12月31日）につき、上記の備品について減価償却（200％定率法）を月割計算にて行う。耐用年数は5年、記帳方法は直接法によること。

4. 株式会社平成商会に対する買掛金¥800,000の支払いにつき、取引銀行を通じて電子債権記録機関に令和産業株式会社に対する電子記録債権の譲渡記録を行った。

5. 株主総会が開催され、別途積立金¥18,000,000を全額取り崩して繰越利益剰余金に振り替えたうえで、繰越利益剰余金を財源に1株につき¥100の配当を実施することが可決された。株主総会開催直前の純資産は、資本金¥200,000,000、資本準備金¥40,000,000、利益準備金¥9,000,000、別途積立金¥18,000,000、および繰越利益剰余金¥7,000,000であった。会社法に定める金額の利益準備金を積み立てる。なお、発行済株式総数は200,000株である。

下記(1)～(4)の文章の空欄のうち①～⑩に入る語句あるいは数値を答えなさい。ただし、語句については、次の[語群]の中から最も適当なものを選び、記号で答えなさい。

[語群]
- ア．出荷
- イ．損金
- ウ．取得原価
- エ．売買目的有価証券
- オ．租税公課
- カ．関係会社株式
- キ．特別損失
- ク．無形固定資産
- ケ．税込
- コ．のれん
- サ．子会社株式及び関連会社株式
- シ．投資その他の資産
- ス．事業税
- セ．定額
- ソ．仮払消費税
- タ．仮受消費税
- チ．流動資産
- ツ．償却原価
- テ．益金
- ト．引渡
- ナ．平均
- ニ．定率
- ヌ．販売費及び一般管理費
- ネ．検収
- ノ．営業外収益
- ハ．満期保有目的の債券
- ヒ．特別利益
- フ．時価
- ヘ．負ののれん発生益
- ホ．固定資産税
- マ．振替
- ミ．利子込み
- ム．有形固定資産

(1) 企業の所得に課税される税金には、法人税、住民税のほかに（　）がある。課税所得は1年間に得られた（①）から（　）を差し引いて求め、これに税率をかけたものが納税額となる。また、消費税の記帳方法には税抜方式と（②）方式とがある。（②）方式では、納付すべき消費税を（③）勘定の借方に記入する。

(2) 収益の認識基準には複数のものがある。出荷基準、引渡基準、および検収基準の3つのうち、最も早く収益を計上するのは（　）基準であり、逆に最も遅く収益を計上するのは（④）基準である。

(3) 合併の対価が合併によって受け入れた資産から負債を差し引いた純資産額を上回る場合、その超過額である（　）は、貸借対照表の（⑤）の区分に記載し、（　）年以内に（　）法その他合理的な方法によって規則的に償却しなければならない。これに対し、合併の対価が合併によって受け入れた純資産額を下回る場合、その不足額は、（　）として損益計算書の（⑥）の区分に記載されることになる。

(4) 有価証券は、その保有目的にしたがい、（　）、（⑦）、（　）およびその他有価証券に区分される。（⑦）は、（⑧）をもって貸借対照表価額とするが、債券金額より低い価額または高い価額で取得した場合、その差額が金利の調整と認められるときは、その差額を償還期まで一定の方法で取得価額に加減する。この方法を（⑨）法という。たとえば、20×1年4月1日に社債1,000,000千円を額面100円につき99.00円にて償還期日20×6年3月31日まで保有する目的で購入したとする。ここで定額法によって（⑨）法を適用したとすると、20×3年3月31日時点での（⑦）の貸借対照表価額は（⑩）千円となる。

第3問 (20点) 次の［資料］にもとづいて、連結第4年度（×3年4月1日から×4年3月31日まで）の連結精算表（連結貸借対照表と連結損益計算書の部分）を作成しなさい。

［資　料］
1．P社は親会社であり、子会社であるS社の概要は、次のとおりであった。
 (1)　P社は、×0年4月1日にS社の発行済株式総数（5,000株）の80％を270,000千円で取得して支配を獲得し、それ以降P社はS社を連結子会社として連結財務諸表を作成している。×0年4月1日のS社の純資産の部は、次のとおりであった。

　　　資　本　金　　150,000千円
　　　資本剰余金　　 37,500千円
　　　利益剰余金　　 90,000千円

　　S社は支配獲得後に配当を行っておらず、また、のれんは20年にわたり定額法で償却を行っている。
 (2)　S社は機器の製造業であるが、独自に調達した材料にP社から仕入れた部品Aを加えて、P社の販売する機器の付属機器Bも製造している。P社は部品Aの販売時にその調達価格の10％を加えたものでS社に販売している。S社は、付属機器Bを製造原価に30％の利益を加えた価格でP社に販売し、それ以外に外部の第三者にも付属機器Bとその他の機器を直接に販売している。
2．P社は連結第4年度中に土地（帳簿価額51,500千円）を、S社に対して60,000千円で売却した。
3．連結会社（P社およびS社）間の債権債務残高および取引高は、次のとおりであった。

P社からS社		S社からP社	
売　　掛　　金	66,000千円	買　　掛　　金	59,400千円
未　収　入　金	8,000千円	未　　払　　金	8,000千円
買　　掛　　金	210,000千円	売　　掛　　金	210,000千円
支　払　手　形	120,000千円	受　取　手　形	0千円
仕入（売上原価）	910,000千円	売　　上　　高	910,000千円
売　　　上　　　高	363,000千円	部品仕入（売上原価）	356,400千円

　残高又は取引高に差異が生じているものは、次のような原因によるものと判明した。
① 連結第4年度の期末に、S社においてP社から仕入れた部品A6,600千円の検収が完了していないため未計上であった。
② S社がP社から受け取った手形120,000千円のうち、70,000千円は買掛金の支払いのため仕入先に裏書譲渡され、50,000千円は銀行で割り引かれた。割引の際の手形売却損240千円のうち期末から満期日までの期間の額は160千円であった。S社の手形売却損2,600千円はすべてP社から受け取った手形の割引によるものである。

　このような差異については、連結上で消去仕訳のための追加修正仕訳、または、連結上で適切な科目への振替仕訳を行う（ただし、②の非支配株主に帰属する当期純利益への影響については修正しないものとする）。

4．連結第3年度末と連結第4年度末にP社の個別財務諸表に計上されている「製品及び商品」のうちS社から仕入れた製品（付属機器B）は、それぞれ65,000千円と78,000千円であった。また、連結第3年度末と連結第4年度末にS社の個別財務諸表に計上されている原材料には、P社から仕入れた部品Aが、それぞれ16,500千円と13,200千円含まれていた。なお、連結第3年度末と連結第4年度末において、S社の「製品及び商品」には付属機器Bの在庫はなく、仕掛品には部品Aは含まれていない。

5．S社の付属機器Bの製造原価の構成は、次のとおりであった。

	連結第3年度	連結第4年度
部　品　　A	33%	33%
その他の材料費	35%	34%
加　工　　費	32%	33%

工業簿記

X社は本社会計から工場会計を独立させている。材料と製品の倉庫は工場に置き、材料購入を含めて支払い関係は本社が行っている。なお、11月1日の工場元帳の諸勘定の残高は次のとおりであった。

残 高 試 算 表　　　　　（単位：円）

材　　　　料	700,000	賃金・給料	500,000
仕　掛　品	1,800,000	本　　　　社	2,500,000
製造間接費	0		
製　　　　品	500,000		
	3,000,000		3,000,000

下記の(1)から(5)はX社の11月の取引の一部である。これらについて、工場および本社で行われる仕訳を示しなさい。勘定科目は次の中から最も適当と思われるものを選び、正確に記入することとし、工場で使用する勘定科目は上記の残高試算表に示されているものに限る。

現　金　　材　　料　　賃金・給料　　製造間接費
仕　掛　品　　製　　品　　売上原価　　本　　社
工　場　　買　掛　金　　当座預金　　機械減価償却累計額

(1) 材料900,000円を掛けにて購入し、工場の倉庫に搬入された。
(2) 直接工賃金1,400,000円と間接工賃金600,000円を現金で支払った。
(3) 当月に行われた外部業者による工場清掃作業料金120,000円が当座預金の口座から引き落とされた。
(4) 工場の機械について、当月の減価償却費300,000円を計上した。
(5) 販売した製品の製造原価は8,000,000円であった。

第5問 20点

飲料メーカーであるニッショウビバレッジは、清涼飲料AとBという2種類の製品を製造・販売している。原価計算方法としては、組別総合原価計算を採用している。直接材料費は各製品に直課し、加工費は機械稼働時間にもとづいて各製品に実際配賦している。製品の払出単価の計算は先入先出法とする。次の［資料］にもとづいて、答案用紙の組別総合原価計算表と月次損益計算書（一部）を完成しなさい。

［資 料］

1．月初・月末在庫量

		A 製 品	B 製 品
月初在庫量	仕掛品	0本	0本
	製 品	5,000本	2,000本
月末在庫量	仕掛品	0本	2,000本（30％）
	製 品	3,000本	3,000本

（注）（　）内は加工費進捗度を示す。直接材料は工程の始点で投入している。

2．当月の生産・販売データ
  完 成 品　A製品　52,000本　　B製品　29,000本
  販 売 品　A製品　54,000本　　B製品　28,000本
  販売単価　A製品　　 120円　　B製品　　 140円

3．当月の原価データ
  当月製造費用
    直接材料費　　　答案用紙参照
    加 工 費　　　1,312,800円
  月初製品原価　A製品　220,000円　　B製品　112,000円

4．当月の機械稼働時間
  A製品　16,250時間　　B製品　11,100時間

第154回 過去問題 問題

解答 P134　答案用紙 P32　制限時間 2時間

商業簿記

第1問
20点

下記の各取引について仕訳しなさい。ただし、勘定科目は、次の中から最も適当と思われるものを選び、正確に記入すること。

貯　蔵　品	建設仮勘定	返品調整引当金戻入	未払法人税
当座預金	売　　上	ソフトウェア	の　れ　ん
退職給付費用	ソフトウェア仮勘定	建　　物	機械装置
リース債務	預　り　金	租税公課	現　　金
未　払　金	普通預金	仕　　入	減価償却費
固定資産圧縮損	リース資産	売　掛　金	退　職　金
返品調整引当金	退職給付引当金	買　掛　金	リース資産減価償却累計額
仮払消費税	固定資産除却損	為替差損益	給料手当
仮受消費税	返品調整引当金繰入	受取手形	固定資産受贈益

1．×1年4月1日から、ファイナンス・リース取引に該当する事務機器のリース契約（期間5年間、月額リース料￥60,000を毎月末支払い）を結び、利子込み法により会計処理してきたが、×4年3月31日でこのリース契約を解約して×4年4月以後の未払リース料の残額全額を普通預金から支払い、同時にこのリース物件（×4年3月31日までの減価償却費は計上済）を貸手に無償で返却し除却の処理を行った。

2．販売した商品の一部については販売先からの請求にもとづき販売価格で引き取る契約を結んでいる。直近の6か月の売上￥14,400,000のうち50％はこのような契約をともなう売上であり、売上に対する返品率は45％と推定され、返品対象の売上総利益率は25％であった。この直近6か月の売上に対する予想返品に含まれる売上総利益相当額について、返品調整引当金を設定する。

3．従業員の退職時に支払われる退職一時金の給付は内部積立方式により行ってきたが、従業員3名が退職したため退職一時金総額￥27,000,000を支払うこととなり、源泉所得税分￥4,000,000を控除した残額を当座預金から支払った。

4．海外の取引先に対して、製品500,000ドルを3か月後に決済の条件で輸出した。輸出時の為替相場は1ドル￥110であったが、1週間前に3か月後に300,000ドルを1ドル￥107で売却する為替予約が結ばれていたため、この為替予約の分については取引高と債権額に振当処理を行う。

5．外部に開発を依頼していた社内利用目的のソフトウェア（開発費用￥30,800,000は銀行振込により全額支払済み）が完成し使用を開始したため、ソフトウェア勘定に振り替えた。なお、この開発費用の内容を精査したところ￥30,800,000の中には、ソフトウェアの作り直し対象となった部分の費用￥5,800,000が含まれており、資産性がないものとして除却処理することとした。

第2問 (20点)

日商商事株式会社（会計期間は1年、決算日は3月31日）の2019年4月における商品売買および関連取引に関する次の［資料］にもとづいて、下記の［設問］に答えなさい。なお、払出単価の計算には先入先出法を用い、商品売買取引の記帳には「販売のつど売上原価勘定に振り替える方法」を用いている。また、月次決算を行い、月末には英米式決算法によって総勘定元帳を締め切っている。

［資　料］ 2019年4月における商品売買および関連取引

4月1日　商品の期首棚卸高は、数量500個、原価@¥3,000、総額¥1,500,000である。
　　4日　商品200個を@¥3,100で仕入れ、代金のうち¥150,000は以前に支払っていた手付金を充当し、残額は掛けとした。
　　5日　4日に仕入れた商品のうち50個を仕入先に返品し、掛代金の減額を受けた。
　　8日　商品450個を@¥6,000で販売し、代金は掛けとした。なお、この掛けの代金には、1週間以内に支払えば、代金の0.1％を割り引くという条件が付されている。
　　10日　商品200個を@¥3,200で仕入れ、代金は手許にある他人振出の約束手形を裏書譲渡して支払った。
　　12日　8日の掛けの代金が決済され、所定の割引額を控除した金額が当座預金口座に振り込まれた。
　　15日　商品300個を@¥3,300で仕入れ、代金は掛けとした。
　　18日　商品420個を@¥6,300で販売し、代金は掛けとした。また、当社負担の発送運賃¥8,000は小切手を振り出して支払った。
　　22日　売掛金¥800,000の決済として、電子債権記録機関から取引銀行を通じて債権の発生記録の通知を受けた。
　　26日　得意先に対して¥10,000の割戻を行うことになり、当座預金口座から得意先の当座預金口座に振り込んで支払った。
　　30日　月次決算の手続として商品の実地棚卸を行ったところ、実地棚卸数量は280個、正味売却価額は@¥5,500であった。

［設　問］
問1　答案用紙の売掛金勘定および商品勘定への記入を完成しなさい。なお、摘要欄への記入も行うこと。
問2　4月の純売上高および4月の売上原価を答えなさい。

次の [資料Ⅰ]、[資料Ⅱ] および [資料Ⅲ] にもとづいて、答案用紙の損益計算書を完成しなさい。なお、会計期間は2018年4月1日から2019年3月31日までの1年間である。

[資料Ⅰ] 決算整理前残高試算表

決算整理前残高試算表
2019年3月31日　　　　　　　（単位：円）

借　方	勘　定　科　目	貸　方
255,000	現　　　　　　金	
428,700	当　座　預　金	
360,000	受　取　手　形	
550,000	売　　掛　　金	
	貸　倒　引　当　金	6,000
220,000	繰　越　商　品	
18,000	仮　払　法　人　税　等	
600,000	未　　決　　算	
3,000,000	建　　　　　　物	
900,000	備　　　　　　品	
	備品減価償却累計額	324,000
2,000,000	土　　　　　　地	
240,000	の　　れ　　ん	
694,400	満期保有目的債券	
	支　払　手　形	290,000
	買　　掛　　金	480,000
	長　期　借　入　金	900,000
	退　職　給　付　引　当　金	237,000
	資　　本　　金	6,000,000
	利　益　準　備　金	230,000
	繰　越　利　益　剰　余　金	394,400
	売　　　　　　上	7,249,000
	有　価　証　券　利　息	10,500
5,880,000	仕　　　　　　入	
720,000	給　　　　　　料	
49,800	水　道　光　熱　費	
180,000	租　　税　　公　　課	
25,000	減　価　償　却　費	
16,120,900		16,120,900

[資料Ⅱ]　未処理事項

1．売掛金￥10,000が回収不能であると判明したので、貸倒れとして処理する。なお、このうち￥4,000は前期の商品販売取引から生じたものであり、残りの￥6,000は当期の商品販売取引から生じたものである。

2．未決算は火災保険金の請求にかかわるものであるが、保険会社より火災保険金￥500,000の支払いが決定した旨の通知があったので、適切な処理を行う。なお、決算整理前残高試算表に示されている減価償却費￥25,000は、期中に火災により焼失した建物の減価償却費を月割で計上したものである。

3．土地の一部（帳簿価額￥500,000）を売却し、売却代金￥550,000は当座預金としていたが、この取引は未記帳である。

[資料Ⅲ]　決算整理事項

1．売上債権の期末残高に対して2％の貸倒れを見積もる。貸倒引当金は差額補充法によって設定する。

2．商品の期末棚卸高は次のとおりである。棚卸減耗損と商品評価損は売上原価の内訳科目として処理する。

　　　帳簿棚卸高：数量　850個、帳　簿　価　額＠￥400
　　　実地棚卸高：数量　844個、正味売却価額＠￥395

3．有形固定資産の減価償却は次の要領で行う。
　　　建物：建物は当期の8月1日に取得したものであり、耐用年数は40年、残存価額はゼロとして、定額法により月割で減価償却を行う。
　　　備品：備品は数年前に取得したものであり、耐用年数10年、残存価額はゼロとして、200％定率法により減価償却を行っている。なお、保証率は0.06552、改定償却率は0.250である。

4．のれんは、2016年4月1日に他企業を買収した取引から生じたものであり、取得後5年間にわたって効果が見込まれると判断し、定額法で償却している。

5．満期保有目的債券は、2017年4月1日に他社が発行した社債（額面総額￥700,000、利率年1.5％、償還日は2022年3月31日）を額面＠￥100につき＠￥99の価額で取得したものであり、償却原価法（定額法）で評価している。

6．退職給付引当金の当期繰入額は￥81,000である。

7．すでに費用処理した収入印紙の期末未使用高は￥25,000である。

8．長期借入金は、当期の8月1日に借入期間5年、利率年1.2％、利払いは年1回（7月末）の条件で借り入れたものである。決算にあたって、借入利息の未払分を月割計算で計上する。

9．法人税、住民税および事業税について決算整理を行う。仮払法人税等￥18,000は中間納付にかかわるものである。なお、当期の費用計上額のうち￥8,000は、税法上の課税所得の計算にあたって損金算入が認められない。法人税等の法定実効税率は30％である。

10．上記9．の損金算入が認められない費用計上額￥8,000（将来減算一時差異）について、税効果会計を適用する。

工業簿記

第4問
20点

　ニッショウ製作所の新潟工場では、当月から高級家具の受注生産を行っており、製品原価の計算には実際個別原価計算を採用している。次の[資料]にもとづいて、下記の問に答えなさい。

[資　料]
1．当月の直接材料購入量・在庫量
　　月初在庫量　　350kg（実際購入単価　1,300円/kg）
　　当月購入量　1,300kg（実際購入単価　1,240円/kg）
　　月末在庫量　　300kg（棚卸減耗等はなかった）
2．当月の原価計算表

製造指図書番号	#0201	#0201-1	#0202	合　　計
直 接 材 料 費	660,000円	120,000円	840,000円	1,620,000円
直 接 労 務 費	340,000円	80,000円	400,000円	820,000円
製 造 間 接 費	544,000円	128,000円	640,000円	1,312,000円

　（注）直接材料費は予定消費単価、製造間接費は予定配賦率を使用して計算している。
3．製造間接費月間予算（固定予算）　1,360,000円
4．当月の生産状況
　(1)　製造指図書#0201および#0202は当月製造に着手し、当月末までに#0201は完成し、#0202は未完成であった。
　(2)　製造指図書#0201-1は、一部仕損となった#0201を合格品とするために発行した補修指図書であり、仕損は正常なものであった。なお、補修は当月中に開始し、当月中に完了している。

問1　下記の(1)～(3)について仕訳を示しなさい。なお、勘定科目は次の中から最も適当と思われるものを選び、正確に記入すること。

　　　材　　　　料　　　仕　掛　品　　　消 費 価 格 差 異
　　　製 造 間 接 費　　　製　　　　品　　　買　掛　金

(1)　当月分の直接材料実際購入高を計上する。なお、材料はすべて掛にて購入した。
(2)　当月分の直接材料費を計上する。
(3)　直接材料の消費価格差異を計上する。実際消費単価は先入先出法にもとづいて計算する。
問2　当月の完成品原価を計算しなさい。
問3　答案用紙の製造間接費勘定を完成しなさい。

問1 当社は製品Xを生産・販売し、実際総合原価計算を採用している。次の［資料］にもとづいて、答案用紙の総合原価計算表の（　）内に適切な金額を記入しなさい。なお、原価投入額合計を完成品総合原価と月末仕掛品原価に配分する方法として先入先出法を用いること。

［資　料］

［生産データ］

月初仕掛品量	4,000 kg（50％）
当月投入量	59,000
合　計	63,000 kg
差引：正常仕損量	1,000
月末仕掛品量	2,000　（50％）
完成品量	60,000 kg

［原価データ］

月初仕掛品原価	
A 原料費	480,000 円
加 工 費	220,000
小 計	700,000 円
当月製造費用	
A 原料費	7,080,000 円
B 原料費	660,000
加 工 費	9,600,000
小 計	17,340,000 円
合 計	18,040,000 円

（注）（　）内は加工費の進捗度である。A原料は工程の始点で投入している。B原料は工程の60％の点で投入しており、B原料費はすべて完成品に負担させる。正常仕損は工程の終点で発生し、それらはすべて当月作業分から生じた。正常仕損費はすべて完成品に負担させ、仕損品に処分価額はない。

問2 上記［資料］について、同じデータで仕損品の売却による処分価額を1kg当たり120円としたときの完成品総合原価を計算しなさい。

第1回 予想問題 問題

解答 P2　答案用紙 P36　制限時間 2時間

商業簿記

第1問
20点

次の各取引について仕訳しなさい。ただし、勘定科目は、次の中から最も適当と思われるものを選ぶこと。

現　　　　金	当 座 預 金	普 通 預 金	受 取 手 形
売　　掛　　金	未 収 入 金	社会保険料預り金	繰延税金資産
買　　掛　　金	前 受 金	未 払 配 当 金	リース債務
繰延税金負債	減価償却累計額	資　本　金	資本準備金
利 益 準 備 金	その他資本剰余金	繰越利益剰余金	その他有価証券評価差額金
売　　　　上	法 定 福 利 費	仕　　　　入	減 価 償 却 費
債 権 売 却 損	支 払 利 息	法人税等調整額	

1．群馬株式会社は、栃木株式会社に対する売掛金のうち¥650,000を栃木株式会社の承諾を得て、山梨株式会社に¥628,000で売り渡した。なお、売却代金は普通預金口座に入金された。

2．得意先東京商事から商品A（売価¥20,000、原価¥15,000）と商品B（売価¥35,000、原価¥27,000）の注文が入り、代金は掛けとして商品を発送した。東京商事から商品Aについて予定通りのものが届いた旨の連絡を受けた。なお、当社では売上の認識について、検収基準を採用している。

3．福井商会は、当期首にコピー機のリース契約を締結した。本取引は所有権移転外ファイナンス・リース取引（利子抜き法）に該当する。福井商会は決算月（12月）になったため、決算手続を行うとともに、リース料（12月末日の後払い）を当座預金口座から支払った。

　　本契約は、リース期間8年、リース料総額は¥52,000（年額¥6,500）、見積現金購入価額¥48,400であり、減価償却は耐用年数をリース期間（残存価額はゼロ）とした定額法（間接法）による。

4．従業員に給料を支給した際に控除した社会保険料掛け金の従業員負担分¥441,000に同額の会社負担分を合わせて普通預金口座から支払った。

5．当社は、定時株主総会において現金による配当¥360,000（その他資本剰余金¥240,000、繰越利益剰余金¥120,000）を決定した。なお、定時株主総会時における資本金は¥10,000,000、資本準備金は¥1,000,000、利益準備金は¥500,000、その他資本剰余金は¥400,000、繰越利益剰余金は¥250,000であった。

38

MEMO

第2問 (20点) 次の商品売買に関する取引の [資料] にもとづいて、問1および問2に答えなさい。なお、当社は、売上収益を認識する基準として出荷基準を、払出単価の決定方法として先入先出法を、商品売買の記帳として販売のつど売上原価勘定に振り替える方法を採用している。

[資 料] 期中取引

x7年		取引の内容
4月1日	前期繰越	X商品　仕入単価：@¥9,000　数量：200個 Y商品　仕入単価：@¥7,500　数量：200個
10日	仕入①	仕入先秋田株式会社から以下の商品を仕入れ、代金のうち¥720,000は現金で支払い、残額は掛とした。 X商品　仕入単価：@¥9,600　数量：120個 Y商品　仕入単価：@¥8,100　数量：120個
11日	仕入返品	10日に仕入れた商品につき、Y商品60個を秋田株式会社に返品し代金は掛から控除した。
15日	売上①	得意先青森株式会社に以下の商品を売り渡し、代金は掛とした。 X商品　販売単価：@¥18,000　数量：240個
16日	売上①の検収	15日に売り渡した商品の検収が無事完了した旨の連絡が青森株式会社よりあった。
18日	仕入②	仕入先秋田株式会社から以下の商品を仕入れ、代金についてはかねて受け取っていた山形株式会社振出しの約束手形を裏書譲渡した。 X商品　仕入単価：@¥9,600　数量：80個
20日	売掛金回収	15日に売り上げた商品の掛代金は、1週間以内に支払えば、代金の0.2%を割り引く条件となっていたため、青森株式会社振出しの小切手で割引控除後の金額を受け取った。
22日	仕入③	仕入先岩手株式会社から以下の商品を仕入れ、代金のうち¥1,080,000は普通預金口座から支払い、残額を掛とした。 X商品　仕入単価：@¥9,900　数量：200個 Y商品　仕入単価：@¥6,900　数量：120個
24日	売上②	得意先山形株式会社に以下の商品を売り渡し、代金は掛とした。 X商品　販売単価：@¥19,500　数量：200個 Y商品　販売単価：@¥15,000　数量：300個
25日	売上②の検収	24日に売り渡した商品の検収が無事完了した旨の連絡が山形株式会社よりあった。
28日	売上割戻	山形株式会社に対し割戻¥24,000を実施することが決定し、現金で同社の普通預金口座に振り込んだ。なお、割戻額はすべて当期の売上高に対するものである。
29日	売掛金回収	宮城株式会社に対する売掛金¥960,000について、同社の承諾を得て、電子記録債権の発生記録を行った。

| 30日 | 月次決算 | X商品およびY商品の当月末における実地棚卸数量と正味売却価額は以下のとおりであった。
X商品：実地棚卸数量160個　正味売却価額@¥9,300
Y商品：実地棚卸数量 60個　正味売却価額@¥6,600
なお、当社は、毎月末に実地棚卸を行って棚卸減耗損および商品評価損を把握している。棚卸減耗損および商品評価損はいずれも売上原価に算入する。 |

　上記の取引以外に商品売買に関連する取引は一切存在しない。また、月次決算を行うにあたり、便宜上、各勘定を英米式決算法にもとづき締め切っている。

問1　答案用紙の売掛金勘定および商品勘定を記入しなさい。
問2　①当月の売上高および②当月の売上原価の金額を答えなさい。

次の［決算整理事項およびその他の修正事項］にもとづいて、答案用紙の精算表を完成させなさい。なお、会計期間は×6年4月1日から×7年3月31日までの1年である。

[決算整理事項およびその他の修正事項]
1. 現金過不足¥18,000の原因を調べたところ、売掛金¥42,000を現金で回収していた際に、誤って¥24,000と記録していたことが判明した。
2. 機械装置を以下の条件で期中に取得したが、これに関する処理が全て未処理である。
   期中に国庫補助金¥250,000を現金で受領し、これに自己資金¥750,000を加えて機械装置¥1,000,000を購入し、代金は現金で支払った。その後、3月1日より事業の用に供している。なお、直接減額方式による圧縮記帳を行う。
3. 売上債権の期末残高に対し3％の貸倒引当金を見積る。差額補充法により処理すること。
4. 期末商品棚卸高は、以下のとおりである。売上原価の計算は仕入の行で行う。ただし、棚卸減耗損と商品評価損は精算表上は独立の科目として表示する。なお、下記に示す正味売却価額は実地棚卸高に対するものである。
   帳簿棚卸高：¥194,160
   実地棚卸高：¥188,040
   正味売却価額：¥186,000
5. 退職給付引当金は、年度見積額¥24,000の12分の1を毎月計上しており、決算月も同様にする。
6. 満期保有目的債券は前期首に購入したもので、額面総額¥500,000、償還日までの残余期間は当期を含めて4年、利率年1％、利払日は9月末、3月末の年2回の条件で割引発行されたものである。償却原価法（定額法）を適用して評価替えを行う。
7. 固定資産の減価償却を次の要領で行う。
   建　　物：耐用年数は40年、残存価額は取得原価の10％として定額法により計算する。
   備　　品：償却率は25％として定率法により計算する。
   機械装置：耐用年数は5年、200％定率法により計算する。
8. ソフトウェアは5年間の定額法で償却しており、期首時点で取得後1年経過している。なお、当期に変動はない。
9. 保険料は、×1年から毎期継続して12月1日に向こう1年分の保険料を一括して支払っているものであり、保険料の金額にこれまで変更はない。

MEMO

工業簿記

観音寺工業株式会社では実際個別原価計算を採用している。次の**[資料]**にもとづき、答案用紙に示した2月の仕掛品勘定、製品勘定および売上原価勘定に記入しなさい。なお、原価差異は月末に売上原価に賦課しており、記帳は月末にまとめて行っているものとする。

[資 料]

当月の製造データ

	No.104	No.105	No.201	No.202
前 月 消 費 原 価	1,580,000円	178,000円	—	—
当月直接材料消費量 ＊1	—	720kg	1,200kg	960kg
当 月 直 接 作 業 時 間 ＊2	—	550時間	1,350時間	900時間
当 月 外 注 加 工 賃 ＊3	—	—	40,000円	—
当 月 製 造 間 接 費	＊4参照			
備　　　　　　考	—	前月着手	当月着手	当月着手
	前月完成	当月完成	当月完成	当月末未完成
	当月引渡	当月末未引渡	当月引渡	—

＊1　直接材料の消費額の計算には実際払出価格を用いており、払出単価の計算は平均法による。2月に購入した直接材料は3,000kg（@642円）、月初在庫は200kg（@610円）、月末在庫は320kgであり、棚卸減耗はなかった。

＊2　直接工賃金の計算には、直接作業時間当たりの予定消費賃率を用いている。年間直接工賃金消費額予算は10,800,000円、年間予定直接作業時間は36,000時間であった。なお、2月に支払った直接工賃金は900,000円、前月未払額は105,000円、当月未払額は65,000円である。

＊3　製造指図書No.201の加工作業の一部を下請業者に依頼した。当月中に素材を無償で引き渡し、加工完了後に納品されている。この加工賃は来月末に支払う予定である。

＊4　製造間接費は、直接作業時間にもとづく予定配賦率を用いて各製造指図書に正常配賦している。年間製造間接費予算は17,280,000円であった。また、2月の実際製造間接費集計額は1,350,000円であった。

当年度の直接原価計算方式の損益計算書は次のとおりであった。下記の問に答えなさい。

<u>直接原価計算方式の損益計算書</u>
(単位：円)

売　上　高	4,000,000
変動売上原価	2,240,000
変動製造マージン	1,760,000
変動販売費	160,000
貢　献　利　益	1,600,000
製造固定費	800,000
固定販売費および一般管理費	640,000
営　業　利　益	160,000

なお、変動費率および年間固定費が次年度も当年度と同様であると予測されている。

問1　損益分岐点売上高を計算しなさい。
問2　営業利益320,000円を達成する売上高を計算しなさい。
問3　安全余裕率を計算しなさい。
問4　損益分岐点売上高を80,000円引き下げるために削減すべき固定費を計算しなさい。
問5　売上高が400,000円増加するとき営業利益はいくら増加するか計算しなさい。

第2回 予想問題　問題

解答 P24　答案用紙 P42　制限時間 2時間

商業簿記

第1問 (20点)

次の各取引について仕訳しなさい。ただし、勘定科目は、次の中から最も適当と思われるものを選ぶこと。

現　　　　金	当 座 預 金	普 通 預 金	受 取 手 形
売　掛　金	電子記録債権	繰 越 商 品	前　払　金
未 収 入 金	の れ ん	差入保証金	仮払法人税等
立　替　金	支 払 手 形	買　掛　金	電子記録債務
前　受　金	仮　受　金	減価償却累計額	売　　　　上
受取配当金	手形売却損	仕　　　入	給　　　料
支 払 家 賃	支払手数料	減価償却費	のれん償却

1. 三重販売株式会社は4月30日に商品700ドルを輸入し普通預金で支払った。この輸入に際して当社では4月10日に90ドルを支払い済みである。
　各時点の為替相場は以下のとおりである。
　4/10：1ドル¥100　　4/30：1ドル¥105

2. 期首に南北株式会社を合併し、同社の諸資産および諸負債を公正な価値（時価）で受け入れ、自社の株式を南北株式会社の株主に交付し、受入額と交付した株式の時価との差額¥7,050,000を資産計上していた。本日、決算にあたり、この資産計上額について、定額法（償却期間10年）による償却処理を行う。

3. 埼玉株式会社は、事務所として利用する目的でオフィスビルのフロアについて借りる契約を締結した。なお、事務所を借り入れた際に敷金（家賃の支払い額2か月分）、1か月分の家賃¥500,000および仲介手数料¥60,000を普通預金口座から支払った。

4. 普通預金口座に、現在保有している山形株式会社の株式に対する期末配当金¥360,000（源泉所得税20%を控除後）が入金された旨の通知があった。

5. 福井株式会社は、得意先島根株式会社から商品を売り上げた際に裏書譲渡された富山株式会社振出、島根株式会社宛の約束手形¥438,000を銀行で割り引き、割引料を差し引かれた手取金を当座預金口座へ振り込んだ。なお、割引日数は65日（1年を365日として計算する）で利率は年4%である。

第2問 (20点)

次の[資料]にもとづいて下記の問に答えなさい。ただし、利息を計算するにあたり、本問では便宜上すべて月割りによることとする。なお、当会計期間は×7年4月1日から×8年3月31日までの1年間であり、[資料]以外に有価証券にかかわる取引は存在しない。また、当社はこれ以前に有価証券を保有していないものとする。

[資料Ⅰ] 一連の取引

日　付	取 引 の 内 容	仕訳帳の ページ数
×7年 5月3日	A社株式を1株¥1,000で1,000株購入し、代金は後日支払うこととした。当社はこの株式を売買目的で保有する。	2
6月15日	B社株式を1株¥2,000で12,000株購入し、代金を普通預金から支払った。B社の発行済株式数は20,000株であり、過半を取得したため、当社はB社を子会社とした。	4
7月1日	額面総額¥10,000,000のC社社債を額面¥100あたり¥95.80で購入し、端数利息¥18,000を含めて証券会社に小切手で支払った。この社債は×6年1月1日に発行され、利払日は毎年12月の末日、利率は年0.36%、償還予定日×10年12月31日である。当社はこの社債を満期まで保有する意図をもって購入しており、額面金額と取得価額との差額は金利の調整と認められる。	5
8月4日	D社株式を1株¥1,500で500株現金購入した。この株式については売買目的有価証券、満期保有目的債券、子会社・関連会社株式のいずれにも該当しない。	7
9月8日	A社株式を1株¥1,300で200株追加購入し、購入代金¥260,000を現金で支払った。	9
10月31日	A社株式を100株売却し、売却代金¥110,000が普通預金に振り込まれた。	11
12月31日	C社社債につき利払日を迎え、当社の普通預金口座に所定の金額が振り込まれた。	13
×8年 3月31日	本日決算日を迎えたため、利息の未収及び[資料Ⅱ]にもとづく決算整理仕訳を行うとともに、必要な決算振替仕訳を行った。	20
4月1日	開始記入を行う。あわせて経過勘定項目について、再振替仕訳を行った。	1

[資料Ⅱ] 決算整理事項等

1．[資料Ⅰ] の有価証券にかかる当期末の時価は以下のとおりである。

銘　柄	当期末時価
A社株式	1株あたり¥1,100
B社株式	1株あたり¥1,800
C社社債	額面¥100あたり¥96.00
D社株式	1株あたり¥1,700

2．償却原価法の適用にあたっては、定額法を採用し、月割計算を行うこと。

3．その他有価証券の評価差額については全部純資産直入法を採用している。

4．税効果会計を適用する。法定実効税率は25%である。

問1　答案用紙の売買目的有価証券勘定および有価証券利息勘定を記入（残高式）しなさい。ただし、赤字で記入すべき箇所も黒字で記入すること。また、英米式決算法にもとづいて締め切ること。

問2　答案用紙に記載の科目にかかる決算整理後の帳簿価額を求めなさい。

次の [決算整理前残高試算表] および [決算整理事項およびその他の修正事項] にもとづいて、答案用紙の決算整理後残高試算表を完成させなさい。なお、会計期間は×6年4月1日から×7年3月31日までの1年である。また、法人税等は考慮外とする。

[決算整理前残高試算表]

決算整理前残高試算表
×7年3月31日
(単位：円)

借　方	勘定科目	貸　方
278,600	現　金　預　金	
	現　金　過　不　足	3,600
72,000	受　取　手　形	
66,000	売　　掛　　金	
36,800	繰　越　商　品	
240,000	建　　　　　物	
72,000	備　　　　　品	
92,000	満期保有目的債券	
8,000	ソ フ ト ウ ェ ア	
	貸　倒　引　当　金	4,000
	退職給付引当金	32,400
	建物減価償却累計額	54,000
	備品減価償却累計額	18,000
	資　　本　　金	605,200
	利　益　準　備　金	12,000
	繰越利益剰余金	2,000
	売　　　　　上	322,000
	有　価　証　券　利　息	1,000
157,200	仕　　　　　入	
20,000	給　　　　　料	
4,400	退　職　給　付　費　用	
7,200	保　　険　　料	
1,054,200		1,054,200

[決算整理事項およびその他の修正事項]

1．現金過不足￥3,600の原因を調べたところ、売掛金￥8,400を現金で回収していた際に、誤って￥4,800と記録していたことが判明した。

2．機械装置を以下の条件で期中に取得したが、これに関する処理が全て未処理である。

期中に国庫補助金￥50,000を現金で受領し、これに自己資金￥150,000を加えて機械装置￥200,000を購入し、代金は現金で支払った。その後、３月１日より事業の用に供している。なお、直接減額方式による圧縮記帳を行う。

3．売上債権の期末残高に対し３％の貸倒引当金を見積る。差額補充法により処理すること。

4．期末商品棚卸高は、以下のとおりである。売上原価の計算は仕入勘定で行う。ただし、棚卸減耗損と商品評価損は独立の科目として表示する。なお、下記に示す正味売却価額は実地棚卸高に対するものである。

　　　帳 簿 棚 卸 高：￥38,832
　　　実 地 棚 卸 高：￥37,608
　　　正味売却価額：￥37,200

5．退職給付引当金は、年度見積額￥4,800の12分の１を毎月計上しており、決算月も同様にする。

6．満期保有目的債券は前期首に購入したもので、額面総額￥100,000、償還日までの残余期間は当期を含めて４年、利率年１％、利払日は９月末、３月末の年２回の条件で割引発行されたものである。償却原価法（定額法）を適用して評価替えを行う。

7．固定資産の減価償却を次の要領で行う。

　　建　　　物：耐用年数は40年、残存価額は取得原価の10％として定額法により計算する。
　　備　　　品：償却率は25％として定率法により計算する。
　　機械装置：耐用年数は５年、200％定率法により計算する。

8．ソフトウェアは５年間の定額法で償却しており、期首時点で取得後１年経過している。なお、当期に変動はない。

9．保険料は、×1年から毎期継続して12月１日に向こう１年分の保険料を一括して支払っているものであり、保険料の金額にこれまで変更はない。

工業簿記

第4問 20点

製品Gを量産する当工場では、実際総合原価計算制度を採用している。次の月間の資料にもとづいて、答案用紙の各勘定の記入を完成させなさい。なお、当工場では加工費を予定配賦している。

[資　料]
1．棚卸資産　　　　　　　　　　　　　月初有高　　　　当月仕入高　　　月末有高
　　素　　材（消費額はすべて直接材料費）　3,525千円　　14,780千円　　2,255千円
　　補助材料　　　　　　　　　　　　　825千円　　　　7,680千円　　1,600千円
　　仕 掛 品（直接材料費分）　　　　　　2,655千円　　　──　　　　　各自計算
　　仕 掛 品（加工費分）　　　　　　　　1,920千円　　　──　　　　　各自計算
　　製　　品　　　　　　　　　　　　　8,470千円　　　──　　　　　各自計算
2．賃　　金　　　　　　　　　　　　　月初未払高　　　当月支払高　　　月末未払高
　　直 接 工（消費額はすべて直接労務費）　1,375千円　　8,985千円　　1,600千円
　　間 接 工　　　　　　　　　　　　　915千円　　　5,495千円　　　700千円
3．工場建物の減価償却費（月間）　5,215千円
4．工場の固定資産税　　　　　　275千円
5．広告宣伝費　　　　　　　　6,070千円
6．工員用住宅など福利施設負担額　780千円
7．本社職員給料　　　　　　　13,680千円
8．工場機械の減価償却費（月間）　3,625千円
9．本社建物の減価償却費（月間）　6,040千円
10．工場の電力料、ガス料、水道料　405千円
11．加工費の予定配賦額　　　　　31,480千円
12．その他の販売費及び一般管理費 1,625千円
13．生産データおよび販売データ
　　月 初 仕 掛 品　　600個（40%）　　　　月 初 製 品　　　700個
　　当 月 投 入　　3,750個　　　　　　　当 月 完 成　　4,000個
　　　合　　計　　　4,350個　　　　　　　合　　計　　　4,700個
　　月 末 仕 掛 品　　350個（50%）　　　　月 末 製 品　　1,200個
　　当 月 完 成　　4,000個　　　　　　　当 月 販 売　　3,500個

（注1）（　）内の数値は、加工進捗度を示し、月末仕掛品の評価は平均法による。なお、材料はすべて工程の始点で投入している。
（注2）売上原価の計算は先入先出法による。

第5問
20点

ＡＢＣ工業社では、製品Ｑを製造・販売している。次の［資料］にもとづいて、〔問1〕答案用紙に示した全部原価計算の損益計算書を作成するとともに、〔問2〕直接原価計算を採用した場合の第3期の営業利益を求めなさい。

［資 料］

(1) 販売単価　　　　　　　　22,000円/個（販売量は各期とも200個）

(2) 変動費
　　　製 造 原 価　　　6,600円/個
　　　販　売　費　　　ゼロ

(3) 固定費
　　　製 造 間 接 費　　330,000円
　　　販売費及び一般管理費　110,000円

(4) 金額はすべて実績値であり、各期ともに条件は同じであるとする。

(5) 製造間接費は各期の実際生産量にもとづいて配賦する。

(6) 在庫資料（期首・期末の仕掛品は存在しない）

	第1期	第2期	第3期
期首製品在庫量	0個	0個	40個
期末製品在庫量	0個	40個	0個

第3回	予想問題	問題

解答 P50　答案用紙 P46　制限時間 2時間

商業簿記

第1問
20点

次の各取引について仕訳しなさい。ただし、勘定科目は、次の中から最も適当と思われるものを選ぶこと。

現　　　　金	普 通 預 金	受 取 手 形	売　　　　上
法人税、住民税及び事業税	貯 蔵 品	備　　　品	繰延税金負債
貸 付 金	支 払 手 形	買 掛 金	リ ー ス 債 務
有価証券利息	備品減価償却累計額	繰延税金資産	売 掛 金
未払リース料	研 究 開 発 費	仕 入 割 引	法人税等調整額
仕　　　　入	支 払 利 息	給　　　料	支 払 リース料
固定資産除却損	電子記録債権	減 価 償 却 費	受 取 手 数 料

1．前期末において耐用年数を経過していた備品（取得原価は￥3,200,000、減価償却累計額は￥2,880,000、間接法で記帳している）について本日、除却処理を行った。なお、当該備品の処分価値は￥200,000である。

2．決算にあたり、当期首に取得した備品（取得原価￥1,000,000、残存価額ゼロ、耐用年数4年）について、定額法により減価償却を行う。なお、税法上の耐用年数は5年で、税法で認められる償却額を超過する部分は損金不算入とする（法定実効税率40％）。そこで、税効果会計に関する仕訳を示しなさい。

3．研究開発に従事している従業員の給料￥700,000および特定の研究開発にのみ使用する目的で購入したパソコンの代金￥1,500,000を普通預金口座から振り込んで支払った。

4．福岡株式会社は、佐賀株式会社に商品を売り上げた際に発生していた売掛金￥940,000のうち、￥450,000については佐賀株式会社の承諾を得て電子記録債権の発生記録を行った。また、残額については、大分株式会社振出、佐賀株式会社宛の約束手形を裏書譲渡された。

5．本日決算日をむかえた富山株式会社（12月決算）は、当期の6月1日に、リース契約（オペレーティング・リース取引に該当）を締結し、備品を取得している。リース期間5年、年間リース料￥78,000であり、年間リース料は毎年5月30日に現金で支払いを行う契約である。

MEMO

次の資料にもとづいて、連結第2年度（x5年4月1日からx6年3月31日）における連結損益計算書と連結貸借対照表を完成させなさい。

[資料Ⅰ] 解答上の留意事項
(1) のれんは発生年度の翌年から10年で定額法により償却する。
(2) 当期よりP社はS社に対し、原価に25%の利益を加算して商品を販売している。

[資料Ⅱ] 支配獲得日の資料
(1) P社はx4年3月31日にS社の発行済株式総数の80%を3,000千円で取得して支配を獲得した。
(2) x4年3月31日におけるS社の個別貸借対照表は次のとおりである。

貸 借 対 照 表
x4年3月31日　　　　　　　　　　　　（単位：千円）

資　産	金　額	負債・純資産	金　額
諸　資　産	2,250	諸　負　債	1,500
売　掛　金	1,500	資　本　金	3,000
商　　品	1,250	利益剰余金	500
	5,000		5,000

[資料Ⅲ] 連結第1年度（x4年4月1日からx5年3月31日）の資料
(1) x5年3月31日におけるS社の個別貸借対照表は次のとおりである。

貸 借 対 照 表
x5年3月31日　　　　　　　　　　　　（単位：千円）

資　産	金　額	負債・純資産	金　額
諸　資　産	2,925	諸　負　債	2,500
売　掛　金	1,950	資　本　金	3,000
商　　品	1,625	利益剰余金	1,000
	6,500		6,500

(2) S社の連結第1年度における当期純利益は800千円であった。
(3) S社は連結第1年度において配当金300千円を支払っている。

[資料Ⅳ] 当期（x5年4月1日からx6年3月31日）の資料
(1) 当期のP社およびS社の貸借対照表および損益計算書は次のとおりである。

貸 借 対 照 表
x6年3月31日　　　　　　　　　　　　　　　　　　（単位：千円）

資　産	P　社	S　社	負債・純資産	P　社	S　社
諸　資　産	1,500	3,600	諸　負　債	780	690
売　掛　金	2,400	2,200	買　掛　金	1,900	1,800
（貸倒引当金）	△120	△110	資　本　金	4,500	3,000
商　　品	2,000	1,800	利益剰余金	2,600	2,000
土　　地	1,000	──			
S　社　株　式	3,000	──			
	9,780	7,490		9,780	7,490

損 益 計 算 書

自×5年4月1日　至×6年3月31日　　（単位：千円）

	P 社	S 社
Ⅰ．売　上　高	6,200	3,700
Ⅱ．売 上 原 価	4,960	2,590
売 上 総 利 益	1,240	1,110
Ⅲ．販売費及び一般管理費	240	110
営 業 利 益	1,000	1,000
Ⅳ．営 業 外 収 益	800	300
経 常 利 益	1,800	1,300
Ⅴ．特 別 利 益	——	200
当 期 純 利 益	1,800	1,500

(2)　S社は連結第2年度において配当金500千円を支払っている。

(3)　当期におけるP社からS社への売上高は1,200千円である。

(4)　P社の売掛金の期末残高のうち1,200千円はS社に対するものであった。なお、P社は売掛金に対して5％の貸倒引当金を差額補充法により設定している。

(5)　S社の期末商品残高には、P社から仕入れた商品1,000千円が含まれている。

(6)　S社は連結第2年度に、保有する土地（帳簿価額800千円）をすべてP社へ1,000千円で売却した。なお、連結第2年度末において、P社は当該土地を保有している。

次の [資料Ⅰ] および [資料Ⅱ] にもとづいて、答案用紙の損益計算書を完成しなさい。当会計期間は×7年4月1日から×8年3月31日までである。

[資料Ⅰ] 決算整理前残高試算表

決算整理前残高試算表
×8年3月31日　　　（単位：円）

借　方	勘定科目	貸　方
448,400	現　金　預　金	
374,800	受　取　手　形	
515,200	売　掛　金	
205,600	売買目的有価証券	
268,800	繰　越　商　品	
105,600	仮　払　法　人　税　等	
1,440,000	建　　　　物	
400,000	備　　　　品	
400,000	長　期　貸　付　金	
72,000	繰　延　税　金　資　産	
	買　掛　金	328,800
	長　期　借　入　金	320,000
	貸　倒　引　当　金	9,600
	退　職　給　付　引　当　金	224,000
	建物減価償却累計額	432,000
	備品減価償却累計額	100,000
	資　本　金	1,672,000
	利　益　準　備　金	160,000
	別　途　積　立　金	132,800
	繰　越　利　益　剰　余　金	160,000
	売　　　　上	2,680,000
	受　取　家　賃	115,200
	受　取　利　息	6,000
	受　取　配　当　金	6,400
1,476,000	仕　　　　入	
568,000	給　　　　料	
60,000	保　　険　　料	
7,200	雑　　　　費	
5,200	固　定　資　産　売　却　損	
6,346,800		6,346,800

[資料Ⅱ] 決算整理事項等
1. 売上の認識について当社は検収基準を採用している。決算作業中に以下の事項が判明したが未処理であった。
 　当社が出荷した¥80,000の商品について、得意先から検収作業を完了した旨の連絡を3月中に受けていた。ただし、品違いのため半数¥40,000が返品されることとなった。なお、代金については掛けとしている。
2. 買掛金にはP社に対する外貨建取引額800ドルが含まれている（取引時の直物為替相場¥100/ドル、取引から3か月後に決済予定）。これについて、3月1日（外貨建取引発生後）に以下の条件で為替予約を付したが未処理である。なお、振当処理を適用し、為替予約による円換算額との差額はすべて当期の損益として処理する。
 　為替予約（ドル買い予約）
 　・約定した先物為替相場：¥101/ドル
 　・予約時の直物為替相場：¥102/ドル
3. 売上債権の期末残高に対して2%の貸倒引当金を差額補充法により計上する。ただし、売掛金のうち得意先S社に対する¥160,000については、個別に債権金額の40%を貸倒額として見積もった。また、長期貸付金の期末残高に対して3%の貸倒引当金を計上する。なお、残高試算表の貸倒引当金は全て売上債権に係るものである。
4. 期末商品棚卸高の内訳は次のとおりであった。なお、[資料Ⅱ] 1．に係る事項を反映した後の数値である。

	帳簿数量	実地数量	原　価	正味売却価額
商品X	600個	580個	@¥400	@¥360
商品Y	360個	355個	@¥640	@¥672

 　商品評価損は売上原価の内訳科目に、棚卸減耗損は営業外費用とする。
5. 売買目的有価証券は当期中に取得したものであり、期末時価¥220,000に評価替えする。
6. 固定資産の減価償却を次のとおり行う。
 　建　物：定額法　耐用年数30年　残存価額10%
 　備　品：200%定率法　耐用年数8年
7. 売上割戻引当金として¥16,000を計上する。 ✓
8. 退職給付引当金の当期繰入額は¥51,200である。
9. 保険料は、4年前から毎期継続して12月1日に向こう1年分を支払っている。
10. 長期借入金は×7年8月1日に期間5年、利率年3%、利払年1回（7月末）の条件で借り入れたものである。
11. 当期の課税所得¥680,100に対して40%相当額を法人税、住民税及び事業税に計上する。
12. 税効果会計上の将来減算一時差異は次のとおりである（法定実効税率は40%とする）。
 　期首　¥180,000　　期末　¥197,700

工業簿記

次の［資料1］〜［資料4］にもとづいて、答案用紙の月次製造原価報告書および月次損益計算書を完成しなさい。

［資料1］ 棚卸資産について（単位：円）

	月初有高	月末有高	当月仕入高
主 要 材 料	10,000	17,000（※1）	231,000
買 入 部 品	0	4,000	30,000
工 場 消 耗 品	—	—	2,000
消耗工具器具備品	—	—	2,200

※1　17,000は帳簿棚卸高を示すものであり、実際有高を確認したところ16,200であった。棚卸差額の800は原価性のある減耗であり、間接経費として製品原価に算入する。

［資料2］ 賃金給料について（単位：円）

	月初未払高	月末未払高	当月支払高
直 接 工 賃 金（※2）	5,000	9,000	291,000
間 接 工 賃 金	2,800	4,000	64,000
工 場 事 務 員 給 料	1,600	2,200	22,200
販 売 員 給 料	1,000	3,000	57,000
本 社 事 務 員 給 料	0	0	22,600

※2　消費額のうち43,000は間接労務費とする。

［資料3］ 上記1および2を除く製造原価・販売費・一般管理費について（単位：円）

外注加工賃	36,000	
機械減価償却費	504,000	（※3）
建物減価償却費	859,200	（※4）
水道光熱費	17,400	（※5）
特許権使用料	4,000	（※6）
広告宣伝費	89,000	
その他の間接労務費	51,000	
その他の間接経費	54,600	
その他の販売費	303,400	
その他の一般管理費	247,400	

※3　504,000は年間の見積額である。
※4　859,200は年間の見積額である。なお、このうち278,400は工場分、580,800は本社分である。
※5　このうち7,200は工場分、10,200は本社分である。
※6　製品製法に関する特許権使用料であり、直接経費とする。

［資料4］ 製造間接費の配賦について
製造間接費は予定配賦率を用いて正常配賦しており、その配賦差異は売上原価に賦課する。

第5問 20点

製品Aを量産する群馬製作所㈱では標準原価計算を採用している。下記の資料にもとづいて答案用紙の仕掛品勘定の記入をパーシャル・プランにより完成させなさい。

1. 製品A1個あたりの標準原価データ

```
                    600
                 (標準単価)          (標準消費量)      1,200
   直接材料費   (  ?  ) 円/kg  ×    2   kg  = (  ?  ) 円
                 2,000
                 (標準賃率)        (標準直接作業時間)   3,000
   直接労務費   (  ?  ) 円/時間 ×   1   時間 = (  ?  ) 円
                 (標準配賦率)      (標準直接作業時間)   2,400
   製造間接費   (  ?  ) 円/時間 ×   1   時間 = (  ?  ) 円
   製品1個あたり標準製造原価  2,400         (  ?  ) 円
                                              6,600
```

2. 製造間接費の公式法変動予算データ
   変 動 費 率：(?) 円/時間
   月間固定費予算：11,340,000円
   月間基準操業度：6,300時間

3. 実際生産データ
   当 月 完 成 品：5,850個　　月初仕掛品：300個（40％）　　月末仕掛品：450個（60％）
   なお、（　）内は加工進捗度を表す。また、直接材料はすべて始点投入されている。

4. 実際原価データ

	実際単価	実際消費量	実際消費額
直接材料費	660 円/kg	(?) kg	(?) 円
	実際賃率	実際直接作業時間	実際消費額
直接労務費	2,970 円/時間	(?) 時間	(?) 円

新傾向対策問題

問題1 （役務原価・役務収益・ソフトウェア）
20点

［資料Ⅰ］決算整理前残高試算表と、次の事業の内容の説明および［資料Ⅱ］決算整理事項にもとづいて、損益計算書を作成しなさい。なお、会計期間は、×6年4月1日から×7年3月31日までである。

［資料Ⅰ］ 決算整理前残高試算表

残 高 試 算 表
×7年3月31日　　　　（単位：千円）

借　方	勘 定 科 目	貸　方
1,299,392	現　金　預　金	
1,184,800	売　　掛　　金	
2,240	仕　　掛　　品	
20,800	前　払　費　用	
	貸　倒　引　当　金	1,760
294,400	備　　　　　品	
	備品減価償却累計額	147,200
220,800	ソ フ ト ウ ェ ア	
1,280	繰 延 税 金 資 産	
	借　　入　　金	352,000
	未　　払　　金	332,800
	未 払 法 人 税 等	80,000
	未　払　費　用	640
	賞　与　引　当　金	176,000
	退 職 給 付 引 当 金	52,800
	資　　本　　金	160,000
	資　本　準　備　金	168,000
	利　益　準　備　金	8,000
	繰 越 利 益 剰 余 金	1,035,040
	役　　務　　収　　益	5,960,000
	受　　取　　利　　息	512
4,337,600	役 務 原 価(報酬)	
67,200	役 務 原 価(その他)	
480,000	給　　　　　料	
4,000	旅　費　交　通　費	
5,120	水　道　光　熱　費	
20,960	通　　信　　費	
288,000	支　払　家　賃	
176,000	賞 与 引 当 金 繰 入	
4,960	支　払　利　息	
	投資有価証券売却益	12,800
80,000	法人税、住民税及び事業税	
8,487,552		8,487,552

［事業の内容］

　Ｔサービス株式会社は、事務作業、コンピュータ・オペレーション等を中心とした人材派遣業を営んでいる。顧客への請求と役務収益への計上は、①１時間当たりの請求額が契約上定められており勤務報告書に記入された時間にもとづき請求・計上するものと、②一定の作業が完了後に一括して契約額総額を請求・計上するものとの２つの形態がある。派遣されたスタッフの給与は、いずれの形態であっても、勤務報告書で報告された時間に１時間当たりの給与額を乗じたもので支払われ、役務原価（報酬）に計上される。①の形態の場合には、１時間当たりの給与額は顧客への請求額の75％で設定されているが、②の形態の場合にはそのような関係はなく別々に決められる。

［資料Ⅱ］決算整理事項

1．売掛金の中に、前期発生と当期発生で回収が遅延していたものが、それぞれ960千円と1,600千円含まれており、回収の可能性がないものと判断して貸倒れ処理することとした。

2．仕掛品は２月末に［事業の内容］に記述された②の形態の給与を先行して支払ったものであるが、３月に請求（売上計上）されたため、役務原価に振り替える。また、この②の形態で、４月以降に請求（売上計上）されるものに対する３月給与の支払額で役務原価に計上されたものが2,560千円ある。

3．［事業の内容］に記述された①の形態で、勤務報告書の提出漏れ（勤務総時間100時間、１時間当たり給与1,200円）が発見され、これを適切に処理することとした。

4．貸倒引当金を差額補充法により売掛金残高の0.5％計上する。

5．決算整理前残高試算表に計上されている前払費用と未払費用は前期末の決算整理で計上されたものであり、当期の期首に再振替仕訳は行われていない。内容は前払家賃と未払水道光熱費であり、当期末に計上すべき金額は、それぞれ27,200千円と720千円であった。

6．備品はすべて×2年４月１日に取得したものであり、耐用年数８年、残存価額ゼロの定額法で減価償却を行う。

7．ソフトウェアは10年間の定額法で償却しており、その内訳は、期首残高28,800千円（期首で取得後８年経過）と当期取得（２月１日取得）の新経理システム192,000千円である。この新経理システムの稼働に伴い、期首残高のソフトウェアは１月31日をもって除却処理することとした。

8．引当金の処理は次のとおりである。
　(1)　退職給付引当金を11,200千円追加計上する。
　(2)　賞与は年１回決算後に支払われるため、月次決算において２月まで毎月各16,000千円を計上してきたが、期末になり支払見込み額が204,800千円と見積もられた。

9．当期の課税所得482,240千円の40％相当額になるように法人税、住民税及び事業税を追加計上する。

10．税効果会計上の将来減算一時差異は次のとおりである。
　　　　期首　3,200千円　　　期末　4,800千円

問題2 (製造業を営む会社の決算処理)
20点

受注生産・販売を行っているT製作所の［資料1］と［資料2］にもとづいて、答案用紙の貸借対照表を完成させるとともに、区分式損益計算書に表示される、指定された種類の利益の金額を答えなさい。なお、会計期間は×8年4月1日から×9年3月31日までの1年間である。

［資料1］×9年2月末現在の残高試算表

残 高 試 算 表　　　　　　（単位：円）

借　　方	勘 定 科 目	貸　　方
55,626,300	現　　金　　預　　金	
10,035,000	受　　取　　手　　形	
6,711,000	売　　　掛　　　金	
144,300	材　　　　　　　料	
150,000	仕　　掛　　　品	
75,000	製　　　　　　　品	
270,000	短　期　貸　付　金	
450,000	仮　払　法　人　税　等	
	貸　倒　引　当　金	135,000
	製　品　保　証　引　当　金	18,000
4,320,000	建　　　　　　　物	
3,240,000	機　　械　　装　　置	
	建物減価償却累計額	384,000
	機械装置減価償却累計額	1,470,000
	支　　払　　手　　形	1,596,000
	買　　　掛　　　金	2,586,000
	長　期　借　入　金	2,400,000
	退　職　給　付　引　当　金	4,380,000
	資　　　本　　　金	39,076,200
	利　益　準　備　金	7,854,000
	繰　越　利　益　剰　余　金	18,741,180
	売　　　　　　　上	10,590,000
	固　定　資　産　売　却　益	75,000
6,795,000	売　　上　　原　　価	
1,434,780	販売費及び一般管理費	
48,000	支　　払　　利　　息	
6,000	手　形　売　却　損	
89,305,380		89,305,380

62

［資料２］３月の取引・決算整理等に関する事項

1．３月について、材料仕入高（すべて掛買い）¥270,000、直接材料費¥210,000、直接工直接作業賃金支払高（現金払い、月初・月末未払なし）¥240,000、製造間接費予定配賦額¥270,000、間接材料費実際発生額¥60,000、間接材料費と以下の事項以外の製造間接費実際発生額（すべて現金支出を伴うものであった）¥97,500、当月完成品総合原価¥690,000、当月売上原価¥660,000、当月売上高（すべて掛売り）¥960,000であった。年度末に生じた原価差異は、以下に示されている事項のみである。なお、原価差異は、いずれも比較的少額であり正常な原因によるものであった。また、×8年４月から×9年２月までの各月の月次決算で生じた原価差異はそれぞれの月で売上原価に賦課されているものとする。

2．決算にあたり実地棚卸を行ったところ、材料実際有高は¥144,000、製品実際有高は¥99,000であった。減耗は、材料・製品とも正常な理由により生じたものであり、製品の棚卸減耗については売上原価に賦課する。

3．固定資産の減価償却費については、期首に年間発生額を見積もり、以下の月割額を毎月計上し、決算月も同様の処理を行った。

　　建物¥12,000（製造活動用¥7,800、販売・一般管理活動用¥4,200）
　　機械装置（すべて製造用）¥33,600

4．過去の実績をもとに、売上債権の期末残高に対して１％、短期貸付金の期末残高について２％の貸倒れを見積もり、差額補充法により貸倒引当金を設定する。なお、営業外債権に対する貸倒引当金の決算整理前の期末残高は０円である。

5．退職給付引当金については、年度見積額の12分の１を毎月計上しており、決算月も同様の処理を行った。製造活動に携わる従業員に関わるものは、月¥72,000、それ以外の従業員に関わるものは月¥48,000である。年度末に繰入額を確定したところ、年度見積額どおりであった。

6．過去の経験率にもとづき¥15,000の製品保証引当金を設定した。決算整理前残高試算表に計上されている製品保証引当金に関する特約期間は終了した。なお、製品保証引当金戻入については、製品保証引当金繰入と相殺し、それを越えた額については、営業外収益の区分に計上する。

7．税引前当期純利益の40％を「法人税、住民税及び事業税」に計上する。なお、法人税、住民税及び事業税の算出額については、税法の規定により100円未満は切り捨てとする。

問題3 10点

有価証券の決算整理等に関する次の①~⑤の文章につき、正しければ○、誤っていれば×と答えなさい。ただし、すべての解答を○または×と記入した場合は、採点の対象から除外する。

① 売買目的有価証券は、期末時価を貸借対照表価額とするため、帳簿価額と期末時価との評価差額を有価証券評価損益とするが、翌期首において原始取得原価に戻す洗替方式を適用しなければならない。
② 子会社株式は、期末時価を貸借対照表価額とする。
③ 満期保有目的債券は、期末時価を貸借対照表価額とするため、償却原価法にもとづいて算定された価額(償却原価)と期末時価との評価差額を有価証券評価損益とする。
④ その他有価証券は、期末時価を貸借対照表価額とするため、期末において時価に評価替えし、翌期は当該時価を帳簿価額として処理する切放方式を適用する。
⑤ その他有価証券は、期末時価を貸借対照表価額とするが、帳簿価額と期末時価との評価差額は当期の損益には計上せず、原則として純資産の部の科目で処理(純資産に直入)する。

問題4 10点

次に示す①~⑤の文章につき、正しければ○、誤っていれば×と答案用紙に記入しなさい。ただし、すべての解答を○または×と記入した場合は、採点の対象から除外する。

① 期末商品の正味売却価額が商品の原価を上回る場合には、商品評価益を計上し、期末商品の正味売却価額が商品の原価を下回る場合には、商品評価損を計上する。
② 費用・収益のうち、固定資産売却損益や火災損失などのように、その期だけ特別(臨時的)に発生したものについては、報告式損益計算書において「特別収益」「特別費用」の区分を設けて表示する。
③ 特定の研究開発にのみ使用され、他に転用できないような機械装置等を購入した場合の支出額は、固定資産に計上しないで、研究開発費として当期の費用とする。
④ 会社が株式を発行して調達した資金は、会社法の規定により、原則として払込金額の2分の1を資本準備金として計上する。
⑤ リース取引がオペレーティング・リース取引に該当する場合、売買取引と同様の会計処理を行う。そこで、リース取引開始時には、リース物件についてはリース資産として、リース物件に係る債務についてはリース債務として処理する。

64

問題5 （16点）　次の文章の中の（ ① ）から（ ⑧ ）に当てはまる最も適当と思われる語句を［語群］の中から選択し、答えなさい。

［語群］
流動資産	固定資産	流動負債	固定負債
株主資本	売上原価	販売費及び一般管理費	営業外収益
営業外費用	特別利益	特別損失	現　　金
当座預金	定期預金	前払費用	未収収益
前受収益	未払費用	現金過不足	受取配当金
有価証券利息	雑　　益	雑　　費	雑　　損

1. 株式配当金領収証を受け取ったときは、貸方に（ ① ）勘定を用いて処理する。（ ① ）勘定は損益計算書の（ ② ）の区分に表示する。
2. 期中において現金の実際有高が帳簿残高より不足していることがわかったときは、不一致原因が判明するまで借方は（ ③ ）勘定を用いて処理する。また、期末において現金の実際有高が帳簿残高より不足していることが判明し、かつ不一致の原因が不明であるときは、借方に（ ④ ）勘定を用いて処理する。（ ④ ）勘定は損益計算書の（ ⑤ ）の区分に表示する。
3. 決算日の翌日から起算して、1年以内に満期日が到来する定期預金は貸借対照表の（ ⑥ ）の区分に表示し、1年を超えて満期日が到来する定期預金は貸借対照表の（ ⑦ ）の区分に表示する。また、預金利息について、その全額を翌期以降に受け取る場合は、期末において当期経過期間に対応する金額を月割計算にて（ ⑧ ）勘定を用いて計上する。

問題6 (22点) 次の文章の中の（ ① ）から（ ⑪ ）に当てはまる最も適当と思われる語句を〈語群〉の中から選択し、答えなさい。

1. 他の企業の株主総会など意思決定機関を支配している会社を（ ① ）といい、支配されている当該会社を（ ② ）という。このような支配従属関係が認められる企業集団の財政状態および経営成績などを報告するための財務諸表を（ ③ ）という。
2. 部分所有の連結において、（ ① ）の投資と相殺消去できない（ ② ）の資本は（ ④ ）として処理し、連結貸借対照表の（ ⑤ ）の部に計上する。
3. 固定資産の取得原価から減価償却累計額を控除した額に毎期一定の償却率を乗じて減価償却費を計算する方法を（ ⑥ ）という。
4. 一括評価による債権の貸倒れ見積額は、「債権額×（ ⑦ ）」の式により計算する。
5. 期末時に保有している子会社株式は（ ⑧ ）を貸借対照表価額とする。
6. 消費税額を売上や仕入等に含めずに、区分して処理する方法を（ ⑨ ）という。
7. 本店の「支店勘定」と、支店の「本店勘定」は、相互確認の機能により（ ⑩ ）勘定と呼ばれる。
8. 純資産の部について、項目ごとに、当期首残高、当期変動額、当期末残高を記載した財務諸表を（ ⑪ ）計算書という。

〈語群〉

個別財務諸表	定率法	非支配株主持分	税込方式
残　　　高	株主資本等変動	連結財務諸表	実　績　率
親　会　社	次期繰越	株主資本	照　　　合
取得原価	子会社	処分価額	投資その他の資産
返　品　率	関連会社	評　　価	生産高比例法
資　　　本	償却率	資　　産	時　　価
純　資　産	税抜方式	定額法	対　　照

問題7 （22点） 次の文章の中の（ ① ）から（ ⑪ ）に当てはまる最も適当と思われる語句を〈語群〉の中から選択し、答えなさい。

(1) 会計上は、「税引前当期純利益（会計上の利益）」を、（ ① ）から（ ② ）を差し引いて算定するが、法人税法上は、法人税等の計算の基礎となる「課税所得（法人税法上の利益）」を、（ ③ ）から（ ④ ）を差し引いて算定する。両者は一致するとは限らない。

(2) 会計上は、まず「税引前当期純利益」を算定し、これを次のように調整して「課税所得」を算定する。

イ．会計上、（ ① ）としていないが、法人税法上は（ ③ ）として認めるものを、（ ⑤ ）といい、「税引前当期純利益」に（ ⑥ ）する。

ロ．会計上、（ ② ）としていないが、法人税法上は（ ④ ）として認めるものを、（ ⑦ ）といい、「税引前当期純利益」より（ ⑧ ）する。

ハ．会計上、（ ① ）としているが、法人税法上は（ ③ ）として認めないものを、（ ⑨ ）といい、「税引前当期純利益」より（ ⑧ ）する。

ニ．会計上、（ ② ）としているが、法人税法上は（ ④ ）として認めないものを、（ ⑩ ）といい、「税引前当期純利益」に（ ⑥ ）する。

(3) 上記(2)によって算定した「課税所得」に（ ⑪ ）を乗じて、法人税等の金額を算定する。

〈語群〉

純　資　産	消　費　税	繰　入　率	損益不算入
益　　　金	益金算入	実　績　率	損　　　金
免　　　税	課　　　税	当期純利益	費　　　用
益金不算入	損金算入	実効税率	収　　　益
減　　　算	税務上	加　　　算	当期純損失

スッキリとける過去+予想問題集
日商簿記２級

別冊 ▶ 答案用紙

◁ 別冊ご利用時の注意 ▷

この色紙を残したまま冊子をていねいに抜き取り、留め具をはずさない状態で、
ご利用ください。また、抜き取りのさいの損傷についてのお取替えはご遠慮願います。

なお、答案用紙については、ダウンロードでもご利用いただけます。
TAC出版書籍販売サイト・サイバーブックストアにアクセスしてください。

https://bookstore.tac-school.co.jp/

スッキリとける過去＋予想問題集
日商簿記2級

別冊

答案用紙

なお、答案用紙については、ダウンロードでもご利用いただけます。
TAC出版書籍販売サイト・サイバーブックストアにアクセスしてください。
https://bookstore.tac-school.co.jp/

第149回 過去問題　答案用紙

第1問 20点

	仕		訳	
	借 方 科 目	金 額	貸 方 科 目	金 額
1				
2				
3				
4				
5				

第2問 20点

(1)

総 勘 定 元 帳

買 掛 金

年 月 日	摘 要	借 方	年 月 日	摘 要	貸 方
×1 2 28	普 通 預 金		×1 1 1	前 期 繰 越	
12 31	次 期 繰 越				

商 品

年 月 日	摘 要	借 方	年 月 日	摘 要	貸 方
×1 1 1	前 期 繰 越		×1 1 31	売 上 原 価	
4 30					
			12 31	次 期 繰 越	

機 械 装 置

年 月 日	摘 要	借 方	年 月 日	摘 要	貸 方
×1 11 1			12 31	次 期 繰 越	

(2) 損益の金額

① 当期の売上高　　　¥ _____

② 当期の為替差損　　¥ _____

③ 当期の為替差益　　¥ _____

第3問 20点

損　　　益

日	付	摘　要	金　額	日	付	摘　要	金　額
3	31	仕　　　　入		3	31	売　　　　上	
3	31	棚 卸 減 耗 損		3	31	受 取 手 数 料	
3	31	商 品 評 価 損		3	31	有 価 証 券 利 息	
3	31	支 払 家 賃		3	31	有価証券売却益	
3	31	給　　　　料		3	31	受 取 配 当 金	
3	31	広 告 宣 伝 費		3	31	支　　　　店	
3	31	減 価 償 却 費					
3	31	貸倒引当金繰入					
3	31	(　　　　) 償 却					
3	31	租 税 公 課					
3	31	支 払 利 息					
3	31	(　　　　　　)					

4

第4問 20点

仕 掛 品

期 首 有 高	585,000	当 期 完 成 高 （　　　　　）
直 接 材 料 費	（　　　　　）	期 末 有 高 （　　　　　）
直 接 労 務 費	（　　　　　）	
変動製造間接費	（　　　　　）	
	（　　　　　）	（　　　　　）

直接原価計算による損益計算書

（単位：円）

Ⅰ	売　　　　上　　　　高			10,070,000
Ⅱ	変　動　売　上　原　価			
	1　期 首 製 品 棚 卸 高	710,000		
	2　当期製品変動製造原価	（　　　　　）		
	合　　　　　計	（　　　　　）		
	3　期 末 製 品 棚 卸 高	（　　　　　）		
	差　　　　　引	（　　　　　）		
	4　原　　価　　差　　異	（　　　　　）	（　　　　　）	
	変 動 製 造 マ ー ジ ン		（　　　　　）	
Ⅲ	変　動　販　売　費		（　　　　　）	
	貢　　献　　利　　益		（　　　　　）	
Ⅳ	固　　　　定　　　　費			
	1　製　造　固　定　費	（　　　　　）		
	2　固定販売費・一般管理費	（　　　　　）	（　　　　　）	
	営　　業　　利　　益		（　　　　　）	

第5問 20点

第1工程月末仕掛品の原料費 = ☐ 円

第1工程月末仕掛品の加工費 = ☐ 円

第2工程月末仕掛品の前工程費 = ☐ 円

第2工程月末仕掛品の加工費 = ☐ 円

第2工程完成品総合原価 = ☐ 円

MEMO

第150回 過去問題 答案用紙

第1問 20点

	仕		訳	
	借 方 科 目	金　　　額	貸 方 科 目	金　　　額
1				
2				
3				
4				
5				

第2問 20点

問1

総 勘 定 元 帳

建 物

年	月	日	摘　　　要	借　方	年	月	日	摘　　　要	貸　方
29	4	1	前 期 繰 越						

機 械 装 置

年	月	日	摘　　　要	借　方	年	月	日	摘　　　要	貸　方

リ ー ス 資 産

年	月	日	摘　　　要	借　方	年	月	日	摘　　　要	貸　方

問2

借　方　科　目	金　　額	貸　方　科　目	金　　額

問3　(1)　未実現損益の消去

借　方　科　目	金　　額	貸　方　科　目	金　　額

(2)　債権債務の相殺消去

借　方　科　目	金　　額	貸　方　科　目	金　　額

貸 借 対 照 表
平成30年3月31日　　　　　　　　　　　（単位：円）

資　産　の　部		負　債　の　部	
Ⅰ　流　動　資　産		Ⅰ　流　動　負　債	
現　　　　　　金	150,000	支　払　手　形	190,000
当　座　預　金	(　　　　　)	買　掛　金	380,000
受　取　手　形（　　　　）		（　　　　）費用	(　　　　　)
貸倒引当金（　　　　）（　　　　）		（　　　　　　）	(　　　　　)
売　　掛　　金（　　　　）		Ⅱ　固　定　負　債	
貸倒引当金（　　　　）（　　　　）		長　期　借　入　金	800,000
商　　　　　品	(　　　　　)	退職給付引当金	(　　　　　)
Ⅱ　固　定　資　産		負　債　合　計	(　　　　　)
建　　　物（　　　　）		純　資　産　の　部	
減価償却累計額（　　　　）（　　　　）		資　　本　　金	3,800,000
備　　　品（　　　　）		利　益　準　備　金	60,450
減価償却累計額（　　　　）（　　　　）		繰越利益剰余金	(　　　　　)
満期保有目的債券	(　　　　　)	純　資　産　合　計	(　　　　　)
資　産　合　計	(　　　　　)	負債・純資産合計	(　　　　　)

第4問 20点

	仕		訳	
	借 方 科 目	金 額	貸 方 科 目	金 額
(1)				
(2)				
(3)				
(4)				
(5)				

第5問 20点

問1　　　　　　　　　　　　　　%

問2　　　　　　　　　　　　　　円

問3　　　　　　　　　　　　　　円

問4　貢献利益　　　　　　　　　円　　営業利益　　　　　　　　　　円

問5　　　　　　　　　　　　　　%

MEMO

第151回 過去問題 答案用紙

第1問 20点

	仕		訳	
	借 方 科 目	金 額	貸 方 科 目	金 額
1				
2				
3				
4				
5				

第2問 20点

株主資本等変動計算書
自平成29年4月1日 至平成30年3月31日 （単位：千円）

	株　主　資　本			
	資　本　金	資　本　剰　余　金		
		資本準備金	その他資本剰余金	資本剰余金合計
当 期 首 残 高	20,000	（　　　　）	（　　　　）	（　　　　）
当 期 変 動 額				
剰余金の配当		（　　　　）	（　　　　）	（　　　　）
別途積立金の積立て				
新 株 の 発 行	（　　　　）	（　　　　）		（　　　　）
吸 収 合 併	（　　　　）		（　　　　）	（　　　　）
当 期 純 利 益				
当期変動額合計	（　　　　）	（　　　　）	（　　　　）	（　　　　）
当 期 末 残 高	（　　　　）	（　　　　）	（　　　　）	（　　　　）

（下段へ続く）

（上段から続く）

	株　　主　　資　　本				
	利　益　剰　余　金				株主資本合　計
	利益準備金	その他利益剰余金		利益剰余金合　　計	
		別途積立金	繰越利益剰余金		
当 期 首 残 高	400	（　　　）	（　　　）	（　　　）	（　　　）
当 期 変 動 額					
剰余金の配当	（　　　）		（　　　）	（　　　）	（　　　）
別途積立金の積立て		（　　　）	（　　　）	―	―
新 株 の 発 行					（　　　）
吸 収 合 併					（　　　）
当 期 純 利 益			（　　　）	（　　　）	（　　　）
当期変動額合計	（　　　）	（　　　）	（　　　）	（　　　）	（　　　）
当 期 末 残 高	（　　　）	（　　　）	（　　　）	（　　　）	（　　　）

(単位：千円)

科　目	個別財務諸表（x4年3月31日） P社	S1社	S2社	修正・消去 借方	貸方	連結財務諸表
貸借対照表						
現　金　預　金	257,000	35,000	24,000			
売　　掛　　金	430,000	260,000	156,000			
商　　　　　品	440,000	246,000	16,500			
未　収　入　金	63,000	43,000	13,000			
貸　　付　　金	140,000					
未　収　収　益	12,000					
土　　　　　地	220,000		134,000			
建　　　　　物	180,000					
建物減価償却累計額	△24,000					△
備　　　　　品	50,000	24,000				
備品減価償却累計額	△10,000	△4,000				△
（　　　　　）						
差　入　保　証　金		22,000				
子　会　社　株　式	270,000					
資　産　合　計	2,028,000	626,000	343,500			
買　　掛　　金	224,000	184,000	14,000			
借　　入　　金	250,000	100,000	40,000			
未　　払　　金	108,000	18,000	34,000			
未払法人税等	30,000	3,000	6,600			
未　払　費　用	90,000	58,000	4,900			
前　受　収　益			128,600			
資　　本　　金	360,000	120,000	100,000			
資　本　剰　余　金	120,000	30,000				
利　益　剰　余　金	846,000	113,000	15,400			
非支配株主持分						
負債純資産合計	2,028,000	626,000	343,500			
損益計算書						
売　　上　　高	2,156,000	1,069,400				
役　務　収　益			587,000			
売　上　原　価	1,354,000	713,000				
役　務　原　価			298,000			
販売費及び一般管理費	644,000	311,000	266,000			
（　　　　　）償却						
受　取　利　息	5,300	300	200			
賃貸資産受取家賃	2,700					
支　払　利　息	5,450	2,700	1,200			
賃貸資産減価償却費	2,250					
土　地　売　却　益	7,700					
法人税,住民税及び事業税	49,800	14,880	6,600			
当　期　純　利　益	116,200	28,120	15,400			
非支配株主に帰属する当期純利益						
親会社株主に帰属する当期純利益	116,200	28,120	15,400			

16

第4問 20点

問1　修繕部費　　　　　　　　　　　　　　　　　　円/時間

問2　第一製造部費　　　　　　　　　　　　　　　　円/時間

　　　第二製造部費　　　　　　　　　　　　　　　　円/時間

問3　第一製造部費　　　　　　　　　　　　　　　　円

　　　第二製造部費　　　　　　　　　　　　　　　　円

問4　修 繕 部 費 配 賦 差 異　　　　　　　　　　　円　（　借方差異　・　貸方差異　）

　　　　　　　　　　　　　　　　　　　　　　　　　　いずれかを○で囲むこと

問5　第一製造部費配賦差異　　　　　　　　　　　　円　（　借方差異　・　貸方差異　）

　　　　　　　　　　　　　　　　　　　　　　　　　　いずれかを○で囲むこと

問1

等価比率計算表

等級製品	重 量	等価係数	完成品量	積 数	等価比率
X	300g	3	6,000枚	枚	%
Y	100g	1	2,000枚	枚	%
					100 %

問2　当月の月末仕掛品原価 ＝ _____ 円

問3　当月の完成品総合原価 ＝ _____ 円

問4　等級製品Xの完成品単位原価 ＝ _____ 円/枚

問5　等級製品Yの完成品単位原価 ＝ _____ 円/枚

MEMO

第152回 過去問題　答案用紙

第1問 20点

		仕		訳	
		借 方 科 目	金 額	貸 方 科 目	金 額
1					
2					
3					
4					
5	(1)				
	(2)				

第2問 20点

問1

当座預金勘定調整表

（3月31日現在）　　　　　　　（単位：円）

当座預金帳簿残高　　　　　　　　　　　　　　（　　　　　　）

（加算）　　　　［　　　］　（　　　　　）

　　　　　　　　［　　　］　（　　　　　）　（　　　　　　）

（減算）　　　　［　　　］　（　　　　　）

　　　　　　　　［　　　］　（　　　　　）

　　　　　　　　［　　　］　（　　　　　）　（　　　　　　）

当座預金銀行残高　　　　　　　　　　　　　　（　　　　　　）

注　［　　　］には［資料Ⅰ］の番号(1)から(4)、（　　　）には金額を記入すること。

問2

［資料Ⅰ］に関する仕訳

番号	借　方　科　目	金　　額	貸　方　科　目	金　　額
(2)				
(3)				
(4)				

［資料Ⅱ］に関する仕訳

番号	借　方　科　目	金　　額	貸　方　科　目	金　　額
(1)				
(2)				
(4)				

第3問 **20点**

貸 借 対 照 表

株式会社鹿児島商会 20×9年3月31日 （単位：円）

資 産 の 部

I 流 動 資 産
現 金 及 び 預 金 （ ）
売 掛 金 （ ）
貸 倒 引 当 金 （ ） （ ）
（ ） （ ）
未 収 入 金 （ ）
流 動 資 産 合 計 （ ）
II 固 定 資 産
建 物 15,000,000
減 価 償 却 累 計 額 （ ） （ ）
備 品 7,200,000
減 価 償 却 累 計 額 （ ）
（ ） （ ）
長 期 貸 付 金 3,000,000
貸 倒 引 当 金 （ ） （ ）
固 定 資 産 合 計 （ ）
資 産 合 計 （ ）

負 債 の 部

I 流 動 負 債
買 掛 金 7,736,000
未 払 法 人 税 等 （ ）
未 払 消 費 税 （ ）
流 動 負 債 合 計 （ ）
II 固 定 負 債
（ ） （ ）
固 定 負 債 合 計 （ ）
負 債 合 計 （ ）

純 資 産 の 部

I 株 主 資 本
資 本 金 30,000,000
繰 越 利 益 剰 余 金 （ ）
株 主 資 本 合 計 （ ）
II 評 価 ・ 換 算 差 額 等
その他有価証券評価差額金 （ ）
評価・換算差額等合計 （ ）
純 資 産 合 計 （ ）
負 債 純 資 産 合 計 （ ）

22

問1

月次予算部門別配賦表　　　　　　（単位：円）

費　目	合　計	製造部門 組立部門	製造部門 切削部門	補助部門 修繕部門	補助部門 工場事務部門	補助部門 材料倉庫部門
部　門　費	4,320,000	1,310,000	1,220,000	450,000	440,000	900,000
修繕部門費						
工場事務部門費						
材料倉庫部門費						
製造部門費						

問2

借方科目	金　額	貸方科目	金　額

第5問 20点

問1 ┌─────────────────┐ 円
     └─────────────────┘

問2 ┌─────────────────┐ 円
     └─────────────────┘

問3

(1) 価 格 差 異 ┌─────────────────┐ 円 （ 有利 ・ 不利 ）
              └─────────────────┘
※（　　）内の「有利」または「不利」を○で囲むこと。以下同じ。

　　 数 量 差 異 ┌─────────────────┐ 円 （ 有利 ・ 不利 ）
              └─────────────────┘

(2) 予 算 差 異 ┌─────────────────┐ 円 （ 有利 ・ 不利 ）
              └─────────────────┘

　　 能 率 差 異 ┌─────────────────┐ 円 （ 有利 ・ 不利 ）
              └─────────────────┘

　　 操業度差異 ┌─────────────────┐ 円 （ 有利 ・ 不利 ）
              └─────────────────┘

MEMO

第153回 過去問題　答案用紙

第1問 20点

		仕		訳	
	借 方 科 目	金 額	貸 方 科 目	金 額
1				
2				
3 (1)				
3 (2)				
4				
5				

26

第2問 20点

①	②	③	④	⑤

⑥	⑦	⑧	⑨	⑩
				千円

第3問 20点

(単位：千円)

科　目	個別財務諸表 P 社	個別財務諸表 S 社	修正・消去 借　方	修正・消去 貸　方	連結財務諸表
貸借対照表					
現　金　預　金	420,000	37,000			
売　　掛　　金	650,000	282,000			
製 品 及 び 商 品	445,000	236,000			
原　　材　　料		18,000			
仕　　掛　　品		35,000			
未　収　入　金	69,000	36,000			
前　払　費　用	14,000				
土　　　　　地	250,000	80,000			
建　　　　　物	180,000	40,000			
建物減価償却累計額	△ 24,000	△ 8,000			
機　械　装　置	36,000	24,000			
機械装置減価償却累計額	△ 12,000	△ 4,000			
（　　　　　　　）					
子 会 社 株 式	270,000				
資　産　合　計	2,298,000	776,000			
支　払　手　形	120,000				
買　　掛　　金	324,000	244,000			
借　　入　　金	253,000				
未　　払　　金	113,000	120,500			
未 払 法 人 税 等	30,000	3,000			
未　払　費　用	90,000	58,000			
資　　本　　金	460,000	150,000			
資　本　剰　余　金	150,000	37,500			
利　益　剰　余　金	758,000	163,000			
非 支 配 株 主 持 分					
負債純資産合計	2,298,000	776,000			
損益計算書					
売　　上　　高	3,326,000	1,507,400			
売　上　原　価	2,254,000	1,142,000			
販売費及び一般管理費	864,000	311,000			
（　　　　）償却					
受　取　利　息	2,300	300			
支　払　利　息	6,340				
手 形 売 却 損		2,600			
土 地 売 却 益	8,500				
法人税、住民税及び事業税	69,800	16,100			
当 期 純 利 益	142,660	36,000			
非支配株主に帰属する当期純利益					
親会社株主に帰属する当期純利益	142,660	36,000			

第4問 20点

<table>
<tr><th colspan="5">工　場　の　仕　訳</th></tr>
<tr><th></th><th>借　方　科　目</th><th>金　額</th><th>貸　方　科　目</th><th>金　額</th></tr>
<tr><td>(1)</td><td></td><td></td><td></td><td></td></tr>
<tr><td>(2)</td><td></td><td></td><td></td><td></td></tr>
<tr><td>(3)</td><td></td><td></td><td></td><td></td></tr>
<tr><td>(4)</td><td></td><td></td><td></td><td></td></tr>
<tr><td>(5)</td><td></td><td></td><td></td><td></td></tr>
</table>

<table>
<tr><th colspan="5">本　社　の　仕　訳</th></tr>
<tr><th></th><th>借　方　科　目</th><th>金　額</th><th>貸　方　科　目</th><th>金　額</th></tr>
<tr><td>(1)</td><td></td><td></td><td></td><td></td></tr>
<tr><td>(2)</td><td></td><td></td><td></td><td></td></tr>
<tr><td>(3)</td><td></td><td></td><td></td><td></td></tr>
<tr><td>(4)</td><td></td><td></td><td></td><td></td></tr>
<tr><td>(5)</td><td></td><td></td><td></td><td></td></tr>
</table>

第5問 20点

組 別 総 合 原 価 計 算 表　　　　　（単位：円）

	A　製　品		B　製　品	
	直接材料費	加　工　費	直接材料費	加　工　費
月初仕掛品原価	—	—	—	—
当月製造費用	1,404,000		1,085,000	
合　　　計	1,404,000		1,085,000	
月末仕掛品原価	—	—		
完成品総合原価	1,404,000			

月 次 損 益 計 算 書 (一部)

（単位：円）

売　　　上　　　高　　　　　　　　　　　　（　　　　　　　）
売　　上　　原　　価
　月 初 製 品 棚 卸 高　　　（　　　　　　　）
　当 月 製 品 製 造 原 価　　（　　　　　　　）
　　　小　　　　計　　　　（　　　　　　　）
　月 末 製 品 棚 卸 高　　　（　　　　　　　）　（　　　　　　　）
売　上　総　利　益　　　　　　　　　　　　（　　　　　　　）

MEMO

第154回 過去問題　答案用紙

第1問 20点

	仕		訳	
	借 方 科 目	金 額	貸 方 科 目	金 額
1				
2				
3				
4				
5				

第2問 20点

問1

売　掛　金

月	日	摘　　要	借　方	月	日	摘　　要	貸　方
4	1	前 期 繰 越	1,700,000	4	12		
	8				22		
	18				30	次 月 繰 越	

商　　品

月	日	摘　　要	借　方	月	日	摘　　要	貸　方
4	1	前 期 繰 越		4	5		
	4				8		
	10				18		
	15				30	次 月 繰 越	

問2

4月の純売上高	¥
4月の売上原価	¥

33

第3問 **20点**

損　益　計　算　書

自2018年4月1日　至2019年3月31日

（単位：円）

Ⅰ	売　　　　上　　　　高		7,249,000
Ⅱ	売　　上　　原　　価		
	1　商 品 期 首 棚 卸 高	（　　　　　）	
	2　当 期 商 品 仕 入 高	（　　　　　）	
	合　　　計	（　　　　　）	
	3　商 品 期 末 棚 卸 高	（　　　　　）	
	差　　　引	（　　　　　）	
	4　（　　　　　　　）	（　　　　　）	
	5　商 品 評 価 損	（　　　　　）	（　　　　　）
	（　　　　　　）		（　　　　　）
Ⅲ	販売費及び一般管理費		
	1　給　　　　　　料	720,000	
	2　水 道 光 熱 費	49,800	
	3　退 職 給 付 費 用	（　　　　　）	
	4　租　税　公　課	（　　　　　）	
	5　減 価 償 却 費	（　　　　　）	
	6　貸 倒 引 当 金 繰 入	（　　　　　）	
	7　貸　倒　損　失	（　　　　　）	
	8　（　　　　）償　却	（　　　　　）	（　　　　　）
	（　　　　　　）		（　　　　　）
Ⅳ	営　業　外　収　益		
	1　有 価 証 券 利 息		（　　　　　）
Ⅴ	営　業　外　費　用		
	1　支　払　利　息		（　　　　　）
	（　　　　　　）		（　　　　　）
Ⅵ	特　別　利　益		
	1　（　　　　　　　）		（　　　　　）
Ⅶ	特　別　損　失		
	1　（　　　　　　　）		（　　　　　）
	税引前当期純利益		（　　　　　）
	法人税、住民税及び事業税	（　　　　　）	
	（　　　　　　　　）	（△　　　　）	（　　　　　）
	（　　　　　　　　）		（　　　　　）

第4問 20点

問1

	仕		訳	
	借 方 科 目	金 額	貸 方 科 目	金 額
(1)				
(2)				
(3)				

問2

完 成 品 原 価 ＝ [　　　　　] 円

問3

製 造 間 接 費

実 際 発 生 額	1,382,200	予 定 配 賦 額	（　　　　）	
		予 算 差 異	（　　　　）	
		操 業 度 差 異	（　　　　）	
	1,382,200		1,382,200	

第5問 20点

問1

総 合 原 価 計 算 表　　　　（単位：円）

	A 原 料 費	B 原 料 費	加 工 費	合 計
月初仕掛品原価	480,000	0	220,000	700,000
当月製造費用	7,080,000	660,000	9,600,000	17,340,000
合 計	7,560,000	660,000	9,820,000	18,040,000
差引：月末仕掛品原価	（　　　）	（　　　）	（　　　）	（　　　）
完成品総合原価	（　　　）	（　　　）	（　　　）	（　　　）

問2

完 成 品 総 合 原 価 ＝ [　　　　　] 円

第1回 予想問題 答案用紙

第1問 20点

	仕		訳	
	借 方 科 目	金 額	貸 方 科 目	金 額
1				
2				
3				
4				
5				

第2問 20点

問1

売　掛　金　　　　　　　　　7

×7年		摘　　要	借　　方	×7年		摘　　要	貸　　方
4	1	前 期 繰 越	3,400,000				
					30	次 月 繰 越	

商　　品　　　　　　　　　9

×7年		摘　　要	借　　方	×7年		摘　　要	貸　　方
4	1	前 期 繰 越					
					30		
					〃		
					〃	次 月 繰 越	

問2

① 当月の売上高	円
② 当月の売上原価	円

第3問 20点

精 算 表

勘 定 科 目	残高試算表 借方	残高試算表 貸方	修正記入 借方	修正記入 貸方	損益計算書 借方	損益計算書 貸方	貸借対照表 借方	貸借対照表 貸方
現 金 預 金	1,393,000							
現 金 過 不 足		18,000						
受 取 手 形	360,000							
売 掛 金	330,000							
繰 越 商 品	184,000							
建 物	1,200,000							
備 品	360,000							
満期保有目的債券	460,000							
ソフトウェア	40,000							
貸 倒 引 当 金		20,000						
退職給付引当金		162,000						
建物減価償却累計額		270,000						
備品減価償却累計額		90,000						
資 本 金		3,026,000						
利 益 準 備 金		60,000						
繰越利益剰余金		10,000						
売 上		1,610,000						
有 価 証 券 利 息		5,000						
仕 入	786,000							
給 料	100,000							
退 職 給 付 費 用	22,000							
保 険 料	36,000							
	5,271,000	5,271,000						
機 械 装 置								
国庫補助金受贈益								
機械装置圧縮損								
貸倒引当金（　　）								
棚 卸 減 耗 損								
商 品 評 価 損								
減 価 償 却 費								
ソフトウェア償却								
機械減価償却累計額								
前 払 保 険 料								
当 期 純（　　）								

第4問 20点

仕　掛　品　　　　（単位：円）

前 月 繰 越	（　　　　　）	当 月 完 成 高	（　　　　　）
直 接 材 料 費	（　　　　　）	次 月 繰 越	（　　　　　）
直 接 労 務 費	（　　　　　）		
直 接 経 費	（　　　　　）		
製 造 間 接 費	（　　　　　）		
	（　　　　　）		（　　　　　）

製　　　　品　　　　（単位：円）

前 月 繰 越	（　　　　　）	当 月 売 上 原 価	（　　　　　）
当 月 完 成 高	（　　　　　）	次 月 繰 越	（　　　　　）
	（　　　　　）		（　　　　　）

売　上　原　価　　　　（単位：円）

当 月 売 上 原 価	（　　　　　）	月 次 損 益	（　　　　　）
賃 率 差 異	（　　　　　）		
製造間接費配賦差異	（　　　　　）		
	（　　　　　）		（　　　　　）

第5問 20点

問1 [   ] 円

問2 [   ] 円

問3 [   ] %

問4 [   ] 円

問5 [   ] 円

MEMO

第2回 予想問題 答案用紙

第1問 20点

	仕		訳	
	借 方 科 目	金　　額	貸 方 科 目	金　　額
1				
2				
3				
4				
5				

第2問 20点

問1

売買目的有価証券　　　　　　　　7

日付			摘　　　　要	仕丁	借　　方	貸　　方	借また は貸	残　　高
年	月	日						

有　価　証　券　利　息　　　　　　38

日付			摘　　　　要	仕丁	借　　方	貸　　方	借また は貸	残　　高
年	月	日						

問2

子会社株式	円
満期保有目的債券	円
その他有価証券評価差額金	円　（　　）

注：その他有価証券評価差額金については、借方残の場合"借"、貸方残の場合"貸"を括弧
　　内に明記すること。

第3問 20点

決算整理後残高試算表
x7年3月31日 （単位：円）

借　　方	勘　定　科　目	貸　　方
	現　金　預　金	
	受　取　手　形	
	売　　掛　　金	
	繰　越　商　品	
	前　払　保　険　料	
	建　　　　物	
	備　　　　品	
	機　械　装　置	
	満 期 保 有 目 的 債 券	
	ソ フ ト ウ ェ ア	
	貸　倒　引　当　金	
	退 職 給 付 引 当 金	
	建物減価償却累計額	
	備品減価償却累計額	
	機械装置減価償却累計額	
	資　　本　　金	
	利　益　準　備　金	
	繰　越　利　益　剰　余　金	
	売　　　　上	
	有　価　証　券　利　息	
	国　庫　補　助　金　受　贈　益	
	仕　　　　入	
	給　　　　料	
	退　職　給　付　費　用	
	保　　険　　料	
	貸　倒　引　当　金　繰　入	
	棚　卸　減　耗　損	
	商　品　評　価　損	
	減　価　償　却　費	
	ソ フ ト ウ ェ ア 償 却	
	機　械　装　置　圧　縮　損	

44

第4問 20点

加　工　費　（単位：千円）

間 接 材 料 費	（	）	予 定 配 賦 額	（	）
直 接 労 務 費	（	）	原 価 差 異	（	）
間 接 労 務 費	（	）			
間 接 経 費	（	）			
	（	）		（	）

仕　掛　品　（単位：千円）

月 初 有 高	（	）	当 月 完 成 高	（	）
直 接 材 料 費	（	）	月 末 有 高	（	）
加 工 費	（	）			
	（	）		（	）

製　品　（単位：千円）

月 初 有 高	（	）	当 月 販 売 高	（	）
当 月 完 成 高	（	）	月 末 有 高	（	）
	（	）		（	）

第5問 20点

問1　全部原価計算による損益計算書

（単位：円）

	第1期	第2期	第3期
売 上 高	（ ）	（ ）	（ ）
売 上 原 価	（ ）	（ ）	（ ）
売 上 総 利 益	（ ）	（ ）	（ ）
販売費及び一般管理費	（ ）	（ ）	（ ）
営 業 利 益	（ ）	（ ）	（ ）

問2

直接原価計算を採用した場合の 第3期の営業利益	¥

第3回 予想問題　答案用紙

第1問 20点

	仕		訳	
	借 方 科 目	金 額	貸 方 科 目	金 額
1				
2				
3				
4				
5				

第2問 20点

連結損益計算書
自×5年4月1日 至×6年3月31日 （単位：千円）

Ⅰ．売 上 高	（	）
Ⅱ．売 上 原 価	（	）
売 上 総 利 益	（	）
Ⅲ．販売費及び一般管理費	（	）
（うち、「のれん償却」額）	（	）
営 業 利 益	（	）
Ⅳ．営 業 外 収 益	（	）
当 期 純 利 益	（	）
非支配株主に帰属する当期純利益	（	）
親会社株主に帰属する当期純利益	（	）

連結貸借対照表
×6年3月31日 （単位：千円）

資　　産	金　額	負債・純資産	金　額
諸　資　産	（　　）	諸　負　債	（　　）
売　掛　金	（　　）	買　掛　金	（　　）
商　　品	（　　）	貸 倒 引 当 金	（　　）
土　　地	（　　）	資　本　金	（　　）
の れ ん	（　　）	利 益 剰 余 金	（　　）
		非支配株主持分	（　　）
	（　　）		（　　）

47

第3問 20点

損 益 計 算 書
自×7年4月1日 至×8年3月31日
(単位：円)

Ⅰ 売 上 高			( )	
Ⅱ 売 上 原 価				
1 期首商品棚卸高	( )			
2 当期商品仕入高	( )			
合 計	( )			
3 期末商品棚卸高	( )			
差 引	( )			
4 ( )	( )		( )	
売 上 総 利 益			( )	
Ⅲ 販売費及び一般管理費				
1 給 料	( )			
2 退 職 給 付 費 用	( )			
3 貸 倒 引 当 金 繰 入	( )			
4 減 価 償 却 費	( )			
5 保 険 料	( )			
6 雑 費	( )		( )	
営 業 利 益			( )	
Ⅳ 営 業 外 収 益				
1 受 取 家 賃	( )			
2 受 取 利 息	( )			
3 有 価 証 券 評 価 益	( )			
4 受 取 配 当 金	( )		( )	
Ⅴ 営 業 外 費 用				
1 支 払 利 息	( )			
2 貸 倒 引 当 金 繰 入	( )			
3 為 替 差 損	( )			
4 棚 卸 減 耗 損	( )		( )	
経 常 利 益			( )	
Ⅵ 特 別 損 失				
1 固 定 資 産 売 却 損			( )	
税 引 前 当 期 純 利 益			( )	
法人税、住民税及び事業税	( )			
法 人 税 等 調 整 額	(△)		( )	
当 期 純 利 益			( )	

第4問 20点

月次製造原価報告書　　　　　（単位：円）

Ⅰ．直 接 材 料 費	（	）
Ⅱ．直 接 労 務 費	（	）
Ⅲ．直 接 経 費	（	）
Ⅳ．製 造 間 接 費 配 賦 額	310,000	
当 月 総 製 造 費 用	（	）
月 初 仕 掛 品 棚 卸 高	128,000	
合 計	（	）
月 末 仕 掛 品 棚 卸 高	144,000	
当 月 製 品 製 造 原 価	（	）

月 次 損 益 計 算 書　　　　　（単位：円）

Ⅰ．売 上 高			1,910,000	
Ⅱ．売 上 原 価				
月 初 製 品 棚 卸 高	320,000			
当 月 製 品 製 造 原 価	（	）		
合 計	（	）		
月 末 製 品 棚 卸 高	330,000			
差 引	（	）		
製 造 間 接 費 配 賦 差 異	（	）	（	）
売 上 総 利 益			（	）
Ⅲ．販売費及び一般管理費				
販 売 費	451,400			
一 般 管 理 費	（	）	（	）
営 業 利 益			（	）

第5問 20点

仕　掛　品

前 月 繰 越	( )	製　　　　品	38,610,000
材　　　　料	7,999,200	次 月 繰 越	( )
賃　　　　金	17,998,200	価 格 差 異	727,200
製 造 間 接 費	14,940,000	数 量 差 異	( )
賃 率 差 異	( )	時 間 差 異	( )
予 算 差 異	( )	操 業 度 差 異	( )
		変動費能率差異	36,000
		固定費能率差異	( )
	( )		( )

MEMO

新傾向対策問題　答案用紙

問題1　20点

損　益　計　算　書
自×6年4月1日　至×7年3月31日　　（単位：千円）

Ⅰ　役　務　収　益		（　　　　　）
Ⅱ　役　務　原　価		
報　　　　　酬	（　　　　　）	
そ　の　他	（　　　　　）	（　　　　　）
売　上　総　利　益		（　　　　　）
Ⅲ　販売費及び一般管理費		
1　給　　　　　料	（　　　　　）	
2　旅　費　交　通　費	（　　　　　）	
3　水　道　光　熱　費	（　　　　　）	
4　通　　信　　費	（　　　　　）	
5　支　払　家　賃	（　　　　　）	
6　賞与引当金繰入	（　　　　　）	
7　貸　倒　損　失	（　　　　　）	
8　貸倒引当金繰入	（　　　　　）	
9　減　価　償　却　費	（　　　　　）	
10（　　　　　）償却	（　　　　　）	
11　退　職　給　付　費　用	（　　　　　）	（　　　　　）
営　業　利　益		（　　　　　）
Ⅳ　営　業　外　収　益		
1（　　　　　　　　）		（　　　　　）
Ⅴ　営　業　外　費　用		
1（　　　　　　　　）		（　　　　　）
経　常　利　益		（　　　　　）
Ⅵ　特　別　利　益		
1（　　　　　　　　）		（　　　　　）
Ⅶ　特　別　損　失		
1（　　　　　　　　）		（　　　　　）
税引前当期純利益		（　　　　　）
法人税、住民税及び事業税	（　　　　　）	
法　人　税　等　調　整　額	（△　　　　）	（　　　　　）
当　期　純　利　益		（　　　　　）

問題2 20点

貸 借 対 照 表

×9年3月31日　　　　　　　　（単位：円）

資産の部			負債の部		
I　流　動　資　産			I　流　動　負　債		
現　金　預　金	（	）	支　払　手　形		1,596,000
受　取　手　形	（	）	買　掛　金	（	）
売　掛　金	（	）	未払法人税等	（	）
材　料	（	）	（　　）引当金	（	）
仕　掛　品	（	）	流動負債合計	（	）
製　品	（	）	II　固　定　負　債		
短　期　貸　付　金	（	）	長　期　借　入　金		2,400,000
貸　倒　引　当　金	△（	）	（　　）引当金	（	）
流動資産合計	（	）	固定負債合計	（	）
II　固　定　資　産			負債の部合計	（	）
建　物（　　　）			純資産の部		
減価償却累計額（　　）	（	）	資　本　金		39,076,200
機　械　装　置（　　）			利　益　準　備　金		7,854,000
減価償却累計額（　　）	（	）	繰越利益剰余金	（	）
固定資産合計	（	）	純資産の部合計	（	）
資産の部合計	（	）	負債・純資産合計	（	）

区分式損益計算書に表示される利益

①売上総利益	円
②営業利益	円
③経常利益	円
④当期純利益	円

53

問題3 10点

①		②		③		④		⑤	

問題4 10点

①		②		③		④		⑤	

問題5 16点

①		②		③	
④		⑤		⑥	
⑦		⑧			

問題6 22点

①		②		③	
④		⑤		⑥	
⑦		⑧		⑨	
⑩		⑪			

問題7 22点

①		②		③	
④		⑤		⑥	
⑦		⑧		⑨	
⑩		⑪			